임진년(48세)

1592년 1월 1일   날씨 맑음.

새벽에 아우 여필과 조카 봉과 아들 회가 와서 이야기하다. 다만 어머님을 떠나 남도에서 두 번이나 설을 쇠니 간절한 회포를 이길 길이 없다. 병사의 군관인 이경신이 와서 병사의 편지와 설 선물과 장편전(긴 화살) 등 여러 가지 물건을 바치다.

1월 2일   날씨 맑음.

나라의 기일이라 공무를 보지 않다. 김인보와 함께 이야기하다.

1월 3일   날씨 맑음.

동헌에 나가 별방군을 점검하고 각 고을과 포구에 공문을 발송하다.

1월 4일   날씨 맑음.

동헌에서 공무를 보다.

1월 5일   날씨 맑음.

여전히 뒷동헌에서 공무를 보다.

1월 6일 날씨 맑음.
동헌에서 공무를 보다.

1월 7일 날씨 아침에는 개었다가 늦게부터 하루종일 눈비가 내리다.
조카 봉이 아산으로 가다. 전문(일종의 왕에게 바치는 글)을 받들고 갈 남원의 유생이 들어오다.

1월 9일 날씨 맑음.
아침을 일찍 먹은 뒤 객사 동헌에 나가 전문을 봉하여 발송하다.

1월 10일 날씨 종일 비가 내리다.
방답에 새로 부임한 첨사 이순신이 들어오다.

1월 11일 날씨 종일 가랑비가 내리다.
늦게야 동헌에 나가 공무를 보다. 이봉수가 선생원의 돌 뜨는 데를 가 보고 와서 보고하기를, "이미 큰 돌 17개에 구멍을 뚫었다"고 한다. 서문 밖 해자(성 주위를 파서 물을 채운 곳)가 네 발쯤 무너지다. 심사립과 이야기하다.

1 월 12 일   날씨 궂은비가 개지 않음.

식후에 객사 동헌으로 나가다. 본영 및 각 포구의 진무들 중 월등한 자들이 모여 활쏘기 시합을 하다.

1 월 13 일   날씨 아침엔 흐리다.

동헌에 나가 공무를 보다.

1 월 14 일   날씨 맑음.

동헌에 나가 공무를 본 뒤에 활을 쏘다.

1 월 15 일   날씨 흐렸으나 비는 오지 않다.

새벽에 망궐례(초하루·보름에 대궐을 향하여 임금님께 절하는 예)를 행하다.

1 월 16 일   날씨 맑음.

동헌에 나가 공무를 보다. 각 고을의 벼슬아치와 색리(고을의 아전) 등이 인사하러 오다. 방답의 병선을 맡은 군관들과 색리들이 병선들을 수선하지 않았기로 곤장을 때리다. 우후(무관 벼슬의 하나)·가수(임시 직원)들도 역시 점검치 않아 이렇게까지 된 것이니 해괴하기 짝이 없다. 공사를 허술히 여기고 제 몸만 살찌려 들어 이렇게 돌보지 않으니 다른 날을 가히 알겠다. 성 밑의 토병 박몽세가 석수로서, 선생원 채석장에 가서 이웃집 개에게까지 피해를 입혔으므로 곤장 80대를 때리다.

1월 17일 날씨 맑음.
춥기가 한겨울 같다. 아침에 순찰사와 반자(어전의 별칭)에게 편지를 보내다. 저녁에 쇠사슬 박을 구멍 뚫린 돌을 실어오는 일로, 배 네 척을 선생원으로 보냈는데 김효성이 거느리고 가다.

1월 18일 날씨 맑음.
동헌에 나가 공무를 보다. 여도의 천자 배가 돌아가다. 우등계문과 대가단자(대가는 진급예정자가 경우에 따라 그 직위를 친족에게 세습시키는 일. 따라서 대가단자는 교대자의 명단)를 순사영으로 발송하다.

1월 19일 날씨 맑음.
동헌에서 공무를 본 뒤 각 군대를 점고하다.

1월 20일 날씨 맑으나 바람이 세게 불다.
동헌에 나가 공무를 보다.

1 월 21 일 　날씨 맑음.

동헌에 나가 공무를 보다. 감목관이 와서 자다.

1 월 22 일 　날씨 맑음.

아침에 광양 현감 어영담이 와서 인사하다.

1 월 23 일 　날씨 맑음.

둘째 형 요신의 제삿날이라 공무를 보지 아니하다. 사복시(궁중에서 필요한 말에 관한 일을 맡아 보던 관청)에서 받아와 기르던 말을 올려 보내다.

1 월 24 일 　날씨 맑음.

큰형 희신의 제삿날이라 공무를 보지 않다. 순찰사의 답장을 보니 고부 군수 이숭고를 유임시켜 달라는 장계를 올린 것 때문에 물의를 일으켜 사임장을 냈다고 한다.

1 월 25 일 　날씨 맑음.

동헌에 나가 공무를 본 뒤에 활를 쏘다.

1월 26일 날씨 맑음.

동헌에 나가 공무를 본 뒤에 흥양 현감 배흥립과 순천 부사 권준이 와서 이야기하다.

1월 27일 날씨 맑음.

오후에 광양 현감이 오다.

1월 28일 날씨 맑음.

동헌에 나가 공무를 보다.

1월 29일 날씨 맑음.

동헌에 나가 공무를 보다.

1월 30일 날씨 흐리나 비는 오지 않고 첫여름과 같이 따뜻하다.

동헌에 나가 공무를 본 뒤 활을 쏘다.

2월 1일 날씨 가랑비가 잠깐 뿌리다가 늦게야 갬.

새벽에 망궐례를 행하다. 선창(배를 대고 짐을 부리는 곳)으로 나가서 쓸 만한 널빤지를 고르는데, 때마침 방천 속에 조어(피라미) 떼가 밀려들어왔기로 그물을 쳐서 2천 마리를 잡으니 참으로 장쾌하다. 이윽고 전선 위에 앉아서 술을 마시며 우후 이몽구와 함께 새봄의 경치를 바라보다.

2월 2일 날씨 맑음.
동헌에서 공무를 보다. 쇠사슬을 건너매는 데 필요한 크고 작은 돌 80여 개를 실어오다. 활 열 순(활쏘기에서 활 다섯 대를 계속해 쏘는 일)을 쏘다.

2월 3일 날씨 맑음.
새벽에 우후가 각 포구의 부정 사실을 조사하는 일로 배를 타고 나가다. 공무를 마친 뒤 활을 쏘다. 탐라(제주도) 사람이 자녀 여섯 식구를 거느리고 도망쳐 나와 금오도에 머물다가 방답 순환선(경비선)에 잡혔다고 사환을 보냈기로 문초를 받고 승평으로 압송하고 공문을 발송하다. 저녁에 화대석 네 개를 실어 올리다.

2월 4일 날씨 맑음.
동헌에 나가 공무를 본 뒤에 북봉의 연대 쌓는 곳에 오르니 쌓는 곳이 매우 좋아 절대로 무너질 염려가 없는지라, 이봉수의 애썼음을 알겠다. 종일 관망하다가 저녁에야 내려와 해자를 순시하다.

2월 5일   날씨 맑음.

동헌에 나가 공무를 본 뒤 활 18순을 쏘다.

2월 6일   날씨 종일 바람이 세게 불다.

동헌에 나가 공무를 보는데 순찰사에게서 편지가 두 번이나 오다.

2월 7일   날씨 맑다가 바람이 세게 불다.

동헌에 나가 공무를 보는데 발포 만호가 부임했다는 공문이 오다.

2월 8일   날씨 맑다가 또 바람이 세게 불다.

동헌에 나가 공무를 보다. 이 날 거북선에 쓸 돛베 29필을 받다. 정오에 활을 쏘는데 조이립과 변존서가 자웅을 겨루다가 조가 지다. 우후가 방답으로부터 돌아와 방답 첨사가 방비에 온 정신을 쓰더라고 극구 칭찬하다. 동헌 뜰에 돌기둥의 화대를 세우다.

2월 9일   날씨 맑음.

새벽에 쇠사슬을 꿸 긴 나무를 베는 일로 이원룡에게 군사를 인솔케 하여 두산도로 보내다.

2월 10일 날씨 가랑비, 혹 개었다가 혹 흐렸다 하다.

동헌에 나가 공무를 보다. 김인문이 순찰사 영으로부터 돌아왔으므로 순찰사의 편지를 보니, 통사들이 뇌물을 많이 받고 중국에 무고하여 군사를 칭하기까지 했을 뿐 아니라, 중국에서 우리나라와 일본 간에 무슨 딴 뜻이 있는가 의심하게까지 했으니, 그 흉측함을 무엇이라 말할 수 없다. 통역들이 이미 잡혔다 하나, 해괴하고 통분함을 금할 길이 없다.

2월 11일 날씨 맑음.

식사 후에 배로 나가 새로 뽑은 군사를 점검하다.

2월 12일 날씨 맑고 바람도 자다.

식사 후에 동헌에 나가 공무를 보고 해운대(여수시 동북쪽에 있던 조그마한 반도)로 옮겨가 활을 쏘다. 침렵치(무사놀이의 일종인 듯)를 보는데 매우 조용하다. 군관들이 모두 일어나 춤을 추고 조이립이 시를 읊다. 저녁이 되어 돌아오다.

2월 13일 날씨 맑음.

전라 우수사 이억기의 군관이 왔기로 살대 큰 것, 중간 것 백 개와 쇠 50근을 보내다.

2월 14일   날씨 맑음.
아산 모친께 문안차 나장(사령의 하나) 두 명을 보내다.

2월 15일   날씨 비바람이 매우 붙다.
동헌에 나가 공무를 보다. 새로 쌓은 해자 구덩이가 많이 무너져 석수들을 벌 주고 다시 쌓게 하다.

2월 16일   날씨 맑음.
동헌에 나가 공무를 본 뒤 활쏘기 여섯 순을 하고 맞교대 군사들을 점검하다.

2월 17일   날씨 맑음.
나라의 기일이라 공무를 보지 아니하다.

2월 18일   날씨 흐림.

2월 19일   날씨 맑음.
순찰을 떠나 백야곶의 감목관이 있는 곳에 이르니 승평 부사 권준이 그 아우를 데리고 와서 기다리다. 기생도 왔다. 비가 온 뒤라 산의 꽃이 활짝 피어 멋진 경치를 이루 형언키 어렵다. 저녁때

야 이목구미에 이르러 배를 타고 여도에 이르니 영주 현감 배흥립과 여도 권관 황옥천이 나와 맞다. 방비를 검열하는데 흥양 현감은 내일 제사가 있다고 먼저 가다.

2월 20일 날씨 맑음.
아침에 모든 방비와 전선을 점검해 보니 모두 새로 만들었고 무기도 상당히 완비되었다. 늦게야 떠나서 영주에 이르니 좌우 산의 꽃과 들가의 봄풀이 그림같다. 옛날에 영주가 있다더니 역시 이와 같은 경치였던가?

2월 21일 날씨 맑음.
공무를 본 뒤에 주인(감영과 고을의 연락을 취하는 영저리)이 자리를 베풀어 활을 쏘다. 조방장 정걸도 와서 보고 황숙도도 와서 함께 술을 마시다. 배수현도 나와 같이 술잔을 나누며 즐기다가 밤이 깊어서야 파하다. 신홍헌으로 하여금 술을 걸러 전일에 심부름하던 삼반하인들에게 나눠 먹이도록 하다.

2월 22일
아침에 공무를 마친 뒤에 녹도로 가다. 황숙도도 동행하다. 먼저 흥양 전선소에 이르러 친히 배와 집물들을 점검하고, 그 길로 녹도로 기서 곧장 봉우리 위에 새로 쌓은 문루로 올라가 보니, 경치의 아름다움이 이 근방에서는 최고라, 만호의 애씀이 이르지 않은 곳이 없다. 흥양 현감과 능성 현감, 황숙도 만호와 함께 취하도록 마시고, 겸하여 대포 쏘는 것도 보다. 촛불을 켠 뒤에도 이슥해서 파하다.

2월 23일 날씨 흐림.
늦게야 배를 타고 발포로 가는데 역풍이 크게 불어 배가 갈 수가 없다. 간신히 성가에까지 이르러 배에서 내려 말을 타다. 비가 몹시 쏟아져 일행 상하가 모두 꽃비에 젖은 채 발포로 들어가니 해는 벌써 저물었다.

2월 24일 날씨 가랑비가 온 산에 내려 지척을 분간치 못하겠다.
비를 무릅쓰고 길을 떠나 마북산 밑의 사량에 이르러 배를 타고 노질을 재촉하여 사도에 이르니 흥양 현감이 먼저 와 있다. 전선을 점검하고 나니 날이 저물므로 눌러 유숙하다.

2월 25일 날씨 흐림.
여러 가지 전쟁 방비에 부족한 것들이 많으므로 군관과 색리들에게 벌을 주고, 첨사를 잡아들이고, 교수(고을 수령 밑의 벼슬 이름)

를 내어보내다. 이곳의 방비가 다섯 포구 중 최하인데도 순찰사가 포상하라고 장계를 올렸으므로 죄상을 조사조차 못하니 가소롭다. 역풍이 세게 불어 배를 타고 떠날 수 없으므로 그대로 유숙하다.

2월 26일 날씨

아침 일찍이 배로 출발하여 개이도에 이르니 마중 나오는 여도배와 방답이 배가 와서 기다리다. 저녁때 방답에 이르러 공사례를 마친 뒤에 무기를 점검했는데 장편전은 하나도 쓸 만한 것이 없어 고민이다. 전선은 다소 완전하매 반갑다.

2월 27일 날씨 흐림.

아침에 점검을 필한 후 북쪽 봉우리에 올라 지세를 바라보니, 외롭고 위태한 먼 섬이라, 사면으로 적의 공격을 받게 되었고, 성과 해자 역시 엉성하니 근심스럽다. 첨사는 애를 쓰기는 썼으나 미처 시설을 못했으니 어찌하랴. 새벽에 배를 타고 경도에 이르니, 아우 여필과 조이립과 군관·우후들이 술을 싣고 마중을 나와 함께 마시고 즐기다 해가 진 뒤에야 관청으로 돌아오다.

2월 28일   날씨 흐리되 비는 오지 않다.

동헌에 나가 공무를 본 뒤 활을 쏘다.

2월 29일   날씨 맑음. 바람이 세게 불다.

동헌에 나가 공무를 보다. 순찰사의 공문이 왔는데 중위장을 순천 부사로 전직시켰다 하니 한심한 일이다.

3월 1일

망궐례를 행하다. 식후에 별군과 정규군을 점호하고 또 하번군을 점호하여 놓아 보내다. 공무를 마친 뒤 활쏘기를 10순이나 하다.

3월 2일   날씨 흐리고 바람이 불다.

나라의 기일이라 공무를 보지 않다. 승군 백 명이 돌을 줍다.

3월 3일   날씨 저녁 내내 비가 내리다.

오늘은 삼짇날 명절이건만 비가 이렇게 내리니 답청도 못하겠다. 우후 조이립·군관들과 동헌에서 담론하며 술을 마시다.

3월 4일 날씨 맑음.

아침에 조이립을 전송하고 객사 대청에 나가 공무를 본 뒤, 서문 밖의 해자와 성을 더 쌓는 곳을 순시하다. 승군들이 돌 줍기에 성실하지 못하므로 책임자를 잡아다 매를 때리다. 아산에 문안 갔던 나장이 돌아오다. 어머님께서 편안하시다니 다행이다.

3월 5일 날씨 맑음.

동헌에 나가 공무를 보다. 군관들은 활을 쏘다. 저물녘에 서울 갔던 진무가 돌아왔는데, 좌의정 유성룡이 보내는 편지와 <증손전수방략>이란 책을 가지고 왔다. 이 책을 보니 해전·육전·화공전 등 모든 싸움의 전술을 자세히 설명했는데 참으로 만고의 기서다.

3월 6일 날씨 맑음.

아침 식사 후 출근하여 군기를 검열했는데 활·갑옷·투구·전통·환도 등이 파괴되고 찢어진 것이 많아 색리·궁장·감고들을 문책하다.

3월 7일 날씨 맑음.

동헌에 나가 공무를 보고 활을 쏘다.

3 월 8 일   날씨 종일 비가 오다.

3 월 9 일   날씨 종일 비가 오다.
동헌에 나가 공무를 보다.

3 월 10 일   날씨 맑으나 바람이 불다.
동헌에 나가 공무를 본 뒤 활을 쏘다.

3 월 11 일   날씨 맑음.

3 월 12 일   날씨 맑음.
식후에 배 있는 곳으로 나가 경강의 배를 점검하고, 다시 배를 타고 소포로 나가는데 때마침 동풍이 세게 불고 겯군도 없어 도로 돌아오다. 곧 동헌에 나가 공무를 본 뒤에 활쏘기 10순을 하다.

3 월 13 일   날씨 아침에 흐림.
순찰사에게서 편지가 오다.

3 월 14 일   날씨 종일 큰비가 내리다.
이른 아침에 순찰사를 만나러 순천으로 가는데 비가 억수같이 퍼부어 가는 길을 분별치 못하겠다. 간신히 선생원에 이르러 말에 꼴을 먹이고 다시 해농창평에 이르니 길에 물이 세 자나 괴었다. 무진 각고 끝에 순천부에 닿아 저녁에 순찰사와 만나 격조했던 이야기를 펴다.

3월 15일 날씨 흐린 채 가랑비가 오더니 저녁에야 개다.
누각 위에 앉아 군관들에게 편을 갈라 활을 쏘게 하다.

3월 16일 날씨 맑음.
순천 부사가 환선정에서 초대하여 한잔하고 겸하여 활도 쏘다.

3월 17일 날씨 맑음.
새벽에 순찰사에게 작별을 고하고 떠나, 선생원에서 말을 먹인 다음 본영으로 돌아오다.

3월 18일 날씨 맑음.
동헌에 나가 공무를 보다.

3월 19일 날씨 맑음.
동헌에 나가 공무를 보다.

3월 20일 날씨 큰비.

늦게야 동헌에 나가 공무를 보고 각 방의 회계를 검사하다. 순천 관내를 수색 검토하는 일을 제날짜에 마치지 못했기로 대장·색리·도훈도 등을 문책하다. 사도에도 또한 만날 일로 공문을 띄웠는데, 혼자 수사해 버리고 또 한나절 동안에 내외 이로도와 대소평두를 다 조사하고 돌아왔다 하니 매우 엉터리 조사다. 이를 바로잡기 위하여 흥양과 사도에 공문을 보내다. 몸이 몹시 불편하여 일찍 퇴근하다.

3월 21일 날씨 맑음.

몸이 불편하여 아침내 누워 앓다가 늦게야 동헌에 나가 공무를 보다.

3월 22일 날씨 맑음.

성 북쪽 봉우리 밑의 도랑을 파는 일로 우후와 군관 10인을 나누어 보내다. 식후에 출근하여 공무를 보다.

3월 23일 날씨 아침에 흐렸다가 저녁에 맑다.

아침 후 출근하여 공무를 보다. 보성에서 올 판자가 아직도 안 왔기 때문에 색리에게 다시 공문을 띄워 독촉하게 하고, 순천에서 온 상사 소국진에게 매 80대를 때리다. 순찰사가 편지를 보내왔는데 보니, 발포 권관은 통솔력이 없어 갈아치워야 하겠다 하므로, 아직 갈지 말고 그대로 유임하여 방비에 종사하게 하라고 답장을 써 보내다.

3월 24일 날씨

나라의 기일이라 공무를 보지 아니하다. 우후가 수색하고 무사히 돌아오다. 순찰사와 도사의 답장을 송희립이 가져오다. 순찰사의 편지를 보니 영남 관찰사 김수의 편지에 쓰시마 도주 소 요시토시가 공문을 보냈는데, 쓰시마도의 배 한 척이 우리 나라에 와서 닿지 않았다면 풍랑에 깨졌을 것이라고 하였단다. 그런데 그 말이 매우 음흉하다. 동래에서 서로 바라다보이는 바다인지라 그럴 리가 절대로 없는데 말을 이렇게 엉터리로 꾸며내니, 그 간사 함을 헤아리기 어렵다고 하였다.

3월 25일 날씨 **맑음. 대풍이 불다.**

출근하여 공무를 본 뒤 활쏘기를 10순이나 하다. 경상 병사가 평산포에 도착하지 않고 곧장 남해로 간다고 연락이 왔다. 내 그를 만나지 못한 것을 한스럽다는 뜻으로 답장을 보내다. 새로 쌓은 성을 순찰해 보니 남쪽이 아홉 발이나 무너졌다.

3월 26일 날씨 맑음.

우후와 송희립이 남해로 가다. 늦게야 출근하여 공무를 본 뒤 활쏘기 15순을 하다.

3월 27일 날씨 맑음.

바람조차 없다. 일찍 아침을 먹고 배를 타고 소포로 나가 쇠사슬 건너 매는 것을 감독하며, 종일 기둥나무 세우는 것을 보고 겸하여 거북선에서 대포 쏘는 것을 시험하다.

3월 28일 날씨 맑음.

출근하여 공무를 보고 활쏘기 10순을 했는데, 5순은 모조리 맞고, 두 순은 네 번 맞고, 삼 순은 세 번 맞다.

3월 29일 날씨 맑음.

나라의 기일이라 공무를 보지 않다. 아산으로 문안 보냈던 나장이 돌아오다. 어머님이 편안하시다니 다행이다.

4월 1일 날씨 흐림.

새벽에 망궐례를 행하다. 공무를 본 뒤에 활쏘기 5순을 하다. 별조방을 점검하다.

4월 2일   날씨 맑음.

식후에 몸이 매우 불편하더니 점점 더 아파 주야로 신음하다.

4월 3일   날씨 맑음.

기력이 혼미하여 밤새도록 고통스럽다.

4월 4일   날씨 맑음.

아침에야 조금 통증이 가라앉는 듯하다.

4월 5일   날씨 맑더니 늦게는 비가 조금 오다.

동헌에 나가 공무를 보다.

4월 6일   날씨 맑음.

진해루에 나가서 공무를 본 뒤에 군관들로 하여금 활을 쏘게 하다. 아우 여필을 전송하다.

4월 7일   날씨

나라의 기일이라 공무를 보지 않다. 오전 열시경에 비변사에서 비밀 공문이 왔는데 영남 관찰사와 우병사의 장계에 의한 것이었다.

4월 8일   날씨 흐림.

아침에 어머님께 보내는 물건을 싸다. 늦게 아우 여필이 떠나가고 객창에 홀로 앉아 있으니 온갖 회포가 다 어리어 온다.

4월 9일   날씨 아침에 흐리다가 저녁에야 개다.

출근하여 공무를 보다. 방응원이 도방에 관한 공문을 작성해 보내다. 군관들이 활을 쏘다. 광양 현감이 수사에 대한 일로 배를 타고 왔다가 어두워서 돌아가다.

4월 10일   날씨 맑음.

식사 후 동헌에 나가 공무를 보고 활 10순을 쏘다.

4월 11일   날씨 아침에 흐리다가 늦게야 맑다.

순찰사의 편지와 별록을 군관 남한이 가져오다. 비로소 베로 돛을 만들다.

4월 12일   날씨 맑음.

식후에 거북선의 지자포·현자포를 쏘아 보다. 순찰사 군관 남한이 살펴보고 가다. 정오에 동헌으로 나가 활쏘기 10순을 하다. 관청으로 돌아갈 때 노대석을 살펴보다.

4월 13일　날씨 맑음.

동헌에 나가 공무를 본 뒤에 활쏘기 15순을 하다.

4월 14일　날씨 맑음.

동헌에 나가 공무를 본 뒤에 활쏘기 10순을 하다.

4월 15일　날씨 맑음.

나라의 기일이라 공무를 보지 않다. 순찰사에게 보내는 답장과 별록을 써서 역졸을 시켜 달려보내다. 해질 무렵 영남 우수사 원균의 통첩에,「왜선 90여 척이 나타나 부산 앞 절영도에 정박했다」한다. 이윽고 또 수사에게서 공문이 왔는데「왜선 350여 척이 이미 부산포 건너편에 나타났다」한다. 즉시 장계를 올리고 순찰사와 병사와 우수사 이억기에게도 공문을 띄우다. 영남 관찰사의 공문도 왔는데 같은 내용이다.

4월 16일　날씨

오후 열시경에 영남 우수사의 공문이 왔는데, 부산진이 이미 함락되었다 한다. 분하고 원통함을 이길 길이 없다. 즉시 장계를 띄우고 삼도에도 공문을 보내다.

4 월 17 일   날씨 흐리고 비가 오다가 늦게야 개다.

영남 우수사에게서 공문이 왔는데 왜적이 부산을 함락시킨 후 머물러 물러가지 않는다 한다. 늦게 활쏘기 5순을 하다. 기존 당번 수군과 급히 모인 수군들이 속속 방비처로 모이다.

4 월 18 일   날씨 아침에 흐림.

이른 아침에 출근하여 공무를 보는데 순찰사의 공문이 왔다. 보니 「발포 권관은 이미 면직되었으니 대리를 정해 보내라 했기로 나대용을 즉일로 정해 보내다. 오후 두시경에 영남 우수사의 공문이 왔는데, 동래도 함락되고 양산·울산의 두 군수도 조방장으로서 입성했다가 모두 패했다」 한다. 통분함을 이루 형언키 어렵다. 또 「병사와 수사들이 군사를 이끌고 동래 뒤쪽까지 도착했다가 갑자기 회군했다」 하니 더욱 원통하도다. 저녁에 순천의 군사를 거느린 병방이 석보창에 머물면서 군사들을 인솔하고 오지 않으므로 잡아 가두다.

4 월 19 일   날씨 맑음.

아침에 품방에 해자 파는 일로 군관을 정해 보내고 아침 후에 동문 위로 나가 품방 역사를 손수 독려하다. 오후에 상격대를 순찰하다. 이 날 급히 모인 군사 700명이 역사에 동원되다.

4월 20일   날씨 맑음.

출근하여 공무를 보는데 영남 관찰사의 공문이 왔다. 내용은 강한 왜적들이 파죽지세로 쳐들어오니 막아낼 도리가 없고, 승승장구하기를 무인지경을 달리는 것 같아, 전선을 정비해 가지고 와서 후원해 주기를 조정에 장계로 요청했다는 것이다.

4월 21일   날씨 맑음.

성 위에 군대를 진열하여 세우는 일로 사장에 앉아서 명령을 내리다. 오후에 순천 부사가 와서 약속을 듣고 가다.

4월 22일   날씨

새벽에 부정 사실을 적발하는 일로 군관들을 보내는데, 배응록은 절갑도로 가고, 송일성은 금오도로 가다. 또한 이경복·송한련·김인문 등으로 하여금 두산도의 적대목을 실어 내리는 일에 각각 군인 50명씩 데리고 가게 하고, 남은 군인들은 품방에서 역사하게 하다.

☐ 23일부터 30일까지는 빠짐.

5월 1일 날씨

해군들이 일제히 앞바다에 모였는데, 흐렸으나 비는 오지 않고 남풍만 세게 불다. 진해루에 앉아서 방답첨사 이순신·흥양 현감 배흥립·녹도 만호 정운을 불러들이니, 모두 분격하여 자기 자신조차 잊어버리니 가히 의사들이라 하겠다.

5월 2일 날씨 맑음.

송한련이 남해로부터 돌아와 하는 말이 「남해 현령·미조항 첨사, 상주포·곡포·평산포 만호 등이 일제히 왜적의 소식을 듣고는 갑자기 도망쳐 버리고, 군기 등도 흩어 없어져 남은 것은 거의 없다」고 한다. 가히 놀라운 일이다. 오정때 배를 타고 바다로 나가 진을 치고, 여러 장수들과 약속을 하니, 모두 즐거이 나가 싸울 뜻을 가졌으나 낙안 군수만은 회피하려는 것 같으니 가히 한탄스럽다. 그러나 엄연히 군법이 있으니 비록 피하려 하나 그게 가능할 것인가. 저녁에 방답의 첩입선 세 척이 앞 바다로 돌아와 정박하다. 군호를 용호라 하고, 복병을 산수라 하다.

5월 3일 날씨 아침 내내 가랑비가 내리다.

새벽에 경상 우수사의 답장이 왔다. 오후에 광양 현감과 흥양 현감을 불러다가 함께 이야기 나누는 중 모두 분한 마음을 나타냈다. 본도 우사가 수군을 끌고 와서 함께 약속하다. 방답의 판옥선이 첩입군을 싣고 오는 것을 보고 우수사가 온다고 좋아하였으나 군관을 시켜 알아보니 방답 배이다. 크게 실망하다. 조금 뒤에 녹도 만호가 보자고 하여 불러들였다. 그가 말하길「우수사는 오지 않고 왜적은 점점 도성 가까이 다가가니 통분함을 이길 수 없고 만약 기회를 잃는다면 후회해도 늦을 것이다」라고 하였다. 이 때문에 곧 중위장을 불러 내일 새벽에 출동할 것을 약속하고 장계를 쓰다. 이날 여도 수군 황옥천이 자기 집으로 도망간 것을 잡아다가 목을 베어 걸다.

5월 4일 날씨 맑음.
어두운 새벽에 출발하여 바로 미조항 앞바다에 이르러 다시 약속하기를, 개이도로부터 평산포·상주포·미조항을 지나가기로 하다.

☐ 5일부터 28일까지는 빠짐.

5월 29일 날씨 맑음.
우수사 이억기가 오지 않으므로, 혼자 여러 장수들을 거느리고 새벽에 출발하여 곧장 노량에 이르니, 경사 우수사 원균이 와 있다. 적이 머물러 있는 곳을 물으니 지금 사천 선창에 있다 한다. 곧 쫓아가니 왜놈들은 벌써 상륙하여 산 위에 진을 치고, 배는 그 산 밑에 매어놓고 항전하는 태세가 매우 견고하다. 내 여러 장수들을 독려하여 일제히 달려들며 화살을 비 퍼붓듯 쏘고, 각종 총포들을 우레같이 쏘아대니 적들이 무서워서 물러나는데, 화살을 맞은 자는 부지기수요, 왜 적의 머리를 벤 것 만도 많으며, 왜선 13척을 불살라 버렸다. 이 싸움에 군관 나대용이 탄환에 맞았고, 나도 왼쪽 어깨 위에 탄환을 맞아 등을 관통했으나 중상은 아니었다.

6월 1일 날씨 맑음.
사량 뒷바다에서 진을 치고 밤을 새우다.

6월 2일 날씨 맑음.
아침에 출발하여 곧장 당포 앞 선창에 이르니 적선 20여 척이 진열하여 머물러 있다. 둘러싸고 싸우는데 적선 중 큰 배 한 척은 크기가 우리 나라 판옥선만 하다. 배 위에 다락이 있는데 높이가 두 길은 되겠고, 그 누각 위에는 왜장이 떡 버티고 우뚝 앉아 끄떡도 안 한다. 편전과 대·중승자총을 비오듯 어지러이 쏘니 적장이 화살을 맞고 떨어진다. 여러 왜적들은 일시에 놀라 흩어지는데, 여러 장졸이 일시에 모여들어 쏘아대매, 활을 맞고 쓰러지는 자 부지기수다. 모조리 섬멸하고 한놈도 남겨두지 않다. 이윽고 왜놈의 큰 배 20여 척이 부산으로부터 바다에 깔려 들어오다가 우리 군사들을 바라보고는 개도로 뺑소니를 치며 들어가다.

6월 3일 날씨 맑음.
아침에 다시 여러 장수들을 격려하여 개도를 협공하니 이미 달아나고 사방에 한놈도 없다. 고성 등지로 가고자 하나 아군의 병세가 외롭고 약하여 울분을 참고 유숙하다.

6월 4일 날씨 맑음.
우수사 이억기가 오기를 갈망하던 차, 정오에 우수사가 여러 장수들을 거느리고 돛을 달고 오니 진중의 장병들이 기뻐 날뛰었다. 군사를 합치고 약속을 거듭한 후에 착포량에서 묵다.

6월 5일 날씨
아침에 출발하여 고성 당항포에 이르니, 왜놈의 큰 배 한 척이 판옥선 같아 배 위에 누각이 높고 그 위에 적장이 앉아, 중선 12척과 소선 20척을 거느렸다. 일시에 쳐서 깨뜨리니, 활을 맞아 죽는 자 부지기수요, 왜장의 목도 일곱이나 베었다. 나머지 왜놈들은 상륙하여 달아나는데 그 수는 매우 적다. 그러므로 우리 군대의 명성이 크게 떨치다.

6월 6일 날씨 맑음.
적의 배를 살피며 그곳에서 그대로 잠자다.

6월 7일 날씨 맑음.
적선을 찾으러 아침에 출발하여 영등 앞바다에 이르니 적선이 율포에 있다 한다. 복병선으로 하여금 탐지케 했더니, 적선 5척이 먼저 우리 군사가 옴을 알고 남쪽 바다로 달아난다. 우리의 여러 배가 일시에 쫓아가 사도첨사 김완이 한 척을 온전히 잡고, 우후 이몽구도 한 척을 온전히 잡고, 녹도 만호 정운도 한 척을 온전히 잡으니, 합계 왜적의 머리가 36개다.

6월 8일 날씨 맑음.
우수사와 함께 일을 의논하면서 바다에서 자다.

6월 9일 날씨 맑음.
곧장 천성·가덕에 이르니 적선이 하나도 없다. 재삼 수색하다가 군사를 돌려 당포에 돌아와 밤을 지내다. 새벽도 되기 전에 배를 출동하여 미조항 앞바다에 이르러 우수사 이억기와 이야기하다.

6월 10일 날씨 맑음.

☐ 6월 11일부터 8월 23일까지는 빠짐.

8월 24일 날씨 맑음.

오후 네시경에 배를 출동하여 노질을 재촉하여 노량 뒷바다에 이르러 정박하다. 밤 열두시경에 달빛을 타고 배를 몰아, 사천 모 사랑포에 이르니 벌써 날은 새었지마는, 새벽 안개가 사방에 끼어서 지척을 분간키가 어렵다.

8월 25일 날씨 맑음.

오전 여덟시경에 안개가 걷히다. 삼천포 앞바다를 지나 거의 당포에 이르러 경상 우수사 원균과 만나 배를 매고 이야기하다. 오후 네시쯤에 당포에 정박하여 유숙하다. 밤이 깊어 잠시 비가 내리다.

8월 26일 날씨 맑음.

견내량에 이르러 배를 세우고 우수사와 더불어 이야기하다. 순천 부사 권준도 오다. 저녁에 배를 옮겨 각호사 앞바다에서 유숙하다.

8월 27일 날씨 맑음.
영남 우수사 원균과 같이 의논하고, 배를 옮겨 거제 칠내도에 이르다. 웅천 현감 이종인이 와서 말하는데, 왜적의 머리 35개를 베었다 한다. 저물녘에 제포·서원포를 건너니 밤이 벌써 10시쯤인데 서풍이 차게 불고 나그네 회포가 어지럽다.

8월 28일 날씨 맑음.
새벽녘에 앉아 꿈을 기억해 보니 처음에는 나쁜 것 같았으나 오히려 좋은 일이다. 가덕으로 가다.

☐ 29일부터 12월 30일까지는 빠짐.

계사년(49세)

□ 1593년 1월 1일부터 1월 30일까지는 빠짐.

1593 년 2 월 1 일 날씨 종일 비가 내리다.

발포 만호 황정록·여도 권관 김인영·순천 부사 권준이 와서 모이다. 발포 진무 최이가 두 번이나 군법을 어겼으므로 처형을 집행하다.

2 월 2 일 날씨 늦게야 개다.

녹도 가장·사도 첨사 김완·흥양 현감 배흥립 등의 배가 오다. 낙안 군수 신호도 오다.

2 월 3 일 날씨 맑음.

여러 장수들이 거의 다 모였는데 보성 군수 김득광이 미처 못 온 것이 섭섭하다. 동쪽 윗방에 나가 앉아 순천 부사·낙안 군수·광양 현감들과 한참 동안 의논하다. 이날 영남에서 옮겨 온 공문에 포로가 되었다 돌아온 김호걸과 김수남 등 명부에 올린 해군 80여 명이 도망갔다고 하며, 또 뇌물을 많이 받고 잡아오지 않았다고 하므로, 군관이 이봉수와 정사립들을 비밀히 보내어 70여 명을 찾아서 잡아다가 각 배에 나눠주고, 김호걸, 김수남 등은 그 날로 처형하다. 오후 8시경부터 비바람이 세게 불어 각 배들을 간신히 구호하다.

2월 4일   날씨 늦게 맑다.
성 동쪽이 아홉 발이나 무너지다. 객사 동헌에 나가 공무를 보다. 오후 6시부터 비가 막 퍼붓더니 밤새도록 그치지 않고 바람조차 몹시 불어 각 배들을 간신히 구호하다.

2월 5일   날씨
경칩. 독제(대장기에 대한 제사)를 지내다. 비가 퍼붓듯이 내리다가 늦게야 개다. 아침 후에 출근하여 공무를 보다. 보성 군수 김득광이 밤을 새워 육지를 달려 들어오다. 뜰 안에 잡아들여 기일을 어긴 죄를 묻자 순찰사와 도사 등이 명나라 군사를 접대할 사무를 맡아 강진, 해남 등지의 고을로 왔었기 때문이라고 공술하여 이 또한 공무이기에 그 대장과 도훈도와 아전들을 처벌하다. 이날 저녁 이언형과 작별을 고하는 술자리를 가지다.

2월 6일   날씨 아침엔 흐리다가 늦게야 맑다.
해가 뜨기 전에 첫 나발을 불고 날이 밝자 두 번째와 세 번째 나발을 불고 나서 배를 풀고 돛을 달았으나 오정때는 역풍이 불어 저물어서야 사량에 이르러 유숙하다.

2월 7일 날씨 맑음.

새벽에 떠나 곧장 견내량에 이르니, 경상 우수사 원균이 벌써 먼저 와 있어서 함께 이야기를 나누다. 기숙흠도 와서 만나보고 이영남·이여념도 오다.

2월 8일 날씨 맑음.

아침에 영남 우수사가 내 배로 와서, 전라 우수사의 기약 어긴 과실을 몹시 탓하여 지금 먼저 떠나자고 한다. 내「애써 좀더 기다려 봅시다. 오늘 안으로 도착할 것이요」하고 말렸더니, 이윽고 정오에 과연 돛을 달고 다가오므로 모든 진중의 장병들이 기뻐했다. 맞이하고 보니 거느리고 온 배가 40척 미만이다. 이날 오후 4시경에 출발하여 초저녁에 온천도에 닿다. 본영에 편지를 보내다.

2월 10일 날씨 아침엔 흐리다가 늦게야 개다.

오전 6시에 발선하여 곧장 웅천·웅포에 이르니 적선이 줄지어 정박했는데, 두 번이나 유인했으나 진작부터 우리 해군을 겁내어 나올 듯하다가 돌아가 버리므로, 끝내 잡아 없애지 못하니 분하다. 오후 열시경에 도로 영등포 뒤 소진포에 이르러 배를 매고 하룻밤을 지내다.

선조 26년, 서기 1593년

2월 11일 날씨 흐림.

군사를 쉬게 하고 그대로 머무르다.

2월 12일 날씨 아침엔 흐리다가 늦게야 개다.

삼도의 군사가 일제히 새벽에 떠나 곧장 웅천·웅포에 도착하니 왜적들은 전과 같다. 나아갔다 물러갔다 하며 아무리 유인하려 해도 끝내 바다로 나오지 않는다. 두 번이나 추격했으나 잡아 섬멸하지 못하니 분하다. 초저녁에 칠천도에 이르자 비가 매우 쏟아지더니 밤새도록 그치지 않다.

2월 13일 날씨 비. 퍼붓듯이 비가 옴. 오후 8시쯤에야 그치다.

적 토벌에 대한 의논차 순천 부사 권준·광양 현감 어영담·방답 첨사 등을 불러 이야기하다. 정담수가 와서 인사하다. 활과 화살 만드는 직공 대방 옥지 등이 돌아가다.

2월 14일 날씨 맑음.

이른 아침에 본영 탐후선이 오다. 아침 식사 후에 삼도 군사들을 모아 약속할 때 영남 수사 원균은 병이라 오지 않고, 전라 좌우도의 여러 장수들만이 모여 약속하는데 우후가 술이 취하여 못하는 소리 없이 떠드니, 그 꼴을 어찌 다 말할까? 어란포 만호 정담수·남도포 만호 강응표도 역시 그러하다. 이렇게 강적을 무찌르는 일로 모이는 자리에 술이 만취되어 떠드니 그 위인됨이 가히 통분하다. 가덕 첨사 전응린이 와서 인사하다.

2월 15일   날씨 아침에 맑더니 저녁에 비가 오다.
날씨가 따뜻하고 바람도 조용하므로 과녁을 걸고 활을 쏘다. 순천 부사 권준·광양 현감 어영담·사량 만호 이여념·소비포 권관 이영남·영등포 만호 우치적 등이 오다. 이날 순찰사 이광의 공문이 왔는데 2월 1일 명나라에서 해군을 서울로 보내니 미리 알아서 처리하라는 것이다. 저녁에 원균이 와서 보다.

2월 16일   날씨 맑음. 늦은 아침에 바람이 세게 불다.
오후에 우수사 이억기가 와서 보다. 순천 부사·방답 첨사도 와서 인사하다. 밤 열시경에 신환과 김대복이 교서 두 장과 부찰사의 공문을 가져왔는데 보니, 명나라 군사들이 바로 송도를 치고 이날 초6일에는 마땅히 서울에 있는 왜적들을 함몰시키겠다 하였다.

2월 17일   날씨 흐림. 종일 동풍이 불다.
이영남·허정은·정담수·강응표 등이 와서 인사하다. 오후에 우수사 이억기를 가서 보다. 또 새로 온 진도 군수 성언길을 보다. 우수사와 함께 영남 수사 원균의 배에 갔다가 선전관이 상감의 분부를 가지고 왔다는 소식을 듣고, 배를 재촉하여 진으로 돌아오는 도중에서 선전관을 만나 급히 배 위로 맞아들여 상감의 분부를 받들고 보니, 급히 적의 퇴로를 끊고 도망하는 적을 몰살하라 하셨다. 즉시 받았다는 답서를 써 부치니 밤이 벌써 새벽 두 시다.

2월 18일 날씨 맑음.

이른 아침에 행군하여 웅천에 이르니 적의 형세는 여전하다. 사도 첨사 김완으로 복병장을 임명하여 여도 만호·녹도 가장·좌우 별도장·좌우 돌격장·광양 이선·흥양 대장·방답 이선 등을 거느리고, 송도에 복병하게 하고, 모든 배들로 하여금 꾀어내게 하니, 과연 적선 10여 척이 따라나온다. 경상도 복병선 5척이 날쌔게 나아가 쫓을 때, 나머지 복병선들이 일제히 적선들을 포위하고 쥐잡듯이 몰아치니, 왜적의 사상자가 부지기수다. 적의 형세가 크게 꺾이어 다시는 나와 대적하지 않는다. 날이 저물기 전에 여러 장수들을 거느리고 원포로 가서 물을 길어가지고 황혼이 되어 영등포 뒷바다로 돌아왔다. 날이 저물어 사화랑에 진을 치다.

2월 19일   날씨 맑음.

서풍이 세게 불어 배를 띄울 수 없으므로 그대로 사화랑에 진을 치고 떠나지 못하다. 남해원에게 붓과 먹을 보냈더니 남해 현령이 와서 인사하다. 고여우와 이효가도 와서 인사하다. 그대로 사화랑에 진을 치다.

2월 20일   날씨 맑음.

새벽에 배를 띄우자 동풍이 약간 불더니, 적과 교전할 때는 바람이 세게 불어 배들이 서로 부딪치고 깨어질 지경이다. 거의 배를 제어할 수조차 없다. 곧 호각을 불게 하고 초요기를 세워 싸움을 중지시키매, 여러 배들이 다행히도 중상하는 데까지는 이르지 않다. 소진포로 돌아와 밤을 지내다. 이날 사슴 떼가 동서로 달아났는데 순천 부사 권준이 한 마리를 잡아 보내다.

2월 21일   날씨 흐리고 대풍이 불다.

이영남·이여념이 와서 인사하다. 우수사 원균과 순천 부사, 광양 현감도 와서 보다. 저녁에 비가 오더니 자정에야 그치다.

2월 22일   날씨 새벽에 구름이 검더니 동풍이 크게 불다.

그러나 적을 무찌르는 일이 급하므로 출발하여 사화랑에 이르러 바람 멎기를 기다리다. 이윽고 바람이 멎는 듯하므로 재촉하여 웅천에 이르러 삼혜와 의능 두 승장과 의병 성응지를 제포로 보내어 곧 상륙하는 체하게 하고, 또 우도 여러 장수의 배들도, 그중 시원치 않은 배들을 골라 동쪽으로 보내어 곧 상륙하는 체하게 했더니, 왜적들이 당황하여 갈팡질팡한다. 이 틈을 타 모든 배를 몰아 일시에 무찌르니 적들은 세력이 분산되고 약해져서 거의 섬멸을 당하게 되었는데, 발포의 두 배와 가리포의 두 배가 명령 없이 돌입하다가 그만 얕은 곳에 걸려 적에게 습격을 당한 것은 매우 통분하여 가슴이 찢어질 것 같다. 진도의 좋은 배 한 척도 적에게 포위되어 거의 구하지 못하게 될 즈음에 우후가 곧장 달려가 구해내다. 경상 좌위장과 우부장은 보고도 못 본 체하고 끝내 구하지 않으니 그 괘씸함을 이루 표현할 길 없다. 참으로 통분하다. 오늘의 통분함을 가히 어찌 다 말하랴. 모두 경상 우수사 원균의 탓이다. 돛을 달고 소진포로 돌아와 자다. 아산에서 뇌와 분의 편지가 웅천 진중으로 오고 어머님 편지도 오다.

2월 23일 날씨 흐림.

경상 우수사 원균이 와서 보다. 그 음흉함을 이를 길이 없다. 최천보가 고양군 양화진으로부터 와서 명나라 군사들의 소식을 자세히 전하고 또 조도어사의 편지도 전하고 그날 밤으로 돌아가다.

2월 24일 날씨 맑음.

새벽에 온양 아산 편지와 집안 편지를 써서 보내다. 아침에는 행군하여 영등포 앞바다에 이르니 비가 몹시 퍼부어 곧장 다다를 수 없으므로 배를 돌려 칠천량을 돌아오다. 비가 그치자 우수사 이 영공과 순천 부사·가리포 첨사·성진도로 더불어 뱃놀이하며 밀담을 나누다. 초저녁에 배 만드는 기구를 들여보내는 일로 패자와 흥양에 갈 공문들을 써 보내다. 양미 90되로 자염을 바꾸어 보내다.

2월 25일 날씨 맑음.

바람의 세기가 불순하므로 그대로 칠천량에서 머무르다.

2월 26일 날씨 바람이 세게 불다.

종일 머무르다.

2월 27일 날씨 맑으나 바람이 세다.

우수사 이 영공과 함께 이야기하다.

2월 28일 날씨 맑음. 바람조차 없다.

새벽에 떠나 가덕에 이르니 웅천의 적들은 기가 죽어 대항할 생각조차 못하고 있다. 우리 배가 바로 김해강 하단 독사리항으로 향하는데 우 부장이 변고를 알리므로, 여러 배들이 돛을 달고 급히 달려가 작은 섬을 포위하고 보니, 경상 수사 원균의 군관의 배와 가덕 첨사의 사후선(척후선)과 아울러 두 척이 섬에서 들락날락하는데 그 태도가 매우 수상쩍다. 두 배를 잡아매어 경상 수사 원균에게 보냈던 바 원균이 크게 성을 냈다 한다. 알고 보니 그 본의는 군관을 보내어 어부들의 목을 찾고 있었던 까닭이었다. 초저녁에 아들 염이 오다. 사화랑에서 자다.

2월 29일 날씨 흐림.

바람이 몹시 불까 염려되어 배를 칠천량으로 옮기다. 전라 우수사 이억기가 와서 보다. 경상 우수사 원균도 와서 보다.

2월 30일 날씨 종일 비가 내리다.

봉창 밑에 웅크리고 앉아서 밤을 지새다.

3월 1일 날씨 잠깐 맑다가 저녁에 비가 내리다.

방답 첨사 이순신이 오다. 순천 부사 권준은 병으로 오지 못하다.

3월 2일 날씨 온종일 비가 내리다.

배의 봉창 밑에 쪼그리고 앉아 있노라니 온갖 회포가 가슴에 치올라 어지럽다. 이응화를 불러다가 한참 이야기하고, 따라서 순천 배로 보내어 원의 병세를 알아보게 하다. 이영남·이여념이 와서 경상 우수사 원균의 잘못하는 일들을 들으니 한탄스럽다. 이영남이 왜놈의 작은 칼을 놓고 가다. 이영남에게서 들은즉 강진 사람 둘이 살아왔는데, 고성으로 붙들려가서 문초를 받고 왔다고 한다.

3월 3일 날씨 아침에 비가 내리다.

오늘은 삼짇날 답청하는 날인데 흉악한 적들이 물러가지 않아 군사를 거느리고 해상에 떠 있으며, 또한 명나라 군사들이 서울에 입성한 여부조차 모르니 민망하기 이를 데 없다. 종일 비가 내리다.

3월 4일 날씨 개기 시작함.

우수사 이 영공이 와서 종일 이야기하다. 듣건대 명장 이여송이 송도까지 왔다가 관북 지방으로 간 왜적들이 설한령을 넘었단 말을 듣고 평안도로 돌아갔다고 한다. 통분함을 이길 길이 없다.

3월 5일 날씨 맑음. 바람기가 매우 사납다.

순천 부사 권준이 병으로 돌아간다기에 아침에 손수 전송해 보내다. 탐후선이 오다. 내일로 적을 치자고 약속하다.

3월 6일 날씨 맑음.

새벽에 행군하여 웅천에 이르니 적도들은 육지로 도망쳐 산허리에 진을 쳤으므로, 군관들이 철환과 편전을 비 퍼붓듯 마구 쏘니 죽는 자가 무척 많다. 포로되었던 사천 여인 한 명을 빼앗아오다. 칠천량에서 자다.

3월 7일 날씨 맑음.

전라 우수사 이억기와 이야기하다. 초저녁에 발선하여 걸망포에 이르니 날이 이미 새다.

3월 8일 날씨 맑음.

한산도로 돌아와 아침을 먹고 나니 광양 현감 어영담, 낙안 군수·방답 첨사 이순신 등이 오다. 방답 첨사와 광양 현감은 술과 안주를 준비해 오고, 전라 우수사 이억기도 오고 어란 만호 정담수도 쇠고기로 만든 음식 몇 가지를 가지고 오다. 저녁엔 비가 내리다.

3월 9일 날씨 궂은비가 종일 내리다.

원식이 보러 왔다가 가다.

3월 10일 날씨 맑음.

사량으로 가는 낙안 사람이 행재소(임금이 피란 가 있는 곳 곧, 의주)로부터 와서 전하는 말이, 명나라 군사들이 일찍이 송도까지 왔는데 연일 비가 와서 길이 질므로 행군하기가 어려워 날이 개기를 기다려 서울로 입성하기로 약속했다고 한다. 이 말을 듣고 그 기쁨을 이길 길이 없다. 첨사 이홍명이 와서 인사하다.

3월 11일 날씨 맑음.

아침 식사 후 원 수사와 이 수사도 와서 술을 마시며 같이 이야기하다. 원 수사는 몹시 취하여 동헌으로 돌아가다. 본영 탐후선이 오다. 돼지 세 마리를 잡아오다.

3월 12일 날씨 맑음.

아침에 각 고을에 공문을 써 보내다. 본영 병방 이응춘도 공문을 정리해 가지고 가다. 아들 염과 나대용·김인문 등이 본영으로 돌아가다. 식후에 전라 우수사 이억기와 바둑을 두다. 밤이 깊어 비가 내리다.

3월 13일   날씨 맑음. 비가 세차게 오다가 아침에야 개다.

우수사 이억기와 첨사 이홍명이 바둑을 두다.

3월 14일   날씨 맑음.

여러 배들을 출동시켜서 배 만들 재목을 실어오다.

3월 15일   날씨 맑음.

우수사 편의 장수들과 우리 편 장수들이 관덕정에서 활을 쏘는데 우리 편 장수들이 많이 이겼다. 그리하여 우수사가 떡과 술을 장만하여 오다. 날이 저물어서 비가 크게 쏟아지기 시작하여 밤새도록 퍼붓다.

3월 16일   날씨 늦게 개다.

여러 장수들이 또 활을 쏘는데, 또 우리 편 장수들이 이긴 것이 30여 분이었다. 원 영공도 왔다가 매우 취해서 돌아가다. 낙안군수가 아침에 왔기에 고부로 가는 편지를 주어 보내다.

3월 17일   날씨 맑음. 종일 큰 바람.

우수사와 활을 쏘다. 그가 아주 형편이 없으니 우스운 일이다. 신경황이 와서 전하기를 임금의 분부를 받든 선전관 채진·안세걸이 본영에 왔다고 말하다. 그는 곧바로 돌아가다.

3월 18일 날씨
대풍이 종일 불어 사람들이 출입조차 못하다. 소비포 권관과 아침을 먹다. 우수사와 장기를 두어 이기다. 남해 현령 기효근도 와서 저녁에 돼지 한 마리를 잡아 오다. 밤중에 비가 내리다.

3월 19일 날씨 비.
우수사와 함께 이야기하다.

3월 20일 날씨 맑음.
오후에 들으니 선전관이 임금의 분부를 가지고 왔다고 한다.

3월 21일 날씨 맑음.

3월 22일 날씨 맑음.

☐ 23일부터 4월까지는 빠짐.

5월 1일 날씨 맑음.

새벽에 망궐례를 행하다.

5월 2일 날씨 맑음.

선전관 이춘영이 임금의 분부를 가지고 왔는데 내용인즉, 적의 퇴로를 차단하고 적을 섬멸하라는 것이었다. 이날 보성 군수 김득광·발포 만호 황정록 두 장수가 와서 모이고, 기타 여러 장수들은 정한 기일을 몰랐기 때문에 모이지 않다.

5월 3일 날씨 맑음.

전라 우수사 이억기가 해군을 인솔하고 왔는데 해군들이 많이 뒤떨어져 유감이다. 선전관 이춘영이 돌아가고 이순일이 오다.

5월 4일 날씨 맑음.

오늘이 어머님 생신이건만 적을 토벌하는 일 때문에 가서 축수의 잔을 올리지 못하니 평생 유감이다. 우수사와 군관들과 진해루에서 활을 쏘다. 순천 부사도 모여서 약속하다.

5월 5일 날씨 맑음.

선전관 이순일이 영남에서 돌아오다. 아침밥을 대접하다. 명나라에서 내게 은청금자광록대부의 직품을 주었다는데 아마 헛소문일 것이다. 늦게 우수사·순천 부사·광양 현감·낙안 군수와 함께 모여 앉아 술마시며 이야기하다. 늦게 군관들을 편 갈라 활 쏘게 하다.

5월 6일 날씨
아침에 친척 신정과 조카 봉이 해포에서 오다. 늦게부터 비가 퍼붓듯이 내려 온종일 그치지 않아, 개울 물이 넘쳐흘러 농민들에게 희망을 주니 다행이다. 저녁 내내 친척 신씨와 이야기하다.

5월 7일 날씨 흐리되 비는 오지 않음.
전라 우수사 이억기와 함께 아침밥을 먹고 진해루에 옮겨 앉아 공무를 본 뒤 배에 올라 떠나려는데, 발포에서 도망갔던 수군을 잡아내어 처형을 시키고 순천의 이방도 입대에 관한 사무를 태만히 한 죄로 처형하려 하다가 그만두다. 미조항에 다다르자 동풍이 세게 불어 파도가 산 같아 간신히 도착하여 정박하다.

5월 8일 날씨 흐리되 비는 오지 않음.
새벽에 출발하여 사량 바다에 이르니, 만호 이여념이 나오므로 우수사 있는 곳을 물었더니 지금 창신도에 있다고 말하며, 군사들이 모이지 않아 미처 배를 타지 못했다고 한다. 곧장 당포에 이르니 이영남이 와서 인사 하며, 수사 원균의 망령된 짓 많음을 자세히 말한다. 머무르다.

5월 9일   날씨 흐림.
아침에 떠나 걸망포에 이르니 바람이 불순하다. 우수사 이억기·가리포 첨사 구사직과 같이 앉아 작전을 상의하다. 저녁에 수사 원균이 배 두 척을 거느리고 오다.

5월 10일   날씨 흐리나 비는 오지 않음.
아침에 발선하여 견내량에 이르러 흥양의 군사를 점검하다. 기약한 날짜를 어긴 여러 장수들을 처벌하다. 우수사와 가리포 첨사가 와서 모여 앉아 이야기하다. 잠시 후, 선전관 고세충이 임금의 분부를 받들고 왔는데 보니, 부산으로 후퇴하여 돌아가는 왜적을 무찌르라는 것이다. 부찰사의 군관 민종의가 서류를 가지고 찾아오다. 저녁에 영남 우후 이의득과 이영남이 보러 와서 함께 이야기하다가 밤늦게야 돌아가다. 봉사 윤재현이 본영에 이르렀다고 편지를 보내오다. 본영에서 좀 기다리고 있으라고 답장을 보내다.

5월 11일　날씨 맑음.

선전관 고세충이 돌아가다. 늦게 우수사의 진중으로 갔더니, 이홍명과 가리포 첨사도 와 있다. 바둑을 두기도 하다. 이어서 순천 부사가 오고, 광양 현감이 오고, 가리포 첨사가 술과 고기를 내다. 얼마 후 영등포로 적정을 탐지하러 갔던 사람들이 돌아와 보고하기를, 가덕도 앞바다에 적선이 무려 200여 척이나 머물고 있으면서 드나들고, 웅천에는 전일과 같다고 한다. 선전관이 돌아갈 때 임금의 분부를 집행하는 데에 관해서 도원수, 체찰사에게 보내는 3건의 공문을 한 서류로 하여 그것을 가지고 가는 사람도 함께 떠나 보내다. 이날 남해 현감도 보러 오다.

5월 12일　날씨 맑음.

본영 탐후선이 들어오다. 그 편에 순찰사의 공문과 시랑 송응창의 통첩을 가지고 오다. 사복시의 말 5필을 중국에 보내기 위해서 올려보내라는 지시도 와서 병방 진무를 띄워 보내다. 늦게 영남이 오다. 선전관 성문개가 보러 와서 피난중에 계신 임금의 사정을 자세히 전하다. 통곡에 통곡을 더해도 이길 수 없는 일이다. 새로 만든 정철총통을 비변사로 보내다. 영남으로부터 오는 선전관 성문개가 와서 인사하다. 흑각궁·과녁·화살을 그에게 주어 보내니 그는 순변사 이일의 사위이기 때문이다. 저녁에 이영남·윤동구가 보러 오다. 고성 현령 조응도도 보러 오다. 새벽에 좌우도 체탐인을 영등포 등지로 정하여 보내다.

5월 13일　날씨 맑음.
식사 후 조그마한 산등성이에 소포(과녁솔)를 달아매고, 순천 부사, 광양 현감, 방답 첨사, 사도 첨사, 우후 그리고 발포 등 여러 장수들이 편을 갈라 활을 쏘아 자웅을 겨루다가 날이 저물어 배로 내려오다. 밤에 들으니 경상도 우수사에게 선전관 도언량이 와서 있다고 한다. 이날 밤 달빛은 배에 가득 차고 온갖 근심이 가슴을 치민다. 홀로 앉아 이 생각 저 생각에 닭이 울 때에야 풋잠이 들다.

5월 14일　날씨 맑음.
선전관 박진종과 선전관 영산령 복윤이 임금의 분부를 받들고 함께 왔다. 피난중인 임금님의 사정과 명나라 군대들의 하는 짓을 들으니 참으로 통탄스럽다. 내 우수사 이억기의 배에 옮겨 타고 선전관과 이야기하며 술을 두어 순배 돌리자, 영남 수사 원균이 나타나 술주정을 하매 모든 배 안의 장병들이 분개하지 않는 이가 없다. 그 망측함은 불가형언이다. 영산령이 취해 넘어져 인사불성이 되니 우습다. 저녁에 두 선전관이 돌아가다.

5월 15일 날씨 맑음.

아침에 낙안 군수 신호가 와서 인사하다. 잠시 후 윤동구가 그의 대장이 장계한 초본을 가지고 와서 보이는데 그 해괴망측함을 이루 다 말할 수 없다. 순천 부사, 광양 현감이 보러 오다. 늦은 아침에 조카 해와 아들 위가 봉사 윤제현과 함께 오다. 점심때 과녁을 걸어놓은 곳으로 가서 순천 부사, 광양 현감, 사도 첨사, 방답들이 자웅을 겨루는데 나 또한 쏘았다. 저녁에 배에 돌아와 봉사 윤제현과 자질구레한 이야기를 나누다.

5월 16일 날씨 맑음.

아침에 적량 만호 고여우, 감목관 이효가, 이응화, 강응표 들이 보러 오다. 각 고을에 공문을 써 보내다. 조카 해와 아들 회가 같이 돌아가다. 몸이 매우 불편하여 베개를 베고 신음하다가, 명나라 장수가 중도에서 늦추며 머무는 것은 무슨 교묘한 술책이 없지 않은 것 같다는 말을 들으니, 나라를 위해 걱정이 많은 중에 매사가 이러하니 더욱 더 한심스러워 눈물이 쏟아지다. 오정때 윤동구에게서 서울 관동의 숙모가 양주 천천으로 피난갔다가 거기에서 작고하셨다는 말을 듣고 통곡함을 금하지 못하다. 언제부터 세상사가 이렇게 가혹한가? 장사 지내는 일은 누가 주관하는지? 대진이 먼저 세상을 떠났다는 말을 들으니 더욱 애통하다.

선조 26년, 서기 1593년

5월 17일 날씨 맑음.

새벽에 크게 바람이 불다. 아침에 순천 부사, 광양 현감, 보성 군수, 발포 만호와 이응화가 보러 오다. 변존서가 병으로 돌아가다. 영남 수사 원균이 군관을 보냈는데 진양으로부터의 보고서를 가져왔다. 보니, 이여송 제독은 지금 충주에 있다 하고, 적도들은 사방으로 흩어져 살인·방화·약탈을 일삼고 있다 하니 분하고 통분하다. 온종일 대풍이 불매 마음이 번거롭다. 고성 현령이 군관을 보내어 문안하고, 또 추로수와 쇠고기와 꿀을 가져왔으나 복중에 받자니 미안하고, 정으로 보낸 것을 돌려보낼 수도 없으므로 군관들에게 보내 주다. 몸이 매우 불편하여 일찍 선실로 들어가다.

5월 18일 날씨 맑음.

이른 아침에 몸이 매우 불편하여 온백원 네 알을 먹었다. 아침 식사 후 우수사와 가리포 첨사가 보러 오다. 이윽고 시원하게 설사가 나오매 몸이 조금 편안해진다. 종 목년이가 해포로부터 왔는데 어머님께서 평안하시다 한다. 곧 답장을 써 돌려보내며 미역 다섯 동을 함께 보내다. 이날 접반사에게 적의 형세에 관해 3건의 공문으로 만든 서류도 보내다. 전주 부윤이 공문을 보냈는데 지금 순찰사 권율이 절제사를 겸하게 되었다고 하면서 도장은 찍지 않았으니 까닭을 모르겠다. 방답 첨사가 보러 오다. 대금산과 영등포 등지의 척후병이 돌아와 보고하기를 왜적들이 나타나기는 하나 그리 큰 흉모는 없다 한다. 새로 협선 2척을 만드는데 못이 없다고 한다.

5월 19일   날씨 맑음.
아침밥을 윤제현과 함께 먹는데 여러 장수들이 애써 권하여 몸은 불편해도 억지로 먹게 되니 더욱 더 극히 비감하다. 순찰사 공문에 의하면 명나라 장수 유원외의 패문에 의하여 부산 바다 어귀는 벌써 끊어 막았다 한다. 공문 받은 확인서를 쓰고, 또 공무에 관한 보고도 써서 보성 사람을 시켜 보내다. 순천 부사가 일곱 가지 먹을 것을 보내 오다. 방답 첨사와 이홍명이 보러 오다. 기숙흠도 보러 오다. 영등포 척후병이 와서 다른 변고는 없다 한다.

5월 20일   날씨 맑음.
새벽에 대금산 척후병의 보고도 영등과 같다. 저녁에 순천 부사가 다녀가다. 소비포 권관도 다녀가다. 오후에 척후병이 와서 보고하되 왜선은 형적도 없다 한다. 본영 군관에게 왜적의 물건을 실어오는 데에 관한 편지를 써서 흥양 사람에게 주어 보내다.

5월 21일   날씨

새벽에 발선하여 거제 유자도 가운데 바다에 이르니, 대금산 척후병이 와서 적의 출몰이 여전하다 한다. 저녁 내내 우수사와 이야기하다. 이홍명도 다녀가다. 오후 2시 쯤에 비가 와서 농작물이 조금 소생하게 되다. 이영남이 다녀가다. 수사 원균이 헛내용으로 공문을 띄워 대군을 요동케 하는구나. 군중에서조차 속임이 이러하니 그 흉측함을 가히 말할 수 없다. 밤에 광풍이 불고, 또 비도 온다. 새벽녘에 이르러 거제 선창에 다다르니 곧 22일이다.

5월 22일   날씨 비.

사람들이 바라던 차에 아주 흡족하게 온다. 늦은 아침에 나대용이 본영에서 명나라 시랑 송응창의 패문을 가지고 왔는데, 송 시랑이 파견한 사람이 전선을 시찰하기 위하여 들어온다 한다. 송응창의 파견원이 전선에 대한 것을 알아보러 오는 것이라 하므로 곧 우후로 하여금 영접하도록 하고, 오후에 칠천량으로 옮겨 오다. 나대용으로 하여금 문안하는 일로 내어보내다. 저녁에 방답 첨사가 와서 명나라 관리 접대하는 일에 대해 말하다. 영남 우수사의 군관 김준계가 와서 저희 장수의 의사를 전하고 가다. 비가 종일 그치지 않다. 흥양 군관 이호가 죽은 보고를 받다.

5월 23일 날씨

새벽에는 흐리기만 하고 비가 오지 않더니 늦게 비가 오락가락하는데 영남 우병사의 군관이 와서 적의 소식을 전하고, 또 본도의 병마사 선거이의 편지를 전한다. 내용인 즉, 창원에 있는 적을 치고 싶으나 적의 형세가 거세기 때문에 경솔히 진격할 수 없다고 한다. 저녁에 아들 회가 와서 전하되, 명나라 관원이 영문에 와서 배를 타고 들어온다 한다. 저녁 무렵 영남 수사 원균도 명나라 관원을 접대하는 일로 와서 의논하다.

5월 24일 날씨 비가 오락가락하다.

아침에 거제 앞 칠천량 바다 어귀로 진을 옮기다. 나대용이 명나라 관원을 사량 뒷바다에서 발견하고 먼저 와 전하되, 명나라 관원과 통역 표헌과 선전관 목광흠이 함께 온다고 한다. 오후 두시경에 명나라 관헌 양보가 진문에 당도하므로 우별도위 이설로 나가 맞아 배로 인도하게 하여 오니 매우 기뻐하는 기색이다. 내 배로 청하여 오르게 하고, 황제의 은혜를 재삼 사례하며 마주 앉기를 청하니 굳이 사양한다. 그는 앉지 않고 선 채로 한 시간이 지나도록 이야기하며 해군이 장하다고 매우 칭찬한다. 예물 명단을 바치니, 처음에는 굳이 사양하는 듯 하더니 마침내 받고는 매우 기뻐하며 재삼 감사를 표한다. 아들 회가 밤에 본영으로 돌아가다.

5월 25일   날씨 맑음.

명나라 관원과 선전관들은 어제 취한 술이 쉽게 깨지 않는 듯하다. 아침에 다시 통역 표헌을 청하여 명나라 장수가 무엇이라 하던가를 물으니, 명나라 장수의 말이 무엇이라는 건 잘 알 수가 없고, 다만 왜적을 쫓아 보내려고만 한다고 한다. 또 이미 말한 대로 송 시랑이 해군의 허실을 알고자 하여, 자기가 데리고 온 군중 탐정 양보를 보낸 것인데, 해군이 이렇게도 장하니 기쁘기 한이 없다고 한다. 늦게 명나라 관원이 본영으로 돌아갔는데 체자로 준 것도 있다. 오정에 거제현 앞 유자도 해구로 진을 옮기고서 우수사 이억기와 더불어 작전을 상의하다. 광양 현감이 오고, 최천보, 이홍명이 와서 바둑을 두다. 저녁에 조붕이 보러 와서 이야기하다가 가다. 초저녁이 지나서 영남으로부터 오는 명나라 사람 두 명과, 우방백의 영리 한 사람과, 접반사 군관 한 사람이 진문에 이르렀으나 밤이 깊어 들이지 아니하다.

5월 26일   날씨 비.

아침에 명나라 사람을 만나보니, 절강의 포수 왕경득인데 문자도 좀 안다. 한참 동안이나 서로 이야기했으나 알아들을 수가 없으니 한탄스럽다. 순천 부사가 짐노루를 준비하다. 광양 현감도 오고 우수사 영공도 와서 함께 이야기하다. 가리포 첨사는 불렀지만 오지 않다. 비가 저녁내 그치지 않고 밤새도록 계속 오다. 밤 10시경부터 바람이 세게 불어 배들이 가만 있지 못했다. 처음에는 우수사의 배와 맞부딪치는 것을 겨우 구해 놓았더니, 또 발포 만호 황정록이 탄 배와 맞부딪쳐 거의 부서질 뻔하다가 겨우 면하고 내 군관 송한련이 탄 협선은 발포 배에게 부딪쳐 많이 상했다 한다. 늦은 아침에 영남 수백이 와서 보다. 순변사 이빈이 공문을 보냈는데 허튼 소리가 많으니 가소롭다.

5월 27일 날씨

풍우에 부딪친 때문에 진을 유자도로 옮기다. 협선 세 척이 간 곳이 없더니 늦게야 돌아오다. 순천 부사와 광양 현감이 와서 노루고기를 준비하다. 영남 병사의 답장이 왔는데, 원 수사는 송 경략이 보낸 불화살을 혼자서만 쓰려 하니 그 계책이 가소롭다. 전라 병사의 편지도 왔는데, 창원의 적들은 오늘 토벌하러 가다가 비가 개지 않아 아직 나가 치지 못했다고 한다.

5월 28일 날씨 종일 비가 내리다.

순천 부사와 이홍명이 와서 이야기 하다. 광양 사람이 장계를 가지고 돌아왔는데 독운 임발영은 상부에서도 그를 극히 나쁘다 여겨 조사 처벌하라는 명령이 있고, 해군 일족 징발의 일 또한 이전처럼 하라는 명령이 있다. 비변사의 공문이 왔는데 광양 현감은 그대로 유임되다. 관보를 가지고 와서 보니 얼마나 통분한지 모르겠다. 용호장 성웅지에게 배를 바꾸어 탈 수 있게 하려고 전령을 본영으로 보내다.

5월 29일 날씨 비.

방답 첨사와 영등 만호 우치적이 보러 오다. 접반사(김수), 도원수(김명원), 순변(이빈), 순찰사(권율), 병사(선거이), 방어사(이복남) 들에게 공문을 보내다. 오후 8시경에 변유헌과 이수들이 보러 오다.

5월 30일 날씨 종일 비가 내리다.

오후 네시경에 잠깐 개다가 도로 비가 오다. 아침에 봉사 윤제현, 변유헌에게 적에 관한 일을 묻다. 이홍명이 보러 오다. 원 수사가 송경략이 보낸 화전을 혼자서 쓰려고 꾀하던 중 병사의 공문에 따라서 나누어 보내라고 하니까 공문도 내려고 하지 않고 무리한 말만 자꾸 지껄이더라고 하니 우습다. 명나라 고관이 보낸, 불로 적을 치는 무기인 화전 1천 5백 30개를 나눠 보내지 않고 독차지해서 쓰려고 하다니 그것은 말도 못할 일이다. 저녁때 조붕이 와서 이야기하다. 남해 현령 기효근의 배가 내 배 곁에 정박했는데 보니, 그 배 안에 조그마한 색시를 태우고 남이 알까봐 두려워하니 가소롭다. 이와 같이 국가가 위급한 때를 당해서도 미인을 태우고 놀아나니 그 내심을 무엇이라 표현하랴? 그러나 그 대장 수사 원균부터 역시 그러하니 어찌하랴? 저녁에 조붕이 와서 이야기하다. 윤 봉사는 일이 있어서 본영으로 돌아가다. 군량미 14섬을 실어 오다.

6월 1일 날씨

아침에 탐후선이 들어와 어머님 편지를 보니 편안하시다고 하였다. 아들의 편지와 조카 봉의 편지도 한꺼번에 오다. 탐후선이 왜물을 가져오다. 명나라 관원 양보가 왜물을 보고 순천 부사와 광양 현감이 보러 오다. 충청 수사 정걸이와 함께 조용히 이야기하다. 나대용, 김인문, 방응원 및 조카 봉도 오다. 그 편에 어머님이 안녕하시단 기별을 듣다. 다행이다. 황정욱과 이영이 강가에 나가서 함께 이야기하더라고 하니 한심스러운 일이다. 이날은 맑았다.

6월 2일 날씨 **맑음**.

아침에 본영의 공문을 적어 보내다. 온양 강용수가 진에 와서 명함을 통하고 들어와 보다. 판옥선과 군관 송두남, 이경조, 정사립들이 본영으로 돌아가다. 아침 식사 후 순찰사 군관이 공문을 가지고 와서 적의 정세를 물어가지고 가려는데, 우수사와 상의해서 대답해 보내다. 강용수가 또 왔기에 양식 5말을 주어 보내다. 원견이 함께 왔더라고 한다. 정 영공이 내 배에 와서 이야기하는데 가리포 첨사 구사직이 와서 한 시간이나 이야기하다. 저녁에 송아지를 잡아서 나눠 먹다.

6월 3일 날씨 새벽에 맑더니 늦게 큰비가 옴.

지휘선을 연기로 그을리기 위하여 딴 배로 옮겨 타다. 막 활을 쏘려는데 큰비가 내리기 시작하다. 온 배에 비가 새지 않는 곳이 없어 마른 데를 골라 앉을 수가 없으므로 한심스럽다. 평산포 만호 김축, 소비포 권관 이영남, 방답 첨사 이순신이 함께 보러 오다. 저물게 순찰사 권율·순변사 이빈·산거이·방어사 이복남 등의 답장이 왔는데 각도 군마가 많아야 5천이 넘지 못하고 양식도 거의 다 떨어졌다 한다. 적들의 발악이 더해 가는 이때에 매사가 모두 이 같으니 장차 어찌하랴. 밤이 들기 전에 지휘선으로 돌아와서 침실로 들어가다. 비가 밤새도록 오다.

6월 4일   날씨 종일 비가 내리다.

식전에 순천 부사 권준이 오다. 식후에는 충청 수사 정걸과 이홍명과 광양 현감 어영담이 와서 종일 작전을 이야기하다.

6월 5일   날씨 비.

종일 비가 쏟아져서 사람들이 배 밖으로 머리를 내밀기 어렵다. 오후에 우수사 이억기가 와서 해 진 뒤에 돌아가다. 바람이 매우 세차게 불므로 각 배들을 간신히 구호하다. 이홍명이 왔다가 저녁밥을 먹고 돌아가다. 경상 우수사가 웅천의 적도들이 혹 감동포로 들어갈지도 모르니 들어가 치자고 공문을 보냈다. 그 흉계가 가소롭다.

6월 6일   날씨 비가 오락가락하다.

순천 부사가 보러 오다. 보성 군수 김득광은 갈려가고, 김의검이 되었다 한다. 충청 수사가 와서 함께 이야기하다. 이홍명도 오고 방답 첨사도 왔다가 곧 돌아가다. 저녁에 본영 탐후선이 돌아와서 어머님께서 편안하시다 한다. 또 흥양서 오는 말이 낙안에 와서 죽었다고 하니 참으로 불쌍하다.

6월 7일 날씨 흐리되 비는 오지 않다.

순천 부사와 광양 현감이 오고, 우수사와 충청 수사도 오고 이홍명도 와서 함께 종일 이야기하다. 저녁에 본도 우수사의 우후 이정충이 인사차 와서 서울 안 소식을 낱낱이 전하다. 가증하고 한탄스럽기 짝이 없다.

6월 8일 날씨 잠깐 맑다가 바람이 불고 온화하지 않다.

경상 수사의 우후 이의득이 군관을 시켜 생전복을 선사하였기에 구슬 30개를 대신 보내어주다. 군관 나대용이 병으로 본영에 돌아가다. 병선 진무 유충서도 병으로 사임하고 육지로 올라가다. 광양 현감이 오고 소비포 권관도 보다. 광양 현감이 쇠고기를 내와서 함께 먹다. 탐후선이 들어오다. 각 고을의 색리 11명을 처벌하다. 옥과향소는 전년부터 군사를 영솔해 오는 일에 근실하지 못하여, 결원이 거의 수백 명에 달했는 데도 매양 속여 허위 보고했기 때문에, 오늘은 사형에 처하여 효수하다. 모진 바람은 그치지 않고 마음 속도 산란하다.

6월 9일 날씨 맑음.

수십 일을 두고 괴롭히던 비가 비로소 활짝 개니 진중의 장병들이 기뻐하지 않는 사람이 없다. 순천 부사와 광양 현감이 와서 개장을 차려놓다. 몸이 매우 불편하여 종일 배에 누워 있다. 접반관의 공문이 왔는데 이여송 제독이 충주로 왔다고 하였다. 본군 의병 성응지가 돌아올 때 본영의 군량미 50섬을 실어오다.

6월 10일 날씨 맑음.

우수사 이억기가 와서 작전 계획을 상세히 의논하다. 순천 부사도 오다. 삿자리 20닢을 짜다. 저녁에 영등포 척후병이 와서 말하는데, 웅천의 적선 4척이 저의 본토로 돌아갔고, 또 김해 입구에 적선 150여 척이 나타났었는데, 19척은 본토로 돌아가고, 남은 배들은 부산으로 갔다고 한다. 새벽 2시경에 수사 원균의 편지가 왔는데 내일 새벽에 나가 치자 하였다. 그 흉계와 시기를 가히 표현할 길 없다. 이날 저녁에 답서를 보내지 아니하다. 네 고을 군량에 관한 공문을 만들어 보내다.

6월 11일 날씨 비가 오락가락하다.

아침에 적을 쳐부술 공문을 작성하여 영남 수사 원균에게 보냈더니 술이 취하여 인사불성이라 하며 회답하지 않다. 낮 12시쯤 충청 수사 정걸의 배로 갔으나, 충청 수사는 내 배에 와서 앉아 있었기로 잠깐 이야기하다가 헤어지다. 그 길로 우수사의 배로 간즉, 가리포 첨사, 진도 김만수, 해남 위대기 들이 우수사와 함께 술자리를 차려놓고 앉아 있다. 나도 두어 잔 마시고 돌아오다. 탐후인이 와서 고목을 바치고 가다.

6월 12일 날씨 비가 오락가락하다.
아침에 흰 머리털 여남은 오라기를 뽑다. 흰 머리털인들 무엇이 어떠랴마는 다만 위로 늙으신 어머님이 계시기 때문이다. 종일 혼자 앉아 있다. 사량 이여념이 다녀가다. 밤 열시경에 변존서와 김양간이 들어오다. 행궁(서울 있는 궁전 이외 지방에 있는 궁전)의 기별을 듣건대 동궁께서 편치 않으시다니 매우 걱정이 된다. 유성룡 정승의 편지와 지사 윤우신의 편지가 오다. 종 갓동과 철매들이 병으로 죽었다 하니 참 가엾다. 중 해당도 오다. 밤에 원 수사의 군관이 와서 명나라 군인 5명이 들어왔다고 전하고 가다.

6월 13일 날씨 늦게 잠깐 비가 오다.
명나라 사람 왕경과 이요가 와서 해군의 상황을 살피다. 들으니, 제독 이여송이 진격하지 않아 명나라 조정에서 문책을 당했다 한다. 그들과 조용히 이야기하는 중에 느껴지는 점이 많았다. 저녁에 진을 거제 세포로 옮기다.

6월 14일 날씨 비가 오락가락하다.

아침 식사 후에 낙안 군수 신호가 보러 오다. 가리포 첨사를 청해다가 아침을 같이 하다. 순천 부사, 광양 현감도 오다. 광양 현감이 노루고기를 차려 내오다. 전운사 박충간의 공문과 편지가 오다. 경상 좌수사의 공문과 동도 우수사의 공문이 오다. 저물녘에 비바람이 크게 치더니 곧 그치다.

6월 15일 날씨 비가 오락가락하다.

우수사 이억기·충청 수사 정걸·순천 부사 권준·낙안 군수 신호·방답 첨사 이순신이 와서 시절 음식을 먹으며 놀다가 날이 저물어서야 헤어지다.

6월 16일 날씨 잠깐 비가 오다.

날이 저물어서 낙안 군수를 통하여 진해의 고목을 얻어 보니, 함안에 있는 각 도의 대장들이, 왜놈들이 황산동으로 나가 진 쳤다는 소문을 듣고 모두 물러나, 진양과 의령을 지킨다 하니 참으로 놀라운 일이다. 순천 부사, 광양 현감, 낙안 군수가 오다. 초 저녁에 영등포 척후병이 와서 보고하는데, 김해·부산에 있던 적선 무려 500여 척이 안골포·제포 등지로 들어왔다 한다. 완전히 믿을 수는 없으나 적도들이 합세하여 옮겨 다니며 침범할 계획도 없지 않으므로, 우수사 이억기와 충청 수사 정걸에게 공문을 보내다. 밤 10시경에 대금산 척후병이 와서 보고하는 것도 또한 그러하여, 송희립을 경상 우수사 원균에게 가서 의논케 한즉, 내일 새벽에 군사를 거느리고 오겠다는 것이다. 적의 꾀란 헤아릴 길 없다.

6월 17일 날씨 비가 오다 갰다 하다.
이른 아침에 영남 우수사 원균·전라 우수사 이억기·충청 수사 정걸 등이 와서 의논했는데, 함안에 있던 여러 장수들이 진주로 물러가 지킨다는 것이 사실이다. 식후에 이억기의 배로 가서 종일 이야기하다. 조붕이 창원으로부터 와서 적세가 아주 대단하다 한다.

6월 18일 날씨 비가 오다 갰다 하다.
아침에 탐후선이 들어오다. 닷새 만에야 들어오니 아주 옳지 않은 일이라 곤장을 때려 보내다. 오후에 경상 우수사 원균의 배에 가서 군사일을 의논하다. 연거푸 한 잔 한잔 마신 것이 몹시 취해서 돌아오다. 부안의 용인이 와서 그 모친이 갇혔다가 풀려 나왔다고 말하다.

6월 19일   날씨 비가 오락가락하다.

대풍이 세차게 불며 그치지 않으므로, 진을 오양역 앞으로 옮겼으나 바람에 배를 정박할 수 없으므로 다시 고성 역포로 옮기다. 봉과 변유헌 두 조카를 본영으로 보내어 어머님의 안부를 살피고 오게 하다. 왜물, 명나라 장수가 선사한 물건 및 기름 등속을 본영으로 실어 보내다. 각 도에 공문을 발송하다.

6월 20일   날씨 흐림. 바람이 심하게 불다.

조상의 제삿날이 되어서 종일 혼자 앉아 있다. 저녁때 방답 첨사, 순천 부사, 광양 현감이 보러 오다. 조붕이 그의 조카 조응도와 같이 와서 인사하다. 이날 배 만들 재목을 운반해 오는 일로 그대로 역포에서 자다. 밤에는 바람이 자다.

6월 21일   날씨 맑음.

새벽에 한산도의 망하응포로 진을 옮기다. 아침에 아들 회가 들어와 어머님 편안하시다는 소식 들으니 다행이다. 오정에 원연이 오다. 우수사를 청해서 함께 앉아 술을 몇 잔 마시고 헤어지다.

6월 22일 날씨 맑음.

처음으로 전선을 만들기 위하여 자귀질을 시작하다. 목수 214명이 일을 하다. 본영에서 72명, 방답에서 35명, 사도에서 25명, 녹도에서 15명, 발포에서 12명, 여도에서 15명, 순천에서 10명, 낙안에서 5명, 흥양과 보성에서 각 10명이었다. 방답에서 처음에는 15명밖에 보내지 않아서 담당한 군관과 아전을 처벌하였는데 그 정상이 아주 간교하다. 지휘선의 제2호선 급수군 손걸을 본영으로 돌려보낸 바, 못된 짓을 많이 하고 돌아다니다가 갇혔다기에 붙잡아오라고 하였더니 이미 버젓이 들어와 인사를 하는 것이므로 제마음대로 드나든 죄를 다스리고, 그와 함께 우후의 군관 유경남도 처벌하다. 오후에 가리포 첨사가 오다. 적량의 고여우와 이효가가 오다. 저녁때 소비포 권관 이영남이 다녀가다.

6월 23일 날씨 맑음.

이른 아침에 목수를 점호하였는데 한 명도 결근이 없다. 새 배에 쓸 밑반을 완성하다.

6월 24일 날씨 식후부터 큰비와 바람이 불어치더니 저녁에까지 그치지 않다.

저녁에 영등포 척후병이 와서 보고하는데 적선 500여 척이 23일 밤중에 소진포로 합쳐 들어갔는데 선봉대는 칠천량에 이르렀다 한다. 밤에 대금산 정찰대가 와서 보고하는 것도 역시 마찬가지이다.

6월 25일   날씨 종일 큰비가 내리다.
우수사 이억기와 함께 적을 칠 일을 의논하는데 경상 우수사 원균도 와서 함께 상의하다. 듣건대 진양이 포위되었는데도 아무도 감히 나가 싸우지 못한다 한다. 연일 비가 내려 적도들이 날뛰지 못하는 것을 보면 호남지방을 하늘이 돕는 것이다. 순천 부사 권준이 군량미 200석을 가져와 바치다.

6월 26일   날씨 큰비가 내리다. 남풍조차 세게 불다.
복병선이 변고를 고하는데 적선이 오양역 앞까지 이르렀다 한다. 호각을 불어 닻을 거두고 모두 적도로 가서 진을 치다. 순천의 군량 150섬 9말을 받아들여 의능의 배에 싣다. 저녁에 김붕만이 진양의 적정을 살피고 와서 보고하기를, 적도들이 동문 밖에 진을 합쳤는데 연일 큰비가 내려서 물에 막혀 있고, 또 계속하여 구원해 줄 길도 없으니, 만약 대군을 합쳐 쳐들어간다면 한꺼번에 섬멸할 수 있다 한다. 그런데, 이미 양식이 끊어졌으니 우리 군사는 편안히 앉아서 고달픈 적을 맞게 되는 것으로 그 형세가 백전백승을 기약할 수 있는 것이다. 하늘이 이렇게 도와주거니

수로의 적이 비록 5, 6백 척을 합해 오더라도 우리 군사를 당해 낼 수는 없다.

6월 27일 날씨 비가 오락가락하다.
오정에 적선이 견내량에 나타났다 하므로 온 진이 출동하여 나가 보니, 벌써 도망가고 없어 진을 불을도 앞바다에 치다. 아침에 순천 부사·광양 현감을 불러다가 군사 문제를 토의하다. 충청 수사가 그 군관을 시켜 흥양 군량이 떨어졌으니 3섬만 꾸어달라고 하기에 꾸어주다.

6월 28일 날씨 비가 오락가락하다.
나라의 기일이라 공무를 보지 않다. 강진의 척후선이 적과 싸운다는 소식을 듣고, 온 진이 출동하여 견내량에 이르니 적도들은 우리 군사들을 바라보고 놀라 황급히 달아난다. 바람과 물이 모두 거슬러 치므로 들어올 수가 없어 그대로 머물다. 밤을 지내고 새벽 두시경에 불을도에 도착하다. 이날은 명종의 제삿날이다. 종 봉손·애수 등이 들어와 분산 소식을 자세히 들으니 다행이다. 원균과 이억기가 함께 와서 군사일을 의논하다.

6월 29일   날씨 맑음. 서풍이 잠깐 불더니 청명하게 갠다.

순천 부사·광양 현감이 와서 인사하고 어란 만호 정담수·소비포 권관 이영남도 와서 인사하다. 종 봉손들이 아산으로 가는데, 홍·이 두 선비와 윤선각명문에게 편지를 써 보내다. 진주가 함락되다. 황명보·최경회·서예원·김천일·이종인·김준민이 전사하였다고 한다.

7월 1일   날씨 맑음.

나라의 기일이라 공무를 보지 않다. 밤 기운이 몹시 싸늘하여 잠을 이루지 못하다. 나라를 근심하는 생각조차 조금도 놓이지 않아 홀로 봉창 밑에 앉아 있으니 만단의 회포가 일어난다. 초저녁에 선전관 유형이 임금의 분부를 가지고 오다.

7월 2일   날씨 맑음.

날이 늦게 우수사 이억기가 오다. 선전관이 오후에 돌아가다. 저물녘에 김득룡이 와서 진양이 함몰되어 황명보·최경회·서예원·김천일·이종인·김준민이 죽었다 한다. 놀랍고 비통함을 금할 길 없다. 그러나 그럴 리가 만무하다. 어떤 미친놈이 잘못 전하는 말일 것이다. 초저녁에 원연·원식이 와서 군사에 관한 극언을 하니 가소롭다

7월 3일　날씨 맑음.

적선 두 척이 견내량을 넘어와 육지로 나가려다 우리 배들이 바다에 나타나 쫓는 것을 보고 급히 도망치다.

7월 4일　날씨 맑음.

흉악한 적 수만여 명이 죽 벌여 서서 기세를 올리니 통분하다. 저녁에 걸망포로 진을 물리고 자다.

7월 5일　날씨 맑음.

척후병이 와서 보고하되, 적선 10여 척이 견내량으로 넘어온다 하므로, 여러 배들이 일시에 출발하여 견내량에 이르니 적선들은 허겁지겁 도망가고, 거제 땅 적도에 말만 있고 사람들은 없으므로 싣고 오다. 저녁에는 변존서가 본영으로 떠나다. 진양이 함락되었다는 보고가 광양으로부터 오다. 두치의 복병한 곳에서 성응지와 이승서가 보낸 보고다. 도로 걸망포에 이르러 진을 치고 밤을 지내다.

7월 6일　날씨 맑음.

아침에 방답 첨사 이순신이 와서 이야기하고 소비포의 이영남도 와서 인사하다. 한산도에서 새로 만든 배를 들여오는 일로 중위장이 여러 장수들을 데리고 나가다. 공방 곽언수가 행재소(임금의 피난처)부터 들어왔는데, 도승지 심희수와 지사 윤자신과 좌상 윤두수가 편지를 보냈고, 윤기헌이 또한 안부를 보내왔다. 아울러 기별을 보니 탄식할 만한 일들이 많다. 흥양이 군량을 실어 오다.

7월 7일 날씨 맑음.

순천 부사·가리포 첨사·광양 현감들이 와서 작전을 상의하다. 각각 날래고 예리한 배 15척을 뽑아 견내량으로 가서 탐색케 해 보기로 하여 위장이 거느리고 가 보았으나 적의 행적이 없다 한다. 거제에서 포로가 되었던 한 사람을 얻어 왜적의 소행을 물으니, 흉적들이 우리 해군의 위세를 보고 도망하려 하더라 하고, 진양이 이미 함락되었으니 적들이 전라도로 넘어올 것이라 한다. 이 말은 헛소문이다. 우수사 이억기가 내 배로 왔기에 같이 이야기하다.

7월 8일 날씨 맑음.

남해로 왕래하는 조붕에게 듣건대, 적이 광양을 친다 하여, 광양 사람들이 벌써 고을 관청과 창고를 불살랐다 하니 해괴망측하다. 순천 부사 권준과 광양 현감 어영담을 곧 보내려다가 굴러들어 온 소문을 믿을 수 없으므로 중지하고, 사도 군관 김붕만을 내

보내어 알아오게 하다.

7월 9일 날씨 맑음.

남해 현령이 또 와서 광양·순천이 벌써 타버렸다고 하매, 광양 현감 어영담·순천 부사 권준·송희립·김득룡·정사립·이설 등을 보내놓고 듣자 하니, 이 뼈아픈 일 무엇이라 다 말하랴. 우수사 이억기와 경상 우수사 원균과 함께 일을 상의하다. 이날 밤 바다에 달은 밝고 티끌 하나 일지 않아 물과 하늘이 한빛인데, 서늘한 바람이 불어 홀로 뱃전에 앉았으니, 온갖 근심이 가슴을 치민다. 밤 자정에 본영 탐후선이 적정을 보고하는데, 실은 왜적들이 아니고 영남 피난민들이 왜복으로 가장하고 광양으로 들어가 여염집들을 불살랐다 하며, 또 진주가 함락되었다는 말도 거짓말이라 한다. 그러나 진주 일만은 그럴 리가 만무하다. 닭이 벌써 우는구나.

7월 10일 날씨 맑음.

김붕만이 두치로부터 와서 하는 말이, 광양의 적은 사실이나, 다만 왜적 백여 명이 도탄으로부터 광양을 치고 들어왔는데 총도 한방 쏘는 일이 없다 한다. 그러나 왜적이 어찌 총도 안 쏠 리가 있을까? 저녁에 오수가 거제 가참도로부터 와서 하는 말이, 적선은 가참도 안팎에 모두 보이지 않는다 하며, 또 말하기를, 포로로 되었다가 도망쳐 나온 자들이 말하기를, 무수한 적들이 창원으로 가더라고 한다 하나 남의 말은 믿을 수 없다. 초저녁에 한산도 끝 세포로 진을 옮기다.

7월 11일   날씨 맑음.

이상록이 명령을 어긴 여러 장수들에게 전령하는 일로 나갔다가 돌아와 보고하는데, 적선 10여 척이 견내량으로부터 내려온다 하므로 닻을 올리고 바다로 나가니, 배들이 일시에 출발하여 견내량에 이르니 적선들은 허겁지겁 도망가고, 거제땅 적도에 말로 돌아와 물을 긷다. 사도 첨사 김완이 와서 하는 말이, 두치 나루의 작은 헛소문이요, 광양 사람들이 왜복으로 가장하고 저희들끼리 싸운 것이라 하니 통분함을 이길 길이 없다. 어두워 오수성이 광양으로 와서 보고하는데, 광양의 적변은 모두 진주에서 피난 온 사람들과 제 고을 사람들이 이런 흉계를 꾸며내어 관의 창고는 한결같이 비어 있고, 여염집도 쓸쓸하게 되었는데 그중에서도 순천이 더욱 심하며 낙안이 다음 간다 한다. 달 아래 우수사의 배를 찾아갔더니 원 수사와 직장 원연이 먼저 와서 앉아 있다. 군사일을 의논하다가 헤어지다.

7월 12일   날씨 맑음.

식전에 위와 송두남과 오수성이 돌아가다. 늦게 가리포 첨사(구사직)와 낙안 군수(신호)를 청해다가 일을 의논하고 점심을 같이 하다. 그리고 헤어지다. 가리포 군량 진무가 와서 전하는 말이 사량 앞바다에 와서 묵는데, 왜적들이 우리 나라 옷으로 변장하고, 우리 나라 배를 타고 돌입하여 총을 놓으며 약탈해 가고자 한다고 한다. 그러므로 각각 경예선 세 척씩을 정해서 합하여 9척을 보내어 달려가 잡아오게 하며, 또 각각 세 척씩을 정하여 착량으로 보내어 요새를 방어하고 오라고 했다. 고목이 오다. 또다시 광양 일은 헛소문이라 하다.

7월 13일   날씨 맑음.

본영 탐후선이 돌아와 보고하기를, 광양·두치 등엔 적이 없다 한다. 흥양 현감 배흥립이 들어오다. 우수사도 오다. 가리포 첨사도 오다. 순천 거북선의 격군이며 경상도 사람인 종 태수가 도망가다가 잡혀왔기로 사형에 처하다. 늦게 흥양 현감 배흥립이 와서 두치의 허보인 것과 장흥 부사 유희선의 겁내던 일과, 또 그 고을 산성의 창고의 곡식을 남김없이 나누어 주었다는 사실과, 행주대첩을 전하다. 초저녁에 우수사 영공이 청하여 그의 배로 가본 즉, 가리포 영공이 몇 가지 먹음직한 것을 차리다. 날이 샐녁에 헤어지다.

7월 14일 날씨 맑다가 늦게 비가 조금 와 땅의 먼지를 적실 정도이다.
몸이 매우 불편하여 온종일 신음하다. 순천 부사 권준이 들어와서 장흥 부사가 본부의 일을 망령되이 전한 것은 무어라 형언할 길이 없다고 한다. 함께 점심을 먹고 그대로 머무르다. 진을 한산도 두을포로 옮기다.

7월 15일 날씨 맑음.
늦게 사량의 수색선과 여도 만호 김인영과 순천의 김대복이 들어오다. 가을 기운이 바다로 들어오니 나그네 회포가 어지럽다. 홀로 봉창 밑에 앉으니 마음이 몹시 번거롭다. 달이 뱃전을 비치니 정신이 맑아져 잠 못 이루어 하는 사이에 닭이 벌써 우는구나.

7월 16일 날씨 맑음.
저녁에 소나기가 와서 농사에 흡족하다. 몸이 몹시 불편하다.

7월 17일 날씨 비.
몸이 대단히 불편하다. 광양 현감 어영담이 와서 인사하다.

7월 18일 날씨 맑음.

몸이 불편하여 혹 앉았다가 혹 누웠다 하다. 정사립이 돌아오다. 우수사 이억기가 와서 보다. 신경황이 두치로부터 와서 적의 헛소문을 전하다.

7월 19일 날씨 맑음.

이경복이 병사에게로 가는 편지를 가지고 떠나다. 순천 부사(권준)와 이영남이 와서 진주·하동·사천·고성 등지의 도적이 이미 도망갔다고 전하다. 저녁에 광양 현감 어영담이 전주에서 피살된 장수들의 명부를 보내왔는데 보니, 참으로 비통하고 원통함을 이길 길이 없다.

7월 20일 날씨 맑음.

탐후선이 본영으로부터 들어와 병사의 편지와 명나라 장수의 보문이 왔는데 그 보문의 사연이 괴상하고 이상하다. 두치의 적이 명나라 군사에게 몰려 도망갔다 하니 모두 거짓말이다. 상국 사람들이 이러하니 다른 사람들이야 말할 것이 무엇이랴. 통탄할 일이다. 충청 수사 정걸·순천 부사 권준·방답 첨사 이순신·광양 현감 어영담·발포 만호 황정록·남해 현령 기효근 등이 와서 보다. 이해와 윤소인이 본영으로 돌아가다.

7월 21일   날씨 맑음.

경상 우수사 원균과 충청 수사 정걸이 한꺼번에 와서 적을 토벌하는 일을 의논하는데, 원 수사의 하는 말은 극히 흉측함을 무어라 형언할 수 없다. 이런 이와 일을 같이 하니 뒷걱정이 없을손가, 그 아우 연이 뒤미처 와서 군량을 얻어가다. 흥양 현감도 왔다가 어두울 녘에 돌아가다. 초저녁에 오수 등이 거제 망 보는 곳으로부터 와서 보고하기를, 영등포의 적선이 아직도 머물러 있어 횡포가 심하다 한다.

7월 22일   날씨 맑음.

오수가 사로잡혔다가 도망쳐 온 사람을 실어 오기 위해 나가다. 위가 들어오다. 어머님께서 평안하시고, 염의 병도 차도가 있음을 상세히 말하다. 다행이다.

7월 23일   날씨 맑음.

위가 돌아가다. 충청 수사 정걸이 와서 점심을 함께 하다.

7월 24일   날씨 맑음.

순천 부사·광양 현감·흥양 현감이 와서 보다. 저녁에 방담과 이응화가 보러 오다. 오수가 사로잡혔다가 도망해 나와서 하는 말이, 적이 물러가긴 하였으나 장문포 적들은 여전하다 하다. 아들 울이 본영에 닿았다고 하다.

7월 25일   날씨 맑음.
우수사 이억기가 와서 이야기하다. 조붕도 와서 체찰사의 공문이 영남 수사 원균에게 왔는데 문책하는 말이 많이 있더라 하다.

7월 26일   날씨 맑음.
순천 부사·광양 현감·방답 첨사가 오다. 우수사 이억기도 같이 이야기하고 가리포 첨사도 오다.

7월 27일   날씨 맑음.
우수사의 우후 이정충이 본영으로부터 와서 우도의 사정을 전하는데 놀랄 만한 일들이 많다. 체찰사에게 가는 편지 공문을 쓰다. 경상도 우수영의 영리가 체찰사에게 갈 서류 초안을 가지고 와 보고하다.

7월 28일   날씨 맑음.
아침에 체찰사에게 가는 편지를 쓰다. 경상 우수사 원균과 충청 수사 정걸과 본도 우수사 이억기가 같이 와서 약속하다. 원 수사의 음흉하고 간흉한 것은 형편이 없다. 정여흥이 공문과 편지를 가지고 체찰사에게로 가다. 순천 부사·광양 현감이 와서 보고 곧 돌아가다. 사도 첨사 김완이 복병했을 때 잡은 보자기(해물을 채취하는 사람) 10명이 왜복으로 변장하고 하는 짓이 매우 꼼꼼하다 하여 잡아다가 추궁하니 경상 우수사 원균이 시킨 일이라 한다. 곤장만 10여 대씩(족장) 때려 놓아주다.

7월 29일 날씨 맑음.

새벽꿈에 아들을 얻었다. 포로되었던 사나이를 얻을 점이다. 순천 부사·광양 현감·사도 첨사·흥양 현감·방답 첨사들을 불러다 이야기하다. 흥양 현감은 학질을 앓아서 곧 돌아가고, 남은 사람들은 조용히 앉아 있다가 방답 첨사는 복병할 일로 돌아가다. 본영 탐후인이 와서 아들 염의 병이 낫지 않는다 하니 몹시 걱정이다. 적력에 보성 군수 김득광·소비포 권관 이영남·낙안 군수 신호 등이 들어오다.

8월 1일 날씨 맑음.

새벽꿈에 큰 대궐에 이르렀는데 모양이 서울과 같다. 기이한 일이 많았다. 영의정과 인사를 나누고 마주앉아 임금님께서 파천하신 일에 대하여 이야기하다가 눈물을 뿌리며 탄식하는 데, 적의 형세는 이미 질식되었다 한다. 그리고 서로 의논할 때 좌우 사람들이 운집하는 것을 보고 깨니, 무슨 징조가 있을지 모르겠다. 아침에 우후(이몽구)가 보러 왔다가 돌아가다.

8월 2일 날씨 맑음.

아침을 먹은 후 심사가 울적하여 닻을 걷고 포구로 나가니 충청 수사 정걸이 따라오고 순천 부사·광양 현감이 와서 인사하다. 소비포 권관 이영남도 오다. 저녁에 진을 쳤던 곳으로 오다. 이홍명도 오다. 저물 무렵에 우수사 이억기가 배에 와서 하는 말이, 방답 첨사 이순신이 부모를 뵈러 가겠다고 간절히 청하나 여러 장수들이 보내지 않았다 하며, 원균 수사가 망녕된 말을 하며 나에게 좋지 못한 말을 많이 하더라고 전하나, 모두 잘못 안 것이니 무슨 관계가 있으랴! 염의 병도 어쩐지 모르고 적도 얼른 소탕되지 않고 몸도 괴로워 아침나절 밖에서 바람을 쐬다. 탐후선이 들어왔다. 아들 염의 아픈 데가 곪아서 종기가 되었는데, 곪아서 침으로 쨌더니 고름이 흘러 며칠만 늦었어도 못 고칠 뻔했다 한다. 큰일날 뻔했다. 지금은 조금 생기가 났다 하니 다행이다. 의사 정종의 은혜가 크다.

8월 3일 날씨 맑음.

이경복·양응원·영리 강기경 등이 와서 인사하다. 염의 종기를 침으로 째던 일을 전하는데 새삼 놀랐다. 며칠만 더 늦었어도 구할 수 없었던 것이다.

8월 4일 날씨 맑음.

순천 부사·광양 현감이 와서 인사하고 돌아가다. 저녁에 도원수의 군관 이완이 삼도에 퍼져 있는 적의 형세를 보고하지 않은 군관, 색리들을 잡아다 심문하려고 진에 이르니 가소로운 일이다.

8월 5일 날씨 맑음.

조붕·이홍명·우수사 이억기와 우후들이 와서 밤이 깊어서야 돌아가고, 소비포 권관 이영남도 밤으로 돌아가다. 아산 이예가 밤에 오다. 이완이 술에 취해 내 방에서 머물렀다. 쇠고기를 얻어서 각 배에 나누어 보내다.

8월 6일 날씨 맑음.

아침에 이완이 송한련·여여충과 함께 도원수에게로 가다. 식후에 순천 부사·광양 현감·보성 군수·발포 만호·이응화 등이 와서 인사하다. 저녁에 수사 원균이 오다. 우수사 이억기·충청 수사 정걸도 와서 의논하는 동안 원 수사의 말은 걸핏하면 모순된 이야기니 한심한 일이다. 저물게 잠깐 비가 오다가 이내 그치다.

8월 7일 날씨

아침엔 맑더니 저녁엔 비가 내려 농사에 흡족하다. 가리포 첨사(구사직)가 오고 소비포 권관과 이효가도 보러 오다. 당포 만호 하종해가 작은 배 찾아갈 일로 왔으므로 주어 보내라고 사량에 지시하다. 가리포 영공은 점심을 나와 함께 먹고 가다. 저녁에 경상 수사 원균의 군관 박치공이 와서 전하는데 적선들이 물러갔다 한다. 그러나 수사 원균과 그의 군관은 항상 헛소문만 전하고 다니니 가히 믿을 수 없다.

8월 8일 날씨 맑음.

식후에 순천 부사·광양 현감·방답 첨사·흥양 현감들을 불러들여 복병에 관한 일을 상의하다. 충청 수사 정걸이 전선 두 척을 보내왔는데, 한 척은 쓰지 못할 것이라고 하면서 김덕인이 그 도의 군관으로 왔다 한다. 본도(전라도) 순찰사 진중에 있는 군인 두 명이 공문을 가지고 적세를 알려오다. 우수사가 유포로 가서 경상 수사와 만난다니 어처구니가 없다.

8월 9일 날씨 맑음.

아침 아들 회가 들어오다. 어머님이 편안하시고 또 염의 병도 회복되어 간다니 다행한 일이다. 오후에 우수사 이억기의 배로 갔더니 충청 수사도 와서 있다. 영남 수사 원균은, 복병군을 일제히 내어보내서 복병시키기로 약속했다고 해서 먼저 보냈다니 해괴한 일이다.

8월 10일 날씨 맑음.

아침에 방답 탐후선이 들어오다. 임금의 분부와 비변사의 공문과 감사의 공문이 동시에 오다. 해남 현감 위대기가 방답 첨사 이순신과 같이 오다. 순천 부사·광양 현감도 오다. 우수사 이억기가 청하므로 그의 배로 가니, 해남 현감이 술자리를 베풀었으나 몸이 불편하여 간신히 앉아서 이야기하다 돌아오다.

8월 11일 날씨

늦게 소나기가 쏟아지며 바람이 몹시 불더니 오후에 비는 그쳤으나 바람은 여전하다. 몸이 매우 불편하여 온종일 앉았다 누웠다 하다. 여도 만호(김인영)에게 격군을 수색해 오기 위해 사흘 한하고 갔다 오라고 지시하다.

8월 12일　날씨 비가 오다 개다 하다.

몸이 몹시 불편하여 종일 누워서 신음하다. 옷이 젖도록 피땀이 나는데 억지로 일어나 앉아 순천 부사와 우수사와 첨사 이순신이 와서 종일 장기를 두다. 가리포 첨사도 오다. 본영 탐후선이 들어와 어머님께서 편안하시다고 한다.

8월 13일　날씨

본영에서 온 공문에 결재하여 보내다. 몸이 매우 불편하여 홀로 선창 아래 앉아 있으니 회포가 어지럽다. 이경복을 장계 모시고 가라고 내어보내다. 경의 어미의 노자는 체자로 보내주다. 송두남이 군량미 300석과 콩 300석을 실어 오다.

8월 14일　날씨 맑음.

방답 첨사 이순신이 제사 음식을 갖추어 오다. 우수사 이억기와 충청 수사 정걸과 순천 부사 권준도 오다.

8월 15일　날씨

오늘이 추석이다. 우수사 이억기·충청 수사 정걸·순천 부사 권준·광양 현감 어영담·낙안 군수 신호·방답 첨사 이순신·사도 첨사 김완·흥양 현감 배흥립·녹도 만호 이응화·이홍명·좌우도령공 들이 모두 모여 이야기하다. 저녁에 아들 회가 본영으로 가다.

8월 16일   날씨 맑음.
광양 현감이 제사 음식을 갖추어 오다. 우수사 이억기·충청 수사 정걸·방답 첨사 이순신·순천 부사 권준·가리포 첨사 구사직·녹도 만호 이응화 등이 같이 오다. 아침에 들으니 제만춘이 일본에서 어제 나왔다 한다.

8월 17일   날씨 맑음.
상선을 연기에 그을리고 좌별도선에 옮겨 타다. 늦게 우수사 이억기의 배로 가니 충청 수사 정걸도 와 있다. 제만춘을 불러 문초하니 분한 일이 많다. 종일 의논하고 헤어지다. 밤들기 전에 지휘선으로 옮겨 타다. 이날 밤 달빛은 대낮 같고 물결은 비단 같다. 새로 만든 배를 진수하다.

8월 18일   날씨 맑음.
우수사 이억기·충청 수사 정걸과 함께 이야기하다. 순천 부사, 광양 현감도 보러 오다. 조붕이 와서 수사 원균의 군관 박치공이 장계를 가지고 서울로 갔다 한다.

8월 19일　날씨 맑음.

아침 후에 수사 원균이 있는 곳으로 가서 내 배로 옮겨 타라고 하였다. 우수사와 정 수사도 오다. 원연도 같이 이야기하다. 말 가운데 원 수사의 음흉하고 고약한 일이 많으니 그 허무맹랑한 꼴은 이루 말할 수가 없다. 우수사 이억기·충청 수사 정걸도 오다. 원연도 함께 이야기하다. 원균 형제가 옮겨간 후 천천히 노를 저어 진으로 돌아와 우수사·정 수사와 같이 앉아 자세히 이야기하다.

8월 20일　날씨

아침을 먹은 후에 순천 부사, 광양 현감, 흥양 현감이 오고, 이응화도 오다. 송희립을 순찰사에게 문안케 하고, 또 제만춘을 문초한 공문을 가지고 가게 하다. 방답 첨사와 사도 첨사로 하여금, 돌산도 근처에 이사해 와 사는 자들로 작당하여 남의 재물을 약탈한 자들을 두 패로 나누어 잡아오라고 파견하다. 저녁에 적량 만호 고여우가 왔다가 밤이 깊어서야 가다.

8월 21일　날씨 맑음.

8월 22일　날씨 맑음.

8월 23일 날씨 맑음.

윤간과 조카 뇌·해들이 와서 어머님 편안하심을 전하다. 또 아들 위가 학질을 앓는다는 소식도 듣다.

8월 24일 날씨 맑음.

해가 돌아가다.

8월 25일 날씨 맑음.

꿈에 적의 형적이 나타나므로 새벽에 각 도 대장에게 통문을 보내어 바깥 바다로 나가 진치게 하였다가 날이 저물어 한산도 앞바다로 돌아오다.

8월 26일 날씨 비가 오락가락하다.

수사 원균이 오다. 조금 뒤에 우수사 이억기·충청 수사 정걸도 모이다. 순천 부사·광양 현감·가리포 첨사는 곧 돌아가다. 흥양 현감 배흥립이 오므로 제사 음식을 대접하는데 원 수사가 술을 먹겠다 하기에 조금 주었더니 잔뜩 취해서 그 망발하는 것이 가소롭다. 낙안 군수 신호가 보낸 도요토미 히데요시가 명나라 황제에게 상서한 초본과 명나라 사람이 고을에 와서 기록한 것들을 보니 통분함을 이길 길이 없다.

8월 27일 날씨 맑음.

8월 28일 날씨 맑음.
원 수사가 와서 음흉하고 간흉한 말을 많이 하다. 심히 해괴하다.

8월 29일 날씨 맑음.
아우 여필과 아들 위와 변존서가 한꺼번에 오다.

8월 30일 날씨 맑음.
수사 원균이 와서 영등포로 가자고 독촉하니 가위 흉물스럽다. 그가 거느린 25척의 배는 모두 내어보내고 다만 7·8척을 가지고 이런 말을 하니 그 마음 쓰고 행사하는 것이 모두 이 따위다.

9월 1일 날씨 맑음.
원 수사가 오다. 공문을 작성하여 도원수와 순변사에게 보내다. 아우 여필과 변존서·조카 뇌가 돌아가다. 우수사 이억기·충청 수사 정걸이 함께 이야기하다.

9월 2일 날씨 맑음.
장계의 초고를 써서 내려 주다. 경상 우후 이의득과 이여념이 와

서 인사하다. 어두워 이영남이 와서 병사 선거이가 곤양에 도착하여 공로를 세운 일과, 남해 현령 기효근이 체찰사에게 꾸지람 받은 일을 전하니 가소롭다. 기효근의 형언할 수 없는 짓은 나도 이미 아는 바다.

9월 3일 날씨 맑음.

아침에 조카 봉이 들어와 어머님께서 편안하시다 한다. 그리고 본영 소식도 듣다. 장계 봉해 보내는 일로 초고를 만들다. 순찰사 이정암의 공문이 왔는데, 군사를 내보낸 일가족에겐 일체 침범하여 다시 징발하는 일이 없도록 하라고 하였는데, 이는 새로 부임하여 잘못 알고 하는 말이다.

9월 4일 날씨 맑음.

폐단을 진술하는 것, 총통을 올려 보내는 것, 제 만춘을 문초한 일에 대한 것 아울러 세 가지 장계를 이경복을 시켜서 보내다. 또 정승 유성룡·참판 윤자신·지사 윤우신·도승지 심희수·지사 이일·안습지·윤기헌에게는 편지와 정표로 전복을 보내다. 조카 봉과 윤간이 돌아가다.

9월 5일 날씨 맑음.

식후에 충청 수사 정걸의 배 곁에 배를 대고서 종일 이야기하다. 광양 현감·흥양 현감·우후 이몽구가 와서 인사하다.

9월 6일 날씨 맑음.

새벽에 배 만들 재목 운반하는 일로 여러 배를 보내다. 식후에 우수사 이억기의 배로 가서 종일 이야기하고 거기서 원 수사의 흉측한 일들을 듣고, 또 정담수가 근거 없는 거짓말들을 만들어 낸다는 말을 들으니 가소롭다. 바둑을 두다 돌아오다. 파선한 배의 재목들을 여러 배로 끌어오다.

9월 7일 날씨 맑음.

아침에 재목을 받아들이다. 방답 첨사가 와서 인사하다. 순찰사 이정암에게 폐단을 진술하는 공문과 또 군대 개편 문제에 대한 공문을 작성하여 보내다. 종일 혼자 앉아 있으니 회포가 편안치 않다. 탐후선을 고대하건만 오지 않는구나. 해 진 뒤 가슴이 답답하여 창문을 열고 잤더니 외풍에 촉상되어 머리가 몹시 아프니 걱정이다.

9월 8일   날씨 맑음.

바람이 요란하다. 새벽에 송희립 등을 당포 산으로 보내어 사슴을 잡아오게 하다. 우수사·충청 수사가 같이 오다.

9월 9일   날씨 맑음.

식후에 산마루에 집합하여 활쏘기 3순을 하다. 우수사·정 수사들이 모였는데 광양 현감은 병으로 불참하다. 저녁나절 비가 오다.

9월 10일   날씨 맑음.

공문을 탐후선 편에 결재해 보내다. 늦게 우수사 배에 이르러 방답 첨사와 함께 술을 마시고 돌아오다. 체찰사의 비밀 편지가 오다. 보성 군수 김득광이 왔다가 가다.

9월 11일   날씨 맑음.

정 수사가 술을 준비하여 가지고 오다. 우수사도 오고 낙안 군수·방답 첨사도 같이 하다. 흥양 현감 배흥립이 휴가를 얻어 돌아가다. 서몽남에게도 휴가를 주다.

9월 12일 날씨 맑음.

식후에 소비포 권관 이영남·유충신·여도 만호 김인영 등을 불러서 술을 먹이다. 발포 만호 황정록이 돌아오다.

9월 13일 날씨 맑음.

정철총통은 전쟁에 가장 긴요한 것인데도 우리 나라 사람들은 그 만드는 법을 알지 못하였다. 이제 백방으로 연구하여 조총을 만들어 내니 왜총보다 훨씬 나아, 명나라 사람들이 진중에 와서 시험삼아 쏘아 보고 칭찬하지 않는 이가 없다. 이미 그 묘법을 알았으니 도내에서 같은 모양으로 많이 잘 만들어 내기 위하여 순찰사와 병사에게 견본을 보내고 겸하여 공문을 돌리도록 하다. 새벽에 종 한경, 돌쇠, 해돌과 자모종들이 돌아오다. 저녁에 종 금이, 해돌, 돌쇠 들은 돌아가고, 양정언도 함께 돌아가다. 그러나 저녁 후에 비바람이 크게 일어서 밤새도록 그치지 않으니 어떻게들 갔는지 모르겠다.

9월 14일 날씨 종일 비가 오고 큰 바람이 불다.

홀로 뜸 아래 앉았으니 생각이 천갈래 만갈래다. 순천 부사가 돌아오다. 쇠로 만든 총통은 전쟁에 가장 긴요한 것이언만, 우리 나라 사람은 만드는 법을 알지 못하더니, 이제 온갖 연구를 거듭

하여 조총을 만들었는데, 왜총보다 더 잘 되어 명나라 사람들이 진중에 와서 시험으로 쏘아 보고서는 모두 좋다고 칭찬한다. 이미 그 묘법을 알았으니 도내에 같은 모양으로 많이 만드는 것이 좋겠기로, 순찰사 병사에게 견본을 보내고 또 공문을 돌리도록 했다.

9월 15일 날씨 맑음.

☐ 16일부터 12월 그믐까지는 빠짐.

갑오년(50세)

1594 년 1 월 1 일　날씨 비가 퍼붓듯이 내리다.

어머님을 모시고 같이 한 살을 더하게 되니 난리중에서도 다행한 일이다. 늦게 군사 조련과 전비문제로 본영으로 돌아오는데 비는 그치지 아니하다. 신사과에게 문안하다.

1 월 2 일　날씨 비는 그쳤으나 흐리다.

나라의 기일이라 공무를 보지 아니하다. 신사과를 청하여 함께 이야기했는데 첨지 배경남도 오다.

1 월 3 일　날씨 맑음.

동헌에 나가 공무를 보고 날이 저물어 관아로 돌아와 여러 조카들과 이야기하다.

1 월 4 일　날씨 맑음.

동헌에 나가 공문을 적어 보내다. 저녁에 신사과 배 첨지와 더불어 이야기하다. 남홍점이 영에 이르다. 그래서 그의 가족이 어떻게 분산되어 있는가 묻다.

1 월 5 일　날씨 종일 비가 오다.

신사과가 와서 이야기 하다.

1월 6일 날씨 비.

동헌에 나가 남평의 도병방을 처형하다. 저녁 내내 서류를 처결하다.

1월 7일 날씨 비.

동헌에 나가 공무를 보다. 저녁에 남의길이 와서 마주 대하여 이야기하다가 밤이 깊어 헤어지다.

1월 8일 날씨 맑음.

동헌에 앉아 공무를 보다. 배 첨지, 남의길과 종일 이야기하다. 남원의 도병방을 처형하다.

1월 9일 날씨 맑음.

아침에 남의길과 더불어 이야기하다.

1월 10일 날씨 맑음.

아침에 남의길을 맞이 하여, 화제가 피난하던 이야기로 옮아가, 그 때 고생하던 일을 자세히 말하는데 개탄함을 금치 못하다.

1월 11일　날씨 흐림.

아침에 근친하려고 배를 타고 바람을 따라 바로 고음천에 대다. 남의길·윤사행·조카 분과 같이 가서 어머님을 뵈었다. 어머님께 가니 주무시고 계시어 아직 일어나지 않으셨다. 웅성대는 통에 놀라 깨셨는데, 기운이 아주 가물가물해 앞이 얼마 남지 않으신 듯하니 다만 애달프게 눈물을 흘릴 뿐이다. 어머님께서 기력은 약하시나 말씀은 착오가 없으시다. 적을 토벌하는 일이 급하여 오래 머물지 못하다. 이날 밤 손수약의 아내가 죽었다는 기별을 받다.

1월 12일　날씨 맑음.

아침을 먹은 뒤에 어머님께 하직을 고하니 어머님께서는 잘 가거라. 부디 국가의 치욕을 크게 씻어야 한다고 재삼 당부하시며, 조금도 떠나오는 것이 싫으셔 탄식하시지 아니하시다. 선창에 돌아오니 몸이 좀 불편하여 바로 뒷방으로 가서 눕다.

1월 13일　날씨 맑으나 대풍이 불다.

몸이 매우 불편하여 자리에 누웠더니 땀이 나다. 종 팽수와 평세가 보러 오다.

1월 14일 날씨 흐리며 태풍이 불다.

아침에 조카 뇌의 편지를 보니 설날 아산 산소에서 제사를 지내는데, 떠돌아다니는 사람들이 무려 2백여 명이나 산을 둘러싸고 음식을 달라고 덤볐다 한다. 놀라운 일이다. 늦게 동헌에 나가 장계를 봉함하고 또 승장 의능에게 천민의 신분을 면해 주겠다는 내용의, 떠돌아다니는 위주 공문을 수집하여 증거로 봉해 올리다.

1월 15일 날씨 맑음.

이른 아침에 남의길 및 여러 조카들과 있다가 동헌으로 나가다. 남의길은 영광으로 가고자 했다. 종 진을 찾는데 대해 서류를 만들다. 동궁(광해군)의 분부를 전달하는 서한이 왔는데, 군사를 거느리고 가서 적을 토벌하라는 것이다.

1월 16일 날씨 맑음.

아침에 남의길을 청해다가 작별 술자리를 마련했는데, 나도 많이 취해서 늦게 동헌에 나가다. 황득중이 들어오다. 들으니 문학 유몽인이 암행어사로 흥양현에 들어왔으며, 잡문서(각 고을 아전들의 분장한 사무에 대한 서류)가 그의 손에 들어갔다고 한다. 어둘 녘에 방답 첨사(이순신)와 배 첨지가 와서 이야기하다.

선조 27년, 서기 1594년

1월 17일 날씨 새벽에 눈이 오고 늦게는 비가 오다.

이른 아침에 배에 올라 아우 여필과 여러 조카와 아들들과 작별하고, 다만 조카 분과 아들 위만 데리고 떠나다. 오늘 장계를 띄워 보내다. 오후 4시경에 와두에 이르니 역풍에 썰물이 겹쳐 배를 운행할 수 없으므로, 닻을 내리고 조금 쉬다가 오후 6시경에 다시 닻을 거두어 노량에 이르다. 여도 만호 김인영·순천 부사 권준·이함·우후 이몽구 등도 같이 와서 자다.

1월 18일 날씨 맑음.

새벽에 출발할 때는 역풍이 세게 불더니, 창신도에 이르니 바람이 순해져 돛을 달고 사량에 이르니까 바람이 도로 거슬러 크게 불다. 만호 이여념과 수사의 군관 전윤이 와서 인사하다. 전이 말하기를, 수군을 거창으로 붙들어 왔다고 하며, 원수가 방해하려 한다고 했다. 가소롭다. 예로부터 남의 공을 시기하는 것이 이런 것이니 무엇을 한탄하랴. 계속 눌러 묵었다.

1월 19일 날씨 흐리다가 늦게 깨다. 대풍이 붙다.

아침에 떠나 당포 바깥바다에 이르러, 바람을 따라 반 돛을 다니 순식간에 한산도에 이른다. 사정에 올라앉아 여러 장수와 더불어 이야기하다. 저녁에 수사 원균이 오다. 소비포 권관 이영남에게서 영남의 여러 배의 사수 및 곁군이 거의 다 굶어 죽겠다는 말을 들으니, 참혹하여 차마 듣지 못하겠다. 수사 원균이 공연수와 이극함이 좋아하는 여자들을 모두 다 관계하였다고 한다.

1월 20일 날씨 맑으나 센바람이 불다. 몹시 춥다.

여러 배에서 옷없는 사람들이 거북 모양으로 쭈그리고 추위에 신음하는 소리는 차마 못 듣겠다. 군량미조차 오지 않으니 더욱 민망스럽다. 낙안 군수 신호·우수사 우후 이정충이 와서 인사하다. 늦게 소비포 권관 이영남·웅천 현감 이운룡·진해 현감 정항들도 오다. 진해는 명령을 거부하고 진작 오지 않아 죄주려고 작정했기 때문에 만나보지 않다. 바람은 다소 자는 듯했으나 순천 부사가 들어올 것이 염려되다. 군량도 도착되지 않아 이 역시 답답하다. 병들어 죽은 자를 거두어 장사 지낼 차사원으로 녹도 만호 송여종을 정하여 보내다.

1월 21일 날씨 맑음.

아침에 본영 격군 742명에게 술을 먹이다. 광양 현감 어영담이 들어오다. 저녁에 녹도 만호 송여종이 와서 보고하되, 병들어 죽은 시체 214명을 거두어 묻었다 한다. 포로가 되었다가 도망쳐 나온 두 사람이 수사 원균에게 와서 여러 가지 적정을 상세히 이야기하나 믿을 수 없다.

1월 22일 날씨 맑음.

날씨가 따뜻하고 바람도 없다. 사정에 올라앉아 진해 현감 정항으로 하여금 교서에 숙배례를 행하게 하고 활쏘기를 종일 하다. 녹도 만호가 병으로 죽은 시체 217명을 거두어 묻었다고 한다.

1월 23일 날씨 맑음.

낙안 군수 신호와 고부 군수가 나가다. 흥양 전선 두 척이 들어오다. 최천보·유황·유충신·정량 등이 들어오다. 늦게 순천 부사 권준도 오다.

1월 24일 날씨 맑고 따뜻하다.

아침에 산역 일로 이장 41명을 송덕일이 데리고 가다. 영남 수사 원균이 군관을 보내어 알리되, 좌도에 있는 왜적 3백여 명을 참살했다 하니 기쁜 일이다. 또 쓰시마 도주 소 요시토시가 지금 웅천에 있다 하나 이는 자세히 알지 못하다. 유황을 불러다가 암행어사가 붙잡아간 사건을 물은즉, 문서들이 제멋대로 꾸며졌다고 했다. 놀랍다. 또 격군에 대한 일을 들으니 아전들의 간악한 짓은 말할 수 없다. 군령을 내려 소모군 144명을 붙잡아 오라고 하고 또 흥양 현감을 독촉하여 군령을 보내도록 하다.

1월 25일 날씨 흐리다가 늦게 개다.

송두남·이상록 등이 새로 만든 배를 끌어오고자 사수와 격군 132명을 거느리고 가다. 아침 우수사 우후 이정충이 와서 늦게까지 활을 쏘다. 우수사 우후와 여도 만호 김인영이 활쏘기 시합을 했는데 여도 만호가 7순을 이기다. 나는 활쏘기 10순, 기타는 20순씩 하다. 저녁 때 종 허산이 술병을 훔치다가 잡혀 곤장을 때리다.

1월 26일 날씨 맑음.

아침에 사정에 올라 활쏘기 10순을 하다. 순천 부사가 기일을 어겼기로 벌을 주다. 눌러앉아 공무를 보다. 오후에 사로잡혀 갔다가 도망온 진주 여자 1명, 고성 여자 1명, 서울 사람 2명을 데려왔는데 서울 사람은 정창연과 김명원의 종이라 하다. 또 왜놈 하나가 스스로 와서 우리에게 항복했다고 보고하다.

1월 27일 날씨 맑음.

새벽에 배에 쓸 재목을 실어 오는 일로 순천 우후 이몽구가 나가다. 새벽에 변유헌과 이경복이 들어왔다고 보고하다. 아침에 충청 수사구 사직의 회답 편지가 오고 어머님 편지와 아우 여필의 편지가 왔는데 어머님께서 편안하시다니 다행한 일이다. 동문 밖 해운대 곁과 미평에 화적(화적(횃불 강도)-원문에 있는 명화적은 횃불을 들고 강도질을 하는 것들을 이름)들이 나타났다 하니 놀랍다. 늦게 미조항 첨사(김승룡)와 순천 부사가 함께 오다. 아침에 소지와 다른 공무를 처결하고 스스로 항복해 온 왜놈을 신문하여 공술받다. 원 수사의 군관 양밀이 제주 판관의 편지와 말안장, 해산물, 귤, 유자 따위를 보냈기로 곧 어머님께 보내드리다. 저녁에 녹도 복병처에 왜적 5명이 날뛰며 총질할 때, 한 놈을 사살하니 남은 놈은 화살을 맞고 도망가다. 우후의 배가 재목을 실어 오다.

1월 28일 날씨 맑음.

아침에 우후가 와서 인사하다. 종사관에게 공문을 써서 강진 영리에게 주어 보내다. 늦게 원식이 서울간다고 왔기에 술을 대접하여 보내다. 경상 우후 이의득이 보고하기를, 명나라 제독 유정이 이달 25, 6일 사이에 군사를 거느리고 회군한다 하며, 또 위무사(각 부대의 장병들을 위로하기 위해 파견된 관리) 홍문교리 권협이 도내를 순시한 후에 해군 영으로 온다 하며, 또 화적 이겸 등을 잡아 가두고 아산·온양 등지에서 횡행하는 대도적 90여 명을 잡아 죽였다고도 하며, 또 익호장(전라도에서 의병을 일으킨 장군) 김덕령이 근일간에 들어올 것이라 한다. 전선 만드는 일을 시작하다. 저녁부터 비가 오기 시작하여 밤새 오다.

1월 29일 날씨 종일 비.

새벽에 각 배들이 무사하다 한다. 몸이 불편하여 저녁에 누워서 신음하는데 센 바람 거센 파도에 배가 움직이니 심사가 매우 괴롭다. 미조항 첨사 김승룡이 배를 꾸밀 일로 돌아가다.

1월 30일 날씨 흐림.

대풍이 불다가 늦게는 개고 바람도 조금 잔잔하다. 순천 부사와 우수사 우후와 강진 현감 유해가 와서 고하고 돌아가다. 미조항 첨사가 돌아간다고 인사하러 왔기에 평산포에서 도망갔다가 잡혀 온 군인 3명을 그 편에 딸려 보내다. 내 몸이 몹시 불편하여 종일 땀을 흘리다. 군관과 여러 장수들이 활을 쏘다.

2월 1일 날씨 맑음.

늦게 사정에 올라가 공무를 보다. 청주 사는 겸사복 이상이 임금의 분부를 가져왔는데 보니, 경상 감사 한효순의 장계에 좌도의 적들이 합쳐 거제로 들어가 장차 전라도로 침범하려 하니, 그대는 삼도 해군을 합하여 적을 섬멸하라는 것이다. 오후에 우수사 우후 이정충을 불러 활을 쏘다. 초저녁에 사도 첨사 김완이 전선 세 척을 거느리고 진에 이르다. 이경복, 노윤발, 윤백년들이 도망가는 군인을 싣고 육지로 들어가는 배 8척을 붙잡아오다. 저녁 때 가는 비가 내리더니 얼마 안 되어 그치다.

2월 2일   날씨 맑음.

아침에 도망가는 군인을 실어내던 사람들의 죄를 다스리다. 사도 첨사가 전하기를 낙안 군수 신호가 파면되었다고 한다. 동궁에게 올린 장달의 회답이 내려오다. 각 관포의 서류들을 처결하여 보내다. 늦게 사정에 올라 활쏘기 10순을 하는데 바람이 어지러이 불어 따뜻하지 아니하다. 사도 첨사가 기한에 미치지 못하므로 심문하다.

2월 3일   날씨 맑음.

새벽 꿈에 눈 하나가 먼 말을 보니 무슨 징조인지 모르겠다. 바람이 세게 분다. 식후에 사정에 올라 활을 쏘다. 우조방장이 왔는데 그로부터 반적들의 소식을 듣고 염려되고 통분함을 이기지 못하겠다. 우우후가 부물을 여러 장수에게 보내다. 원식·원전이 와서 상경한다고 한다. 원식은 남해 현령에게 쇠붙이를 바치고 면천공문 한 장을 받아가다. 날이 저물어 막사로 내려오다.

2월 4일 날씨 맑음. 바람이 세게 불다.

아침을 먹은 뒤 순천 부사·우조방장이 와서 이야기하다. 늦게 본영 전선과 거북선이 들어오다. 조카 봉과 이설, 이언량, 이상록들이 강돌천을 거느리고 오다. 동궁의 명령이 오고 정 찬성의 편지도 가져오다. 각 관포의 서류를 처결해 보내다. 순천에서 와서 보고하기를, 무군사의 공문에 의거한 순찰사의 공문에는 진중에서 과거를 보이는 것이 어떠냐고 제의한 것이 아주 옳지 않으니까 처벌해야 한다고 하였다는 것이다. 가소로운 일이다. 조카 봉이 오는 편에 어머님 편안하시다는 소식을 들으니 다행이다.

2월 5일 날씨 맑음.

꿈에 좋은 말을 타고 층암절벽의 큰 봉우리로 오르니 아름다운 봉우리들이 동서로 뻗어 있고, 봉우리 위 평평한 곳이 있어 거기에 자리를 잡으려다 깨니 무슨 징조일까? 또 어떤 미인이 홀로 앉아 나를 섬섬옥수로 잡는데 나는 소매를 뿌리치고 응하지 않았으니 가히 우습다. 아침에 군기시에서 받아 온 흑각궁 100개와 화피(벗나무 껍질로 활을 만드는 데 쓰임) 89장을 계산하여 도장 찍다. 발포 만호 황정록·우수사 우후 이청충이 와서 인사하다. 늦게 사정에 올라가 순창, 광주의 색리들을 치죄하다. 우조방장·우수사의 우후·여도 만호 김인영 등이 활을 쏘다. 원수 권율의 회답이 왔는데 유격 심유경(일본과 외교적 교섭을 행하던 명나라 사람)이 벌써 화친을 결정했다 한다. 그러나 간교한 꾀를 헤아릴 길 없고, 전에도 놈들의 꾀에 빠졌었는데 또 빠지려 하니 한탄스러운 일이다. 저녁 때 날씨가 찌는 것 같아 마치 초여름이나 된 듯하다. 밤이 되면서 비가 내리기 시작하다.

2월 6일 날씨 비. 오후에 개다.
순천 부사·조방장·웅천 현감 이운룡·사도 첨사 김완이 와서 인사한다. 어두워서 흥양 현감 배흥립과 김방제가 유자 30개를 가져왔는데 생생한 것이 마치 금방 딴 것 같다.

2월 7일 날씨 맑음. 서풍이 세게 불다.
아침에 우조방장이 보러 와서 지휘선에 속한 배를 타고 싶다고 제의하다. 어머님 전과 홍군우, 이숙도, 강인중 들에게 쓴 문안편지를 조카 분이 가는 편에 부치다. 조카 봉과 분이 떠나는데 봉은 나주로, 분은 온양으로 가다. 마음이 쓸쓸하다. 각 배의 소지 2백여 장을 처결하여 돌려주다. 고성 현감 조응도의 보고에 의하면, 적선 50여 척이 춘원포에 이르렀다 한다. 삼천포 권관과 가배량 권관 제만춘이 와서 서울 소식을 전하다. 이경복을 입대, 도피하는 격군을 잡아오기 위해 내보내다. 오늘 군대를 개편하고 격군들을 각 배에 옮겨 태우다. 방답 첨사에게 도피자를 붙잡아 오라고 명령하다. 낙안 군수의 편지가 왔는데, 새 군수 김준계가 내려왔다 하므로 그에게도 도피자를 잡아오도록 명령하다. 보성의 전선 두 척이 들어오다. 소비포 권관 이영남이 와서 인사하다.

2월 8일 날씨 맑음. 동풍이 세게 불고 날씨가 매우 춥다.

봉과 분이 배로 떠난 것을 생각하여 밤새 잠이 불편하다. 아침에 순천 부사가 와서 말하기를, 고성땅 소비포에 적선 50여 척이 출입한다 하므로, 곧 제만춘을 불러 지형의 편리 여부를 묻다. 늦게 사정에 올라가 공무를 보고 경상 우병상의 군관이 편지를 가지고 와서 저희 상관 방지기의 면천에 대해 이야기하다. 진주에 피난해 있는 전 좌랑 이유함이 와서 이야기하다가 저녁 때 돌아가다. 저녁에 돌아오니, 바다에 달이 밝아 잠이 오지 아니하다. 순천 부사와 우조방장이 와서 이야기하다가 밤 열 시경에야 헤어지다. 변존서가 당포에 가서 꿩 7마리를 사냥해 오다.

2월 9일 날씨 맑음.

새벽에 우후가 배 두세 척을 거느리고 소비포 후면으로 띠풀 베러 나가다. 아침에 고성 현령이 돼지를 가지고 왔으므로 당항포에 적선이 내왕하는가를 묻고, 또 백성들이 굶어서 서로 잡아먹는다 하니, 장차 어찌 하여야 살게 하겠는가를 묻다. 늦게 사정에 올라 활쏘기 10여 순을 하다. 이유함이 와서 인사 하고 가므로 그의 자를 물으니 여실이라 하다. 순천 부사·우조방장·우후·사도 첨사·여도 만호·녹도 만호·강진 현감·사천 현감·보성 군수·소비포 권관 등이 오다. 저물녘에 들어오다. 무군사의 공문을 가져왔는데, 시위할 군인들이 쓰기 위해 장창 수십 자루를 만들어 보내라는 것이다. 동궁이 문책한데 대해 답장을 보내다.

2월 10일 날씨 이슬비에 바람이 세게 불다.

오후에 조방장과 순천 부사가 와서 저녁 때까지 이야기하며 작전을 상의하다.

2월 11일 날씨 맑음.

아침에 미조항 첨사 김승룡이 오다. 그래서 술 세 잔을 권해 보내다. 종사관 공문 3건을 처결해 보내다. 식후에 사정으로 올라가니 경상 수사 원균과 우조방장이 와서 같이 취하다. 활쏘기 3순을 하다.

2월 12일 날씨 맑음.

이른 아침에 본영 탐후선이 들어오다. 그 편에 조카 분의 편지가 왔는데, 선전관 송경령이 수군을 살펴보기 위해 들어온다고 기별하다. 오전 열 시경에 적도로 진을 옮기다. 오후 두 시경에 선전관 송경령이 임금님의 유서 두 통과 밀서 한 통, 도합 세 통을 가져왔는데, 한 통에는 명나라 군사 10만 명과 은 300냥이 온다 하였고, 한 통에는 흉적들의 뜻이 호남지방에 있으니 힘을 다하여 파수를 보며 형세를 보아 무찌르라 하였으며, 밀서에는 1년이 지나도록 해상에서 근로하는 것을 임금님께서 잊지 못하니, 공로를 세운 장사들로 아직 상을 받지 못한 자가 있거든 적어 올리라는 것이 적혀 있다. 또 그에게서 서울의 여러 가지 소식과 역적들의 일로 임금님께서 밤낮으로 근심하며 분주하시다 함을 들으니 감개무량하다. 영의정 유성룡의 편지도 가져오다.

2월 13일 날씨 맑고 따뜻하다.

아침에 영의정에게 회답의 편지를 쓰고, 식후에는 선전관 송경령과 이야기하다가 작별한 후에 종일 배에 머물러 있었다. 오후 4시경에 소비포 권관 이영남·사량만호 이여념·영등포 만호 우치적이 오다. 오후 6시경에 발선하여 한산도로 돌아올 때에 경상수사 원균의 군관 제홍록이 삼봉으로부터 와서 말하기를, 적선 8척이 춘원포에 들어와 정박하였으므로 들이칠 만하다 하기에, 곧 나대용을 원 수사에게 보내어, 작은 이익을 보고 들이치다가 큰 이익을 이루지 못할 우려가 있으니, 아직 가만히 두었다가 기회를 보아 무찔러야 한다는 말을 전하게 하다. 미조항 첨사·순천 부사·조방장 등이 왔다가 밤이 깊어서야 돌아가다.

2월 14일 날씨 맑음.

따뜻하고 바람도 온화하다. 경상도의 남해·하동·사천·고성 등지에는 송희립·변존서·유황·노윤발 등을, 우도에는 변유헌·나대용 등을 점검하러 내보내다. 본영 군량미 20석을 실어 오다. 정종, 배춘복도 오다. 방답 첨사와 첨지 배경남이 오다. 장언춘의 천민을 면해 주는 공문을 만들어 주다. 흥양 현감이 들어오다.

2월 15일 날씨 맑음.

새벽에 거북선 두 척과 보성 배 한 척을 가목 다듬는 곳으로 가서 초저녁에 실어 오게 하다. 식후에 사정에 올라가 좌조방장의 늦게 온 죄를 심문하다. 흥양 배의 부정을 조사해 보니 허술한 일이 많다. 순천 부사·우조방장·우수사의 우후·발포 만호·여도 만호·강진 현감 등이 함께 와서 활을 쏘다. 날이 저물어 순찰사 이정암이 공문을 보냈는데 내용인즉, 조도 어사 박홍로가 순천·광양·두치 등지에 복병을 두고 파수 보게 하여 달라고 장계를 올렸던 바, 해군과 수령을 아울러 이동시키는 일이 합당하지 않다는 대답이 내려왔다는 것이다.

2월 16일 날씨 맑음.

아침에 흥양과 순천이 오다. 흥양이 암행어사의 비밀 장계 초안을 얻어 와서 암행어사 유몽인의 장계 초본을 보니 임실 현감 이몽상·무장 현감 이충길·영암 군수 김성헌·낙안 군수 신호 등은 파면하고, 순천 부사는 탐관오리의 우두머리로 논란하고, 담양 부사 이경노·진원 현감 조공근·나주 목사 이용순·창평 현령 백유항 등의 악행은 덮어주고 포상하도록 상신하다. 임금을 속임이 여기까지 이르니 국사가 이러고서야 매사가 잘 될 수가 없다. 우러러 탄식할 뿐이다. 또 그 가운데에는 해군 가족에 대한 징발과 네 장정 속에서 두 장정이 전쟁에 나가야 한다는 일을 심히 비난하였으니, 국가의 위급함은 생각지도 않고 쓸데없이 눈앞의 얼버무림만 힘쓰고 있다. 남쪽지방의 종작 없는 소리만 믿으니, 나라를 그르치는 교활하고 간사한 악목에 대한 진회(악목과 진회-다 함께 중국 송조 때 사람인데, 진회는 적국에 항복하기를 주장하던 자로서 충의의 명장 악목을 죽였음)와 다를 것이 없다. 국가를 위하여 심히 통탄할 일이다. 늦게 사정에 올라가 순천 부사·흥양 현감·우조방장·우수사의 우후·사도 첨사·발포 만호·여도 만호·녹도 만호·강진 현감·광양 현감들과 12순을 쏘다. 순천 감목관이 진중에 들어 왔다가 돌아가다. 우수사가 당포에 도착했다고 한다.

2월 17일 날씨 맑음. 따뜻하기가 첫여름 같다.
아침에 지휘선을 연기에 그을리기 위해 활터 정자 위로 올라가 거기서 각처의 서류를 처결해 보내다. 오전 10시께 우수사가 들어오다. 행수 군관 정홍수와 도훈도는 군령으로 곤장 90대를 때리다. 사정에 올라가 공무를 보다. 이홍명·임희진이 오다. 대로총통을 만들어 왔기에 시험삼아 쏘니 소리는 비슷한데 별무소용이라 우습다. 우수사가 들어왔는데 거느린 전선이 20척이라 가히 한탄스럽다. 순천 부사·우조방장이 와서 활 5순을 쏘다.

2월 18일 날씨 맑음.
아침에 배 첨지가 오고 가리포 이응표가 오다. 식후에 사정에 올라 해남 현감 위대기의 전령을 거역한 죄를 벌 주다. 우도의 여러 장수들이 와서 인사한 뒤 활을 두어 순 쏘다. 오후에 우수사가 오다. 때마침 원 수사와 술을 많이 먹었기 때문에 이야기하지 못하다. 밤들면서 보슬비가 내려 계속하였다.

2월 19일 날씨 종일 가랑비가 내리다.

사정에 올라가 앉았노라니 얼마 안 되어 우조방장과 순천 부사가 오고 손충갑도 오다. 불러들여 적을 토벌하던 일을 물으니 감개무량하다. 종일 이야기하다. 저물 녘에 숙소로 내려가다. 변존서가 본영으로 가다.

2월 20일 날씨 실비가 그치지 않다.

오전 10시께 날이 번쩍 들었다. 몸이 불편하여 종일 나가지 아니하다. 우조방장과 첨지 배경남이 와서 이야기하다. 위가 우수사 영공의 배로 가더니 잔뜩 취해서 돌아오다.

2월 21일 날씨 맑음.

몸이 불편하여 종일 신음하다. 순천 부사와 우조방장이 와서 견내량에 복병한 곳을 가 보고 왔다고 보고하다. 청주의 병장 이봉이 순변사에게서 와서 육지 사정을 자세히 일러 주고 저물어 돌아가다. 우영공은 청주 영공의 ○○(매부인지 고모부인지 알 수 없다)이다. 해가 저물어 돌아가다. 오후 6시경에 벽방 척후장 제한국이 와서 구화역 앞바다에 왜선 8척이 진열하여 정박해 있다 하므로 진격하라고 전령하고, 원균의 군관 제홍록의 보고가 오기를 기다리다.

선조 27년, 서기 1594년

2 월 22 일 날씨

제홍록이 와서 보고하되, 왜선 10척은 구화역에 도착하고 6척은 춘원포에 도착했다 한다. 또 날이 이미 새어서 미처 추격하지 못했다 하므로 와서 정찰이나 하라고 일러 보내다.

2 월 28 일 날씨 맑음.

아침에 사정에 올라가 종사관 정경달과 더불어 종일 이야기하다. 장흥 부사 황세득이 들어오다. 우수사를 처벌하다.

2 월 29 일 날씨 맑음.

종사관과 아침을 함께 하고 또 작별술을 마시며 종일 이야기하다. 장흥도 함께 하다. 벽장 척후장 제한국의 보고에, 적선 16척이 소소포로 들어왔다 하므로 전령을 내려 알게 하다.

3 월 1 일 날씨 맑음.

망궐례를 행하다. 사정에 올라가 검모포 만호를 매 때리고 도훈도를 처형하다. 종사관 정경달이 돌아오다. 어둘 녘에 발선하려 할 때 벽방 척후장 제한국이 보고하기를, 왜선이 벌써 모두 도망갔다 하매 중지하다. 초저녁에 장흥의 두 배가 실화로 다 타버리다.

갑오년(50세)

3월 2일 날씨 맑음.

아침에 방답 첨사, 순천 부사, 우조방장이 오다. 늦게 사정에 올라가 좌우조방장·순천 부사·방답 첨사들과 활을 쏘다. 이날 저녁 장흥 부사가 와서 이야기하다. 초저녁에 강진의 장작 쌓은 곳에 실화로 장작이 모두 타버리다.

3월 3일 날씨 맑음.

아침에 전문(여기서는 명절을 하례하여 임금께 올리는 글)에 절하여 보내고 곧 사정에 올라가다. 경상 우후(원문에는 이의신이나 이의득의 잘못임)가 와서 말하기를, 해군을 많이 못 잡아 왔다고 그의 수사 원균에게서 매를 맞고 또 발바닥까지 맞을 뻔했다고 하니 가히 놀랍다. 순천 부사·좌우조방장·방답 첨사·가리포 첨사·좌우우후 등과 함께 활을 쏘다. 오후 6시경에 벽방 척후장 제한국이 보고하되, 왜선 6척이 오리량·당항포 등지에 정박해 있다 하므로, 곧 배를 집합시키라고 전령하여, 대군은 흉도 앞바다에 진을 치고 정예선 30척은 우조방장 어영담이 영솔하고 적을 무찌르도록 하다. 그리고 초저녁에 배를 움직여 지도에 이르렀다가 새벽 2시경에 발선하다.

3월 4일 날씨 맑음.

밤 2시께 배를 띄워 진해 앞바다에 이르러 왜선 6척을 나포하여 불사르고, 저도에서 2척을 불사르다. 또 소소강에 14척이 들어왔다 하므로 조방장과 수사 원균에게 나가 토벌하도록 전령하고, 고성 땅 아자음포에서 진을 치고 밤을 지내다.

3월 5일 날씨 맑음.

겸사복 윤붕을 당항포로 보내어 적선 소각 여부를 탐문하게 하였더니, 우조방장 어영담이 보고하되, 적들이 우리 군사의 위엄을 겁내어 밤을 타서 도망했으므로 빈 배 17척을 남김없이 태워버렸다 한다. 경상 우수사 원균의 보고도 같은 내용이다. 우수사 이억기가 보러 왔을 때 비가 크게 퍼붓고 바람도 세차게 불어 바로 자기 배로 돌아가다. 이날 아침 순변사에게서도 토벌을 독려하는 공문이 오다. 우조방장·순천 부사·방답 첨사·첨지 배경남들이 와서 서로 이야기하는 동안 수사 원균은 배에 이르고 여러 장수들은 각각 돌아가다. 저녁에 광양의 새 배가 들어오다.

3월 6일 날씨 맑음.

새벽에 탐망군이 본즉, 적선 40여 척이 청슬(거제군 사득면 지석리)로 건너오더라는 것이다. 당항포의 왜선 21척은 모조리 불태워

버렸다는 긴급 보고가 왔다. 거제로 향하는데 역풍이 거슬러 불어 간신히 흉도에 도착하니 남해 현감이 급히 보고하되, 명나라 군사 2명과 왜놈 8명이 패문을 가지고 왔기에 그 패문과 명나라 군사 2명을 보낸다고 하였다. 그 패문을 가져다 보니 명나라 도사 담종인이 적을 치지 말라는 것이다. 나는 몸이 매우 괴로워 앉고 눕기조차 불편하다. 저녁에 우수사 이억기와 함께 명나라 군사를 만나 보다.

3월 7일   날씨 맑음.

몸이 극도로 불편하여 움직이기조차 어렵다. 그래서 아랫사람을 시켜 패문을 지어 보내라 하였더니 지어 놓은 글이 말이 아니다. 또, 수사 원균이 손의갑을 시켜 작성했는 데도 그것도 못하땅하다. 내 병을 무릅쓰고 억지로 일어나 초를 잡고, 정사립을 시켜 써 보내게 하다. 오후 2시경에 발선하여 한산도 진중에 이르다.

3월 8일   날씨 맑음.

병세는 별로 차도가 없다. 기운이 더욱 축이 나서 종일 고통을 느끼다.

3 월 9 일 날씨 맑음.

생기가 좀 나는 듯하므로 따뜻한 방으로 옮겨 눕다. 다른 증세는 없다.

3 월 10 일 날씨 맑음.

병세는 차츰 나아가는 것 같은데, 열기가 상충되어 그저 찬 것만 마시고 싶다. 저녁 때 비가 시작해서 밤새 그치지 않다.

3 월 11 일 날씨 종일 큰 비가 내리다.

병세가 아주 많이 나아지고 열도 또한 내리니 다행이다.

3 월 12 일 날씨 맑으나 대풍이 불다.

몸이 매우 불편하다. 영의정 유성룡에게 편지를 쓰고 장계 정서(초안을 놓고 정식으로 베껴 쓰는 일) 하는 일을 마치다.

3 월 13 일 날씨 맑음.

아침에 장계를 봉해 올리다. 병은 차츰 낫는 것 같으나 기력이 매우 곤하다. 아들 회와 송두남을 내어 보내다. 오후에 원수사가 와서 자기의 잘못된 일을 고백하므로 장계를 도로 가져다가 원사진과 이응원 등이 가왜(우리나라 사람이 왜인 노릇을 하는 자)를 목잘라 바친 일을 고쳐 보내다.

3월 14일 날씨 비.

병은 나은 듯하나 머리가 무겁고 기분이 나쁘다. 저녁에 광양 현감·강진 현감·첨지 배경남 등이 같이 가다. 들으니, 충청 수사가 이미 신장에 왔다 한다. 종일 몸이 괴롭다.

3월 15일 날씨 비는 그쳤으나 바람이 세게 붙다.

종일 신음하다. 미조항 첨사가 돌아가다.

3월 16일 날씨 맑음.

몸이 매우 불편하다. 우수사가 와서 보다. 충청 수사가 전선 9척을 영솔하고 진에 이르다.

3월 17일 날씨 맑음.

몸이 쾌복되지 아니하다. 변유헌이 본영으로 돌아가고 순천 부사 권준 역시 돌아가고 해남 현감 위대기는 새 현감과 교대하는 일로 나가고, 황득중 등은 복병에 관한 일로 거제도로 가다. 탐후선이 들어오다.

3월 18일   날씨 맑음.

몸이 몹시 불편하다. 남해 현감 기효근·보성 군수 김득광·소비포 권관 이영남·적량 첨사 고여우가 와서 보다. 기효근은 파종 때문에 곧 돌아가다. 보성 군수는 무슨 말을 하려다가 하지 않은 채 돌아가다. 낙안 유위장과 향소 등을 잡아다 가두다. 보성 군수 김득광이 돌아가다.

3월 19일   날씨 맑음.

몸이 불편하여 종일 신음하다.

3월 20일   날씨 맑음.

몸이 불편하다.

3월 21일   날씨 맑음.

몸이 불편하다. 명단을 작성하는 관리로 여도 만도 김인영·남도 만호 강응표·소비포 권관 이영남을 정해 담당시키다.

3월 22일   날씨 맑음.

몸이 조금 나은 것 같다. 원수의 공문이 왔는데 명나라 지휘 담종인의 자문(중국과 왕래하던 문서)과 왜장의 서계(일본과 왕래하던 문서)

를 조파총이 가지고 간다 하다.

3월 23일 날씨 맑음.

몸이 여전히 불편하다. 방답 첨사 이순신·흥양 현감 배흥립·조방장 어영담·발포 만호 황정록이 와서 인사하다. 견내량이 미역 53동(1동은 10가락)을 따가지고 오다.

3월 24일 날씨 맑음.

몸이 조금 나은 것 같다. 미역 60동을 따오다. 정사립이 왜놈의 머리를 베어 가지고 오다.

3월 25일 날씨 맑음.

흥양 현감과 보성 군수가 나가다. 포로가 되었던 아이(상주 사람 사삿집 종 희순)로, 왜의 진중에서 명나라 장수 담종인의 패문을 가지고 왔던 자를 흥양으로 보내다. 늦게 사정으로 올라갔으나 몸이 편치 않아 일찍 숙소로 내려오다. 아우 여필과, 아들 회와 변존서, 신경황이 와서 어머님 안부 자세히 듣다. 다만 선산이 모두 산불에 탔는데도 아무도 끄지를 못했다니 가슴 아프다.

3월 26일 날씨 맑음.

따뜻하기가 여름날 같다. 조방장과 방답 첨사가 와서 인사하다. 발포 만호는 휴가로 돌아가고 늦게 마량 첨사(강응호), 사량 만호(이여념), 사도 첨사(김원), 소비포 권관이 함께 오다. 경상 우후 이의득과 영등포 만호 우치적도 왔다가 창신도로 돌아가다.

3월 27일 날씨 흐림.

우수사가 와서 보았는데 몸이 좀 나은 것 같다. 저녁 8시께부터 비가 내리기 시작하다. 조카 봉이 저녁에 몸이 불편하다 한다.

3월 28일 날씨 종일 비.

조카 봉의 병세가 악화되었다니 걱정이다.

3월 29일 날씨 맑음.

탐후선이 들어와 어머님 편안하시다고 한다. 웅천 현감 이운룡·하동 현감 성천유·장흥 부사·방답 첨사·소비포 권관 등이 와서 인사하다. 저녁 때 여필과 봉이 함께 돌아갔는데, 봉은 몹시 아파서 돌아가다. 온밤을 걱정으로 지새우다. 어둘 녘에 방충서와 조서방의 사위 김함이 오다.

3월 30일   날씨 맑음.

식후 사정에 올라가 충청 군관·도훈도와, 낙안 유위장·도병방 등을 처벌하다. 삼가 현감 고상안이 와서 인사하다. 저녁에 숙소로 내려오다.

4월 1일   날씨 맑음.

일식을 할 것인데 아니하다. 장흥 부사 황세득·진도 군수 김만수·녹도 만호 송여종이 여제(악질병에 걸려 죽은 귀신에게 지내는 제사)를 지내러 올라가다. 충청 수사가 와서 보다.

4월 2일   날씨 맑음.

아침 후 사정으로 올라가 삼가 현감 고상안·충청 수사 구사직과 하루 종일 이야기하다. 조카 해가 들어오다.

4월 3일   날씨 맑음.

오늘 여제를 지내다. 삼도 전사들에게 술 1,080동이를 먹이다. 우수사와 충청 수사도 같이 앉아 군사들을 먹이다. 저물 녘에야 내려오다.

4월 4일 날씨 흐림.

어둘 녘에는 비까지 내리다. 원수 군관 송흥득과 변홍달이 새로 급제한 홍패(과거합격증)를 가지고 오다. 경상 우병사의 군관 박의영이 와서 그의 장수의 안부를 전하다. 식후에 삼가 현감이 오다. 늦게 사정에 올라가니 장흥 부사가 술을 가지고 와서 종일 오순도순 이야기하다.

4월 5일 날씨 흐림.

새벽에 최천보가 세상을 떠나다.

4월 6일 날씨 맑음.

별시 보는 시험 장소를 개설하다. 시험관은 나와 우수사 이억기·충청 수사 구사직이요, 참시관(시험관의 일종)은 장흥 부사 황세득·고성 현령 조응도·삼가 현감 고상안·웅천 현감 이운룡으로 시험을 감독하기로 하다.

4월 7일 날씨 맑음.

일찍 모여 시험을 치르다.

4월 8일   날씨 맑음.

몸이 불편한 채 시험장으로 나가다.

4월 9일   날씨 맑음.

시험을 마치고 방을 내어 붙이다. 비가 쏟아지다. 조방장 어영담이 세상을 떠나니 통탄함을 무엇이라 표현하리.

4월 10일   날씨 흐림.

순무어사(각지의 군대 또는 백성을 순찰하기 위해 중앙에서 파견되는 관리) 서성이 진에 온다고 먼저 통지가 오다.

4월 11일   날씨 맑음.

순무어사가 온다 하므로 문안선을 내어 보내다.

4월 12일   날씨 맑음.

순무어사 서성이 내 배에 와서 이야기하다. 우수사 이억기·경상 수사 원균·충청 수사 구사직 등도 같이 와서 술을 세 순배 나누자, 원 수사가 취한 척하고 주정을 하며 억지 소리를 하니, 순무어사도 매우 괴이쩍어한다. 삼가 현감 고상안이 돌아가다.

4월 13일 날씨 맑음.

순무어사가 전쟁 연습하는 것을 보고 싶어하므로, 죽도 바다 가운데로 나가 연습하여 보이다. 선전관 원사표·의금부도사 금오랑, 김제남이 충청 수사 구사직을 잡아가는 일로 오다.

4월 14일 날씨 맑음.

김제남과 자세한 말을 하고, 늦게 순무어사의 배로 가서 군사 기밀을 자세히 의논하다. 이윽고 우수사가 오고, 순천 부사·방답 첨사·사도 첨사도 왔으므로 나는 하직하고 배로 돌아오다. 저녁에 충청 수사에게로 가서 작별의 잔을 나누다.

4월 15일 날씨 맑음.

금오랑과 아침을 함께 하다. 충청 수사 구사직이 선전관 원사표와 금오랑, 김제남과 우수사와 함께 오다. 금부에 잡혀가는 충청 수사 구사직과 작별하다. 저물 녘에 이경사가 그의 형 헌의 편지를 가져오다.

4월 16일 날씨 맑음.

아침 후 사정에 올라가 밀려 있던 공무를 처결해 보내다. 경상 수사 원균의 군관 고경운과 도훈도와 변고에 대비하는 색리를 잡아다가 지휘에 불응하고 적의 변고를 알리지 않은 죄로 매를 때리다. 저녁에 송두남이 서울서 내려오다. 장계에 의하여 낱낱이 하교한 대로 시행하다.

4월 17일   날씨 맑음.
늦게 사정에 올라가 공무를 보다. 우수사가 와서 보다. 거제 현령 안위가 급히 달려와 보고하는데, 왜선 100여 척이 본토로부터 처음 나와서 절영도를 향해 간다 한다. 저물 무렵에 거제 사람으로 포로가 되었던 남녀 16명이 도망하여 돌아오다.

4월 18일   날씨 맑음.
새벽에 도망쳐 나온 자들에게 적정을 자세히 들으니, 쓰시마 도주 소 요시토시는 웅천 땅 입암에 있고 코니시유키나가는 웅포에 있다 한다. 충청도 신임 수사 이순신과, 순천 부사와 우수사 우후 이정충과 거제 현령 안위 등이 오다. 저녁 때 비가 시작해서 밤새 내리다.

4월 19일   날씨 비.
첨지 김경로가 원수부로부터 와서 적을 치는 대책을 의논하고, 그대로 한배에서 자다.

4월 20일 날씨 종일 가랑비가 내리다.

우수사·충청 수사·장흥 부사·마량 첨사 강응표가 와서 바둑도 두고 군사일도 의논하다.

4월 21일 날씨 비가 오락가락하다.

홀로 선창 밑에 앉아 있으나 저녁내 아무도 오지 아니하다. 방답 첨사 이순신이 충청 수사로 전직되었으므로 중기(사무인계 때 전해주는 문서)를 수정하는 일로 돌아가다. 저녁에 김성숙과 곤양 군수 이광악이 와서 인사하고 흥양 현감 배흥립도 오다. 본영 탐후선이 들어왔는데 어머님이 안녕하시다니 다행이다.

4월 22일 날씨 맑음.

바람이 시원하기가 가을날 같다. 첨지 김경로가 돌아가다. 장계와 조총을 봉해 올리다. 또 동궁에게 긴 창을 봉해 올리다. 저녁에 장흥 부사와 흥양 현감이 오다.

4월 23일 날씨 맑음.

순천 부사 권준·흥양 현감 배흥립·장흥 부사 황세득·임치 첨사 홍견 들이 오다. 곤양 군수 이광악이 술을 가져오다. 곤양 군수가 몹시 취해서 미친 소리로 떠들다. 우스웠다. 나도 잠깐 취하다.

4월 24일 날씨 맑음.

아침에 서울로 갈 편지를 쓰다. 영암 군수 박홍장과 마량 첨사 강응표가 와서 인사하다. 순천 부사가 돌아가다. 각 항목의 장계를 봉해 올리다. 경상 우수사 있는 곳에 순찰사 종사관이 왔다고 들린다.

4월 25일 날씨 맑음.

이른 새벽부터 몸이 불편하여 종일 괴로워하다. 보성 군수가 와서 인사하다. 밤새 앓았다.

4월 26일 날씨 맑음.

통증이 극히 심해서 거의 인사불성이 되다. 곤양 군수가 돌아가다.

4월 27일 날씨 맑음.

통증이 좀 덜하다. 숙소로 가다.

4월 28일 날씨 맑음.

병세가 아주 좋아지다. 경상 수사 원균과 좌랑 이유함이 와서 보다. 아들 위가 들어오다.

4월 29일   날씨 맑음.

기운이 쾌활해진 것 같다. 오늘 우도에서 삼도 군사들에게 술을 먹이다.

5월 1일   날씨 맑음.

종일 땀이 비오듯 흐르더니 몸이 좀 쾌해진 것 같다. 아침에 아들 면과 집안 계집종 4명, 관비 4명이 병간호를 위해 들어왔는데, 덕만 남겨두고 나머지는 모두 내일 돌려보내라고 이르다.

5월 2일   날씨 맑음.

새벽에 아들 회가 어머님 생신 해 드릴 일로 돌아가다. 우수사와 흥양 현감·사도 첨사·소근 첨사 박윤이 와서 보다. 몸이 점점 나아져 가다.

5월 3일   날씨 맑음.

흥양 현감이 휴가를 얻어 돌아가다. 장흥 부사와 발포 만호가 와서 보다. 군량 명세서와 이름이 안 적힌 사령장 3백여 장과 유서 두 통이 내려오다.

5월 4일 날씨 비바람이 종일 몰아치더니 밤에는 더 심하다.

경상 우수사의 군관이 와서 고하기를, 왜적 3명이 중선을 타고 추도에 도착한 것을 만나 잡아 왔다 하므로 압송해 오게 하다. 저녁에 공대원에게 물으니, 왜놈들이 바람을 따라 배를 몰아 저의 본토로 향하다가, 바다 한가운데서 회오리바람을 만나 배를 제어할 수 없어 표류하여 이 섬에 닿은 것이라 한다. 그러나 간사한 자들의 말이니 믿을 수 없다. 이설과 이상록이 돌아가다. 본영 탐후선이 들어오다.

5월 5일 날씨 비바람이 세게 불어침.

지붕을 세 겹이나 말아서 조각조각 높이 날리고, 삼대 같은 빗발에 몸을 가릴 수가 없다. 어이없었다. 사도 첨사가 와서 문안하고 가다. 오후 2시경에 풍우가 조금 멈추다. 발포 만호 황정록이 떡을 만들어 보내오다. 탐후선이 들어와 어머님이 평안하신 줄 알다. 다행이다.

5월 6일 날씨 흐리다가 늦게 개다.

사도 첨사, 보성 군수, 낙안 군수, 여도 권관, 소근 첨사들이 보러 오다. 수사 원균이 체포한 왜놈 3명을 데리고 왔기에 문초하니, 속이는 내용이 많은 자로 원수사를 시켜 목을 베라고 하다. 우수사 이억기도 오다. 술 세 순배를 마시다가 상을 물리고 돌아 들어가다.

5월 7일   날씨
몸이 좀 이상한 듯하다. 침 16군데를 맞다.

5월 8일   날씨 맑음.
원수 군관 변응각이 원수의 공문과 장계 초본과 임금의 유서를 가지고 왔는데, 해군을 거제로 진격케 하여 적이 무서워 도망가도록 하라는 내용이므로, 경상 우수사와 전라 우수사를 불러 의논하다. 충청 수사가 들어오다. 밤에 큰 비가 오다.

5월 9일   날씨 종일 비가 내리다.
홀로 빈 정자에 앉아 있으니, 온갖 생각이 가슴에 스며들어 심사가 산란하다. 무슨 말로 형언하랴. 가슴이 막막하기 취한 듯, 꿈속인 듯, 멍청이가 된 것도 같고 미친 것 같기도 하다.

5월 10일   날씨 비.
새벽에 일어나 창문을 열고 멀리 바라보니 우리의 많은 배들이 바다를 뒤덮었다. 적이 쳐들어온다 해도 섬멸하고도 남겠다. 우수사 우후 이정충과 충청 수사 이순신이 와서 장기를 두다. 원수 군관 변응각도 함께 점심을 먹다. 저물 녘에 보성 군수 김득광이 오다. 비는 종일 오다. 아들 회가 바다로 나간 것이 걱정이다. 소비포 권관이 약을 보내다.

5월 11일 날씨 종일 비.
3일부터 쌓인 공문서를 낱낱이 결재하다. 낙안 군수 김준계가 오다. 큰 비가 퍼붓듯이 와 밤낮을 그치지 아니하다.

5월 12일 날씨 큰 비가 종일 오다가 저녁에야 조금 멈추다.
우수사 이억기가 와서 보다.

5월 13일 날씨 맑음.
검모포 만호가 보고하기를, 경상 우수사 소속의 보자기들이 격군을 싣고 도망가다가 몇 명이 현장에서 잡혀, 많은 보자기들이 원 수사 있는 곳으로 숨었다 하므로, 사복들을 보내어 잡아오게 하였더니, 도리어 수사 원균이 사복들을 결박하여 가두었다 한다. 그러므로 군관 노윤발을 보내어 풀어주게 하다. 밤 10시께부터 비가 내리다.

5월 14일   날씨 종일 비가 오다.

충청 수사 이순신·낙안군수 김준계·임치 첨사 홍견·목포 만호 전희광 등이 와서 보다. 영리를 시켜 종정도(승경도라고 하며, 넓고 큰 종이에 옛 벼슬의 이름을 품계와 종별을 따라 써 놓은 그림·실내 오락)를 그리다.

5월 15일   날씨 종일 비가 오다.

아전을 시켜 종정도를 그리다.

5월 16일   날씨

흐리고 이슬비가 오더니 저녁부터 큰 비가 밤새도록 내려 지붕이 새서 마른 데가 없다. 여러 배에 사람들의 거처가 매우 괴로울 것이 염려된다. 곤양 군수 이광악이 편지를 보내고 겸하여 사명당 유정(사명대사로도 알려진 중, 전쟁 중 또는 그 뒤까지 일본과의 외교적 교섭을 맡아하다)이 적진 중으로 왕래하며 문답한 초기를 보내왔기로 보니, 분통함을 이길 길이 없다.

5월 17일   날씨 비가 퍼붓듯이 오고 바다의 안개가 캄캄하여 지척을 분별하기 어려운 채로 저녁내 그치지 아니하다.

5월 18일   날씨 종일 비가 오다.

미조항 첨사와 상주포 권관이 와서 보다. 저녁에 보성 현감이 돌아가다.

5월 19일   날씨 장맛비가 잠깐 걷히다.

아들 회와 면 및 계집종들을 보낼 때 바람이 순탄치 못하다. 송희립이 회와 함께 착량에 가서 노루 사냥을 할 즈음 비바람이 치고 안개가 자욱하다. 오후 8시께 돌아왔는데 날씨는 아직 활짝 개지 않다.

5월 20일   날씨 비가 오고 센 바람이 불다.

웅천 현감 이윤룡과 소비포 권관 이영남이 와서 보다. 종일 홀로 생각하니 별별 생각이 가슴을 치민다. 그 중에 호남 방백들이 나라를 저버리는 것에 대한 유감이 많다.

5월 21일   날씨 비.

웅천 현감과 소비포 권관이 와 종정도(오락 기구의 일종)놀이를 하다. 거제 장문포에서 적에게 포로가 되었던 변사안이 도망하여 와서 하는 말이, 적의 형세는 그리 대단치는 않다고 한다. 센 바람이 밤낮을 통해 불다.

선조 27년, 서기 1594년

5월 21일 날씨 비가 오고 대풍이 불다.

오는 29일이 빙모의 제삿날이다. 아들 회와 면을 내보내고 계집종을 내보내다. 순찰사와 순변사에게 편지를 써서 보내다. 황득중, 박주하, 오수 들을 격군 수색해 오는 길로 내보내다.

5월 23일 날씨 비.

웅천 현감과 소비포 권관이 오다. 늦게 해남 현감 위대기가 와서 술과 안주를 바치므로 충청 수사 이순신을 청해 오다. 10시쯤 헤어지다.

5월 24일 날씨 잠깐 개다가 저녁에 비가 오다.

웅천 현감과 소비포 권관이 와서 종정도놀이를 하다. 해남 현감도 오다. 우수사와 충청 수사가 와서 종일 이야기하다. 구사직에 대한 장계를 가져갔던 진무가 들어오다. 조카 해가 들어오다.

5월 25일 날씨 비. 충청 수사가 와서 이야기하다가 돌아가다. 소비포 권관도 와서 밤이 깊어서야 돌아가다. 비가 그치지 않으니 전쟁하는 군사들이 매우 답답하겠다. 조카 해가 돌아가다.

5월 26일　날씨 비가 오락가락하다.

거처하는 마루 서쪽 벽이 무너져 개바라지(바람벽 위쪽의 작은 창)로 바람이 불어드니 시원한 게 아주 좋다. 과녁판을 정자 앞으로 옮기다. 오늘 이인원과 토병 23명을 본영으로 보내어 보리를 거두게 하다.

5월 27일　날씨 비가 오락가락하다.

충청 수사·사도 첨사·발포 만호·여도 만호·녹도 만호가 활을 쏘다. 소비포 권관이 아파 누웠다고 전하다.

5월 28일　날씨 잠깐 개다.

사도 첨사 김완과 여도 만호 김인영이 와서 활을 쏘겠다 하므로, 우수사와 충청 수사를 청하여 와서 같이 활을 쏘게 하고, 취하여 종일 이야기하다가 헤어지다. 광양의 네 배의 부정 사실을 조사하다.

5월 29일　날씨 아침에 비가 오다가 늦게야 개다.

빙모의 제삿날이라 공무를 아니 보다. 진도 군수 김만수가 돌아가다. 웅천 현감 이운룡·거제 현령 안위·적량 첨사 고여우가 와서 인사하고 돌아가다. 저녁에 정사립이 고하되, 남해 사람이 배를 가지고 와서 순천 격군을 싣고 간다 하므로 잡아다 가두다.

5월 30일 날씨 흐림.

왜적과 짜고 도망가자고 꾄 경상도 보자기며 광양 배에서 일 보는 사람 3명을 처벌하다. 충청 수사와 경상 우후가 와서 보다.

6월 1일 날씨 맑음.

늦게 활을 쏘다. 아침에 첨사 배경남과 함께 밥을 먹다. 충청 수사와 이야기하다.

6월 2일 날씨 맑음.

아침에 배 첨사와 밥을 먹다. 충청 수사도 오다. 늦게 우수사 이억기의 진으로 갔더니 강진 현감 유해가 와서 술을 바치다. 활 두어 순을 쏘는데 수사 원균도 오다. 나는 몸이 불편하여 일찍 돌아와 누워서 충청 수사와 배경남이 장기 두는 것을 구경하다.

6월 3일 날씨

아침엔 덥더니 오후엔 소나기가 퍼부어 바닷물조차 흐리니 근래에도 드문 일이다. 충청 수사 이순신과 첨사 배경남이 와서 바둑을 두다.

6월 4일   날씨 맑음.

충청 수사·미조항 첨사 및 웅천 현감 이운룡이 보러 왔기에 종정도놀이를 하게 하다. 겸사복이 임금의 분부를 가지고 왔는데 보니, 해군 장교들이 서로 화목치 못하다 하니, 앞으로는 과거의 인습을 버리고 다정하게 지내라 하였다. 죄송하기 그지없다. 이는 원균이 취해서 망발을 부린 때문이다.

6월 5일   날씨 맑음.

충청 수사 이순신·사도 첨사 김완·여도 만호 김인영·녹도 만호 송여종 등이 함께 와 활을 쏘다. 밤 10시경에 급창(관청 소사) 김산과 그의 처자 등 3명이 유행병으로 죽다. 3년이나 부리던 미더운 사람인데 하루저녁에 죽다니 매우 놀랍다. 오늘 무밭을 갈다. 송희립이 낙안·흥양·보성으로 군량 독촉차 떠나다.

6월 6일   날씨 맑음.

충청 수사·여도 만호와 함께 활 15순을 쏘다. 경상 우수사 우후 이의득이 보러 오다. 소나기가 오다.

6월 7일   날씨 맑음.

충청 수사와 첨사 배경남이 와서 이야기하다. 남해 군관과 색리들을 처벌하다. 송덕일이 돌아와 유서(관찰사·절도사·방어사 등이 부임할 때 내리던 명령서)가 들어온다 한다. 오늘 무씨를 2되 5홉 뿌리다.

6월 8일 날씨 맑음.

덥기가 찌는 것 같다. 우수사 우후 이정충이 오다. 충청 수사와 우후와 함께 활 20순을 쏘다. 저녁에 종 한경이 왔는데, 어머님 편안하시다니 반갑다. 미조항 첨사 김승룡이 돌아가다. 회령포 만호 민정붕이 진에 오다. 전공에 따라 포상하는 교지도 오다.

6월 9일 날씨 맑음.

충청 수사·우수사 우후가 와서 활을 쏘다. 우수사도 와서 이야기하다. 밤늦게 해의 젓대소리와 영수의 거문고를 들으며 이야기하다가 돌아가다.

6월 10일 날씨 맑음.

더위가 찌는 듯하다. 활 5순을 쏘다.

6월 11일 날씨 맑음.

더위가 쇠라도 녹일 것 같다. 아침에 아들 위가 본영으로 가니 작별하는 회포 쓸쓸하다. 홀로 빈 마루에 앉았노라니 마음을 걷잡을 수 없다. 늦게 바람이 사나워지며 걱정이 더욱 무거워진다. 늦게 충청 수사가 와서 활을 쏘고, 그대로 저녁을 같이 먹고 달 아래 이야기할 때 옥적 소리 처량하다. 오래도록 앉았다가 헤어지다.

6월 12일 날씨 대풍이 불고 비는 오지 아니하다.

가뭄이 너무 심하다. 농사가 염려된다. 어두울 무렵에 본영 격군 7명이 도망가다.

6월 13일 날씨 바람은 매우 사납고 더위가 찌는 듯하다.

6월 14일 날씨

더위와 가뭄이 너무 심하니 바닷속의 섬인 데도 찌는 듯하다. 농사일이 매우 걱정된다. 충청 수사·사도 첨사·여도 만호·녹도 만호 등과 활 20순을 쏘다. 충청 수사가 잘 맞히다. 경상 수사 원균이 활 잘 쏘는 부하들을 거느리고 우수사 이억기 처소에 와서 크게 지고 가다.

6월 15일 날씨 맑음.

오후에 비가 내리다. 신경황이 영의정 유성룡의 편지를 가지고 왔는데 나라를 근심함이 이보다 더한 이가 없을 것이다. 지사 윤우신이 죽었다니 참으로 애석하다. 순천 부사와 보성 군수가 달려와 보고하되, 명나라 총병관 장홍유가 신호선을 타고 백여 명을 거느리고 해로로 해서 벌써 진도 벽파정에 이르렀다 한다. 날짜로 따지면 오늘 내일 중에 도착될 것이지만, 격풍으로 배를 마음대로 못 부린 것이 닷새째다. 밤에 소나기가 흡족히 내리니 하늘이 백성을 살리려는 뜻이구나. 아들의 편지에 잘 돌아갔다고 한다. 아내의 편지에는 아들 면이 더위를 먹어 앓는다 하다. 괴롭고 답답한 일이다.

6월 16일 날씨 아침엔 비가 오다가 저녁에 개다.

충청 수사와 활을 쏘다.

6월 17일 날씨 맑음.

우수사와 충청 수사가 와서 이야기하다. 탐후선이 들어왔는데, 어머님께선 평안하시나 면은 아주 많이 아프다 한다. 가슴 아픈 일이다.

6월 18일 날씨 맑음.

원수의 군관 조추년이 전령을 가지고 왔는데 내용인즉, 원수가 두치에 이르러 광양 현감 송전이 해군 중에 복병을 뽑을 때 인정을 썼다는 이야기를 들었다 한다. 곧 군관을 보내어 까닭을 물으니 놀랍다. 원수가 그 서처남 조대항의 말을 듣고 이렇게 사정을 쓰는 것이니 통탄스럽다. 경상 우수사가 청하는 것을 가지 않다.

6월 19일 날씨 맑음.

원수의 군관과 배응록이 원수 있는 곳으로 돌아가다. 변존서, 윤사공, 하천수들이 들어오다. 충청 수사가 보러 왔다가 그 어머니 병환 때문에 곧 그의 사처로 돌아가다.

6월 20일 날씨 맑음.

충청 수사가 와서 인사하고 활을 쏘다. 박치공이 와서 서울간다고 하다. 마량 첨사 강응호도 오다. 저녁에 본포(영등포)에 물러가 있던 영등 만호 조계종의 죄를 다스리다. 탐후선의 이인원이 들어오다.

6월 21일 날씨 맑음.

충청 수사가 와서 활을 쏘다. 마량 첨사가 보러 오다. 명나라 장수 장홍유가 해로로 이미 벽파정에 이르렀다 함은 오보라 한다.

6월 22일　날씨 맑음.
할머님 제삿날이라 공무를 보지 아니하다. 오늘 복더위가 전보다 더하여 큰 섬이 찌는 듯하니 사람이 견디기 어렵다. 저녁에 몸이 불편하여 두 끼니나 밥을 먹지 않았다. 오후 8시께 소나기가 내리다.

6월 23일　날씨 맑음. 늦게 소나기가 흠씬 쏟아지다.
순천 부사, 충청 수사, 우수사, 가리포 첨사 이응표들이 보러 오다. 우후 이몽구가 군량 독촉차 견내량으로 나갔다가 왜적을 생포해 왔다. 적의 동정을 묻고, 또 너는 무엇을 잘 하는가 물으니, 염초 굽는 일과 총쏘기를 다 잘 한다고 한다.

6월 24일　날씨 맑음.
순천 부사와 충청 수사가 와서 활 20순을 쏘다.

6월 25일　날씨 맑음.
부채를 봉송하다. 충청 수사와 활 10순을 쏘다. 이여념도 와서 쏘다. 종사관 정경달의 배행 아전이 편지를 가지고 왔는데 조도(조도어사의 약어)의 말이 지극히 놀랍다.

6월 26일 날씨 맑음.

충청 수사·순천 부사·사도 첨사·여도 만호·고성 현령 등이 활을 쏘다. 일찍이 김양간을 시켜 단오 진상물을 올려보내다. 마량과 영등이 왔다가 이내 돌아가다.

6월 27일 날씨 맑음.

활 15순을 쏘다.

6월 28일 날씨 맑음.

나라의 기일이라 공무를 보지 아니하고 종일 홀로 앉아 있다. 진무성이 벽방 척후소의 부정 사실을 조사하고 와서 적선이 없더라 한다.

6월 28일 날씨 맑음.

순천 부사가 술과 음식을 가져오다. 우수사·충청 수사와 함께 활을 쏘다. 윤동구의 아버지가 보러 오다. 아들 위가 들어와 어머님 편안하시다 한다.

7월 1일   날씨 맑음.

나라의 기일이라 공무를 보지 아니하다. 배응록이 원수에게로부터 돌아와서, 원수가 말한 것을 후회하며 보내더라 한다. 저녁에 충청 수사가 와서 함께 이야기하다.

7월 2일   날씨 맑음.

순천 도청과 색리, 광양 색리들의 죄를 다스리다. 늦더위가 찌는 듯하다. 사수들의 활쏘기를 시험하고, 적의 장물을 나누어주다. 늦게 순천 부사·충청 수사와 같이 활을 쏘다. 배 첨지가 말미를 받아 가다. 노윤발에게 흥양 군관 이심 및 병선색(배에 관한 사무를 담당한 색리), 괄군색(군사를 수색해 내고 또 군대를 보충하는 따위의 사무를 담당한 색리)들을 붙잡아 오도록 군령을 주어 내어보내다.

7월 3일   날씨 맑음.

충청 수사와 순천 부사가 활을 쏘다. 웅천 현감이 돌아가다. 미조항으로 가다. 음란한 계집을 처벌하다. 각 배의 누차 식량을 도둑질한 자를 처형하다. 저녁에 새로 지은 다락을 나가 보다.

7월 4일   날씨 맑음.

아침에 충청 수사·마량 첨사·소비포 권관이 와서 같이 식사를 하다. 나중에 마량 첨사 강응호, 소비포 권관 이영남이 와서 함께 점심을 먹다. 왜적 5명과 도망병 1명을 함께 처형하라 하다. 충청 수사와 활 10순을 쏘다. 옥과에서 원호 사업을 맡아 한 조응복에게 참봉 직첩을 주어 보내다.

7월 5일 날씨 맑음.

탐후선이 들어와 어머님께서 편안하시다니 다행이다. 심약(궁중에 바치는 약재를 심사하기 위하여 각 도에 파견하는 관리)이 내려왔는데 매우 용렬하니 한심스럽다. 우수사와 충청 수사가 같이 오고, 여도 만호가 술을 가져왔으므로 함께 마시고 활을 10여 순 쏘다. 많이 취해서 수루에 올랐다가 밤이 깊어서야 돌아가다.

7월 6일 날씨 종일 궂은비가 내리다.

몸이 불편하여 공무를 보지 아니하다. 최귀석이 도둑떼 3명을 잡아왔기에 다시 박춘양을 보내어 왼 귀가 떨어져나간 그 괴수마저 붙잡아오다. 아침에 정원명 등을, 격군을 정비하지 않은 일로 잡아 가두다. 저녁에 보성 군수가 들어온다고 한다. 어머님께서 편안하시다는 소식을 듣다. 오후 10시께 굵은 소나기가 퍼부어 새지 않는 곳이 없다. 촛불을 켜고 홀로 앉아 있노라니 온갖 걱정이 치밀어온다. 이영남이 보러 오다.

7월 7일   날씨 비가 내리다.

충청 수사는 그 어머니 병이 중해 오지 못하다. 우수사·순천 부사·사도 첨사·가리포 만호·발포 만호·녹도 만호들이 함께 활을 쏘다. 이영남이 배를 영솔해 올 일로 곤양으로 가다. 사로잡혀 갔다가 돌아온 고성 보인을 신문하다. 보성 군수가 오다.

7월 8일   날씨 흐리되 비는 오지 않고 종일 태풍이 불다.

몸이 편치 못해 여러 장수들을 만나보지 아니하다. 각 고을에 공문을 적어 보내다. 오후에 충청 수사한테 가 보다. 고성 사람으로 왜에 포로가 되었다가 도망온 사람을 직접 문초하다. 광양의 송전이 그의 장수인 병사의 편지를 가지고 오다. 낙안 군수와 충청 우후가 온다고 한다.

7월 9일   날씨 센 바람이 불다.

충청 우후 원유남이 교서에 엄숙히 절하다. 늦게 순천·낙안·보성 등지의 군관·색리 등의 기한 어긴 죄를 처벌하다. 가리포 이응표, 임치 홍견, 소근포 박윤, 마량 첨사 강응호 및 고성 조응도가 오다. 낙안 군량 벼 2백 석을 받다.

7 월 10 일   날씨 아침엔 개고 저녁엔 비가 오다.

아침에 낙안 견양 벼찧은 것과 광양 벼 백 섬을 되다. 아침에 들으니 아들 면의 병이 중태에 빠졌고 토혈하는 증세까지 있다 하므로 울과 심약 신경황, 정사립 배응록을 함께 보내다. 신흥헌과 송전이 들어와 군관과 같이 활 15순을 쏘다.

7 월 11 일   날씨 종일 궂은비가 내리고 센바람이 불다.

울이 가는데 곤란할 것이 걱정되었고, 면의 병이 어떠한가도 궁금하다. 장계를 내 손수 초 잡다. 경상 순무 서성의 공문이 왔는데, 원균이 불평을 많이 말하였다고 한다. 오후에 군관들과 활을 쏘다. 봉학도 함께 쏘다. 윤언침이 점고를 받기 위해 왔기에 점심을 먹여 보내다. 저물 녘에 비바람이 크게 치면서 밤새 계속되다. 충청 수사가 와서 보다.

7 월 12 일   날씨 맑음.

아침에 소근포 첨사가 보러 와서 화살 54개를 만들어 바치다. 서류를 처결하여 돌려주다. 충청 수사·순천 수사·사도 첨사·발포 권관·충청 우후가 와서 활을 쏘다. 저녁에 탐후선이 들어와 어머님께서 평안하시다는 것은 살폈으나 면의 병세는 여전히 중하다고 한다. 애타는 마음 어찌하랴. 유성룡 정승이 죽었다는 부고

가 순변사에 왔다고 하나, 이는 유 정승을 미워하는 자가 반드시 말을 만들어 비방하는 일일 것이다. 통분함을 참지 못하겠다. 이 날 밤 마음이 산란하여 홀로 마루에 앉아 있는데, 내 마음을 스스로 걷잡을 수 없다. 걱정이 쌓여 밤새도록 잠들지 못하다. 만일 정승 유성룡이 어찌 되었다면 나라일을 어찌 할 것인가?

7월 13일   날씨

비가 내리는데 홀로 앉아, 아들 면의 병세가 어떨까 글자를 짚어 점을 쳐 보았더니 「군왕을 만나 보는 것 같다」는 좋은 괘가 나왔다. 아주 좋았다. 다시 짚으니 「밤에 등불을 얻은 것과 같다」는 괘가 나왔으니 두 괘가 모두 좋은 것이다. 좀 마음이 놓인다. 또 정승 유성룡의 점을 친즉, 「바다에서 배를 얻은 것과 같다」는 괘가 나왔고, 다시 치니 「의심하다가 기쁨을 얻은 것과 같다」는 괘가 나왔다. 아주 좋다. 저녁 때 비가 오는데 홀로 앉은 정회를 이길 길이 없다. 늦게 송전이 돌아가는데 소금 한 섬을 주어 보내다. 오후에 마량 첨사와 순천 부사가 보러 왔다가 어두워서야 돌아가다. 이어서 또 비가 올 것인가 갤 것인가를 점치니 「뱀이 독을 뱉는 것과 같다」는 괘를 얻었다. 장차 큰비가 내릴 괘라 농사일이 가히 염려된다. 밤에 비가 퍼붓듯이 내리다. 오후 8시께 발포의 탐선이 편지를 받아가지고 돌아가다.

7월 14일   날씨 비.

엊저녁부터 빗발이 삼대같이 내려 지붕이 새어서 마른 곳이 없다. 간신히 밤을 지내다. 점괘 얻은 그대로이니 그 참 절묘하구나. 충청 수사와 순천 부사를 청해다가 장기를 두게 하면서 그것을 구경하는 것으로 소일하다. 그러나 근심이 속에 있으니 어찌 조금인들 편할 것이랴. 함께 점심을 먹고 저녁에 수루로 나가 몇 바퀴 돌다가 내려오다. 탐후선이 들어오지 않으니 까닭을 모르겠다. 밤 12시께 또 비가 내리다.

7월 15일   날씨 비. 늦게 개다.

조카 해와 서울 종이 들어와 아들 면의 병이 차도가 있다는 자세한 소식 들으니 기쁘다. 또한 조카 분의 편지가 왔는데, 아산 고향의 선산이 무사하고, 가묘도 편안하며, 어머님께서도 편안하시다니 다행이다. 이흥종이 환상 때문에 매를 맞다가 숨졌다고 한다. 놀라운 일이다. 그 삼촌이 처음 듣고서 비통해한 나머지 그 어머니도 듣고 병세가 더욱 위중해졌다는 것이다. 활을 10여 순 쏜 후 수루에 올라가 배회할 때, 박주사리가 급히 와 명나라 장수의 배가 이미 영 앞에 이르러 곧 이리로 온다 하므로, 곧 삼도에 전령하여 진을 죽도로 옮기다.

7월 16일 날씨 흐림.

바람이 차다. 늦은 아침부터 비가 시작하여 퍼붓듯이 종일 오다. 수사 원균·충청 수사·우수사가 모두 와서 보다. 소비포 권관이 쇠다리 등속을 보내오다. 명나라 장수가 삼천진에 이르러 묵는다 한다. 여도가 먼저 오다. 저녁에 본진으로 돌아오다.

7월 17일 날씨 맑음.

새벽에 포구로 나가 진을 치다. 오전 8시에 명장 파총 장홍유가 병호선 5척을 거느리고 돛을 단 채, 곧장 영문에 이르러 상륙하여 같이 이야기하기를 청하므로, 내 여러 수사와 더불어 먼저 사정에 올라오기를 청하니, 파총이 배를 내려 곧 이른다. 같이 앉아 먼저 해로 만리를 어렵다 않으시고 여기까지 오신 데 대하여 감사함을 비길 길 없다 하니 대답하기를, 작년 7월 절강에서 배를 타고 요동에 이르니 요동 사람들이 해로에 돌섬과 암초가 많고, 또 장차 강화가 이루어질 것이니 갈 필요가 없다고 굳이 말려 그대로 요동에 머물면서 시랑 손 광과 총병 양문에게 보고하고, 금년 3월 초순에야 배를 타고 들어오니 무엇 수고라고 할 것이 있는가 한다. 나는 차를 마시라 하고 또 잔을 권하니 감개무량하다. 또 적의 형세를 이야기하느라고 밤 깊은 줄도 몰랐다. 조용히 이야기하다가 헤어지다.

7월 18일 날씨 맑음.

다락 위로 장홍유를 청하여 술을 권하다. 대체로 내년 봄에 선박을 거느리고 곧장 제주에 이르러, 우리 수군과 합세하여 추악한 적들을 무찌르자고 성의껏 이야기하다. 초저녁에 파하여 헤어지다.

7월 19일 날씨 맑음.

예물 명단을 증정하니 감사함을 이기지 못해 주시는 물건이 매우 풍성하다고 한다. 충청 수사도 역시 드리다. 늦게 우수사가 예물을 주는데 나와 같다. 점심 후 원균이 혼자서 술 한 잔을 대접하는데, 상은 그득하건만 하나도 집어 먹을 만한 것이 없다. 우습다. 또 자와 호를 물으니 써서 주는데 자는 중문이요 호는 수천이라 한다. 촛불을 켜 놓고 이야기하다가 헤어지다. 비가 올 기미이기에 배로 내려가 자다.

7월 20일 날씨 맑음.

아침에 통역관이 와서 명나라 장수 장홍유가 남원에 있는 명나라 총병 유정에게로 가지 않고 곧장 돌아가겠다 한다. 나는 명나라 장수에게 간절히 전언하여 처음에 파총 장홍유가 남원으로 온다는 소식이 이미 총병 유정에게 전해졌으니, 만약 가지 않는다면 그 중간에 남의 말들이 있을 것이므로 가서 만나 보고 돌아가는 것이 좋다 하였다. 파총이 나의 말을 전해 듣고, 과연 옳다고 하며 내 말을 타고 혼자 가서 만나 본 뒤에 군산으로 가서 배를 타겠다고 하더란다. 아침 후에 파총이 내 배로 와서 조용히 이야기하고 이별의 잔을 전하다. 파총이 일곱 잔을 든 뒤 뱃줄을 풀고 같이 포구 밖으로 나가 재삼 면면의 정으로 송별하다. 그리고 이억기와 충청 수사·순천 부사·발포 만호·사도 첨사와 함께 사인암으로 올라가 취하여 이야기하고 돌아오다.

7월 21일 날씨 맑음.
명장과의 문답 내용을 원수에게 보고하다. 늦게 마량 소근포 첨사 박윤이 보러 오다. 오후에 흥양의 군량선이 들어오다. 아들 회가 방자(지방 관청의 종)를 때렸다 하기에 아들을 잡아다 뜰에 꿇려 꾸짖고 매는 때리지 아니하다. 늦게 발포 만호가 복병 나가는 일로 와서 고하고 가다. 늦게 소비포 이영남이 보러 와서 말하기를 기한에 대지 못하였다고 해서 원균에게 곤장 30대를 맞았다고 한다. 해괴한 일이다. 우수사가 군량미 20석을 꾸어 가다.

7월 22일 날씨 맑음.
아침에 장계 초고를 수정하고 임치 홍견 및 목포 전희광이 보러 오다. 늦게는 사량 이여념, 영등 조계종이 보러 오다. 오후에 충청 수사 이순신, 순천 권준, 충청 우후 원유남, 이영남과 함께 활을 쏘다. 해질 녘에 수루에 올랐다가 밤이 되어서 돌아오다.

7월 23일 날씨 맑음.
충청 수사가 우수사, 가리포 이응표와 보러 와서 활을 쏘다. 조카 해와 종 봉이가 돌아가다. 목년이 들어오다.

7월 24일 날씨 맑음.
여러 가지 장계를 손수 봉하다. 영의정 유성룡과 병조판서 심충겸, 판서 윤근수께 편지 쓰다. 저녁에 활 7순을 쏘다.

7월 25일 날씨 맑음.
식후에 충청 수사, 순천 부사와 더불어 우수사 있는 곳으로 가서 활 10순을 쏘다. 크게 취해 돌아와서 밤새 토하다. 하천수가 장계를 가지고 나가다.

7월 26일 날씨 맑음.
각 고을의 공문을 결재해 보내다. 식사 후에 수루 위에 옮겨 앉았는데, 순천 부사와 충청 수사가 보러 오다. 녹도 만호가 도망병

8명을 잡아 왔으므로, 그 중 괴수 3명을 처형하고 그 나머지는 매를 때리다. 아들들의 편지를 보니 어머님 편안하시고 면의 병도 나아진다니 다행이다. 허씨댁의 병세가 점점 중하다고 하니 염려스럽다. 유홍과 윤근수가 세상을 떠나고 윤돈이 종사관으로 내려온다 한다. 신천기·신제운·노윤발이 흥양의 색리와 감관을 붙잡아가지고 들어오다.

7월 27일 날씨 흐리고 바람이 불다.
밤에 꿈을 꾸었는데 머리를 풀고 크게 울다. 이것이 좋은 징조라고 한다. 이날 충청 수사, 순천 부사와 함께 수루에 올라서 활을 쏘다. 충청 수사가 과하주를 가져오다. 나는 몸이 불편해서 조금 마셨는데 별로 낫지 않다.

7월 28일 날씨 맑음.
흥양 색리들의 죄를 다스리다. 신제운이 주부로 임명되어 가다. 늦게 수루에 올라가 벽 바르는 것을 감독하다. 의능이 그 일을 맡아하다. 저물어서 방으로 돌아가다.

7월 29일 날씨 종일 비가 내리다. 바람기는 없다.
순천 부사와 충청 수사가 바둑 두는 것을 구경하는데 몸이 매우 불편하였다. 낙안 군수도 함께 오다. 이날 밤새도록 신음하다.

8월 1일   날씨 비. 대풍이 불다.

몸이 편치 않아 수루방에 앉아 있다가 곧 마루방으로 돌아오다. 저녁에 낙안 군수 김준계가 강집을 데려다가 군량을 독촉하는 일로, 군율에 의하여 문초하고 내어보내다. 이는 낮부터 밤까지 계속되다.

8월 2일   날씨 비가 퍼붓듯이 내리다.

초 1일 한밤중에 꿈을 꾸니 부안 사람(공의 첩·고향이 부안)이 아들을 낳다. 달수로 따져 낳을 달이 아니라서 꿈이지만 내쫓아버리다. 기운이 좀 나는 것 같다. 늦게 수루 위에 옮겨 앉아 충청 수사·순천 권준 및 마량 강응호와 함께 이야기하며 새로 빚은 술 몇 잔을 마시다. 종일 비가 내리다. 송희립이 와서 고하기를, 흥양 훈도도 작은 배를 타고 도망했다고 한다.

8월 3일   날씨 아침에 흐리다가 저녁에 개다.

충청 수사, 순천 부사와 함께 활을 서너 순 쏘다. 수루방을 도배하다.

8월 4일   날씨 비가 뿌리다가 늦게야 개다.

경상 수사 원균의 군관과 색리들이 명나라 장수를 접대할 때에 여자들에게 떡 등을 이고 오게 한 죄로 처벌하다. 순천 부사·발포 만호가 와서 활을 쏘다. 수루방의 도배를 마치다. 화살 만드는 사람인 박옥이 와서 대를 가져가다. 이종호가 안수지들을 잡아오기 위해 흥양으로 떠나다.

8월 5일   날씨 아침엔 흐리다.

식사 후 충청 수사, 순천 부사와 함께 활을 쏘다. 오후에 경상 수사 원균에게로 가니 우수사가 먼저 와 있다. 한참 이야기하고 한 시간이나 지난 뒤에 돌아오다. 오늘 웅천 현감 이운룡·소비포 권관 이영남·영등포 만호 조계종과 윤동구 등이 모두 선봉장으로서 여기에 오다.

8월 6일   날씨 아침엔 맑다가 저녁에 비가 오다.

충청 수사와 활 10순을 쏘다. 저녁에 황세득이 들어오고 오성이 나가다. 탐후선이 들어와 어머님께서 편안하시다 하고 아들 면도 점점 쾌차한다고 한다. 고성 조응도 및 사도 김완, 적도 고여우가 왔다 가다. 이날 밤 수루방에서 자다.

8월 7일 날씨 종일 비가 내리다.

8월 8일 날씨 비.

조방장 정응운이 들어오다.

8월 9일 날씨 비.

우수사 이억기·조방장 정응운·충청 수사 이순신·순천 부사 권준·사도 첨사 김완이 와서 함께 이야기 하다.

8월 10일 날씨 비가 종일 내리다.

장계 초고를 수정하다. 충청 수사 및 순천 부사가 와서 이야기 하다.

8월 11일 날씨 종일 큰비가 내리다.

이날 밤 모진 바람이 불고 큰비가 내리다. 지붕이 세 겹이나 벗겨져 삼대같이 비가 새다. 새벽까지 앉아서 날을 새다. 양편 창문은 모두 바람에 찢겨 없어지다.

8월 12일 날씨 흐림.

늦게 충청 수사·순천 부사·웅천 현감·소비포 권관이 와서 함께 활을 쏘다. 원수의 군관 심준이 전령을 가지고 와 만나 의논할 일이 있다 하므로, 금월 17일 사천으로 나가 기다리겠다고 약속하다.

8 월 13 일   날씨 맑음.
심준이 돌아가겠다고 하므로 군관 노윤발도 함께 보내다. 오전 10시경에 배로 내려가서 여러 장수들을 거느리고 견내량으로 가서, 별도로 날랜 장수들을 뽑아 춘원포 등지로 가서 적을 엿보아 섬멸하게 하다. 눌러 자다. 달빛은 비 단결 같고 바람 없어 잔잔한데 해를 시켜 젓대를 불게 하다. 밤이 깊어서야 그만두다.

8 월 14 일   날씨 아침에 흐리다가 저물 녘에 비가 오다.
사도 첨사·소비포 권관·웅천 현감 등이 보고하기를, 왜선 1척이 춘원포에 정박해 있으므로 갑자기 엄습했더니, 왜놈들은 배를 버리고 도망가 우리 나라 남녀 15명과 적의 배만 빼앗아 왔다 한다. 오후 두 시경에 진으로 돌아오다.

8 월 15 일   날씨 맑음.
식후에 발선하여 수사 원균과 함께 월명포에 도착하여 자다.

8월 16일　날씨 맑음.

새벽에 출발하여 소비포에 이르러 정박하고 아침을 먹은 후에 돛을 달고 사천 선창에 이르니, 기직남이 곤양 군수 이광악과 함께 와 있다. 그대로 유숙하다.

8월 17일　날씨 흐림.

원수 권율이 사천에 도착하여 군관을 보내어 이야기하자 하므로, 곤양 말을 빌려 타고 원수 있는 곳으로 가서 교서에 엄숙히 절한 후, 공사간의 예를 마치고 그대로 함께 이야기하니 오해가 많이 풀리는 빛이다. 또 원수가 수사 원균을 몹시 책망하니 원 수사는 머리를 들지 못한다. 우습다. 가져간 술을 내놓고 마시기를 청하여 8순을 돌리다. 원수가 잔뜩 취해 상을 물리고 나도 숙소로 돌아오다. 박종남, 윤담이 보러 오다.

8월 18일　날씨 흐림.

아침을 먹은 뒤에 원수가 청하므로 나아가 이야기하고 작별을 고하다. 수사 원균은 취하여 드러누워 오지 않으므로 나만 곤양 군수 이광악·거제 현령 안위·소비포 권관 이영남 등과 삼천포 앞바다로 오다.

8월 19일   날씨 맑음.

새벽에 사량 뒤쪽에 이르니 수사 원균이 아직 도착하지 않았다. 칡 60동이나 캐니 수사 원균이 그제야 오다. 늦게 발선하여 당포에 도착하다.

8월 20일   날씨 맑음.

새벽에 출발하여 진에 이르다. 우수사 이억기와 조방장 정응운이 와서 보다. 우수사와 여러 장수들과 함께 활을 쏘다. 저녁에 젓대 불고 노래하다가 밤이 깊어서야 헤어지다. 미안스러운 일이 많이 있다. 충청 수사는 어머니의 병이 중하다 하여 흥양으로 돌아가다.

8월 21일   날씨 맑음.

외갓집 제삿날이라 공무 보지 아니하다. 곤양 군수·사도 첨사·마량 첨사·남도 만호 강응표·영등포 만호 조계종·회령 만호 민정붕·소비포 권관 이영남 등이 와서 보다. 양정언이 보러 오다.

8월 22일   날씨 맑음.

나라 제삿날이라 공무 보지 아니하다. 경상 우수사의 우후·낙안 군수·곤양 군수·거제 현령이 와서 이야기하다가 밤이 깊어서야 돌아가다.

8월 23일 날씨 맑음.

아침에 서류 초안을 작성하고 식후에 사정에 옮겨 앉아 공무를 보고 곧 활을 쏘다. 바람이 몹시 사납다. 장흥 부사·녹도 만호가 함께 오다. 저물 녘에 곤양·웅천·영등·거제 및 소비포 현령들이 오다.

8월 24일 날씨 맑음.

각 고을에 해군 징발하는 일로 박언춘 김윤·신경황을 내어보내다. 조방장 정응운이 돌아가다. 늦게 소비포 현령이 보러 오다.

8월 25일 날씨 맑음.

곤양 군수·소비포 권관을 불러다가 이야기하고 활 6순을 쏘다. 사도 첨사가 휴가를 얻어 돌아가기로 9월 초에는 돌아오라고 일러 보내다. 현덕린이 제 집으로 돌아가고 신천기도 곡식 바칠 일로 해서 돌아가다. 늦게 배흥립이 돌아오다. 사정으로 내려가 활 여섯 순을 쏘다. 정원명이 돌아오다.

8월 26일 날씨 맑음.

아침에 각 관포의 서류를 처결해 보내다. 흥양 보자기 막동이란 자가 장흥의 군사 30명을 배에 싣고 몰래 도망가므로 붙들어다 사형에 처하여 효수하다. 사정에 올라가 활을 쏘는데 충청 우후가 와서 같이 쏘다.

8월 27일 날씨 맑음.

우수사와 여러 장수들이 와서 활을 쏘는데, 흥양 현감이 술을 바치다. 아들 위의 편지를 보니 아내의 병이 중하다 했기로 아들 회를 내어보내다.

8월 28일 날씨 밤 두 시경부터 가랑비에 대풍이 불다. 비는 아침 6시께 개었으나 바람만은 종일 크게 불어 밤새 계속되다.

회가 잘 갔는지 몰라 심히 걱정스럽다. 진도 군수 김만수가 와서 인사하다. 원수의 장계로 해서 문책하는 글이 내려왔는데 거의 징계의 오해에 말미암은 것이다.

8월 29일 날씨 맑으나 북풍이 세게 불다.

아침에 마량 첨사와 소비포 권관이 와서 함께 밥을 먹다. 늦게 사정에 옮겨 앉아 서류를 처결해 보내다. 도양의 머슴군 박돌이의 죄를 다스렸으며, 도둑 세 명 중 장손은 곤장 백 대를 때리고 얼굴에 도 자를 먹물들이다. 공무를 보다. 남해 현감 현집이 들어오다. 의병장 성응지가 죽었다니 참으로 슬프다.

8월 30일   날씨 맑음. 바람조차 없다.
남해 현감 현집이 와서 인사하다. 늦게 우수사 이억기·장흥 부사 황세득·충청 우후 원유남·웅천 현감 이운룡·거제 현령 안위·소비포 권관 이영남 등이 오다. 허정은도 오다. 이날 아침 탐후선이 들어왔는데 아내의 병이 매우 중하다 한다. 그러나 나라의 일이 이러하니 다른 일은 생각할 수 없다. 김양간이 서울로부터 영의정 유성룡의 편지와 병조판서 심충겸의 편지를 가지고 왔다. 보니, 분개한 뜻이 많이 적혀 있다. 수사 원균의 하는 일은 매우 해괴하다. 나더러 머뭇거리며 앞으로 나아가지 않는다 하니, 이런 천부당 만부당한 일이 있는고. 곤양 군수가 병으로 돌아가는데 만나지 못하고 보내어 매우 섭섭하다. 밤이 들면서 마음이 어지러워 잠을 이루지 못하다.

9월 1일   날씨 맑음.
앉았다 누웠다 잠을 못 이루고 촛불을 켠 채 뒤척이며 지새다. 이른 아침 세수하고 조용히 앉아 아내의 병세에 대해 점을 치니

「중이 환속하는 것 같다」는 괘를 얻고 다시 치니, 「의심이 기쁨을 얻은 것과 같다」는 괘를 얻다. 아주 좋다. 또 병세가 나아갈 것인지 어떤지에 대해 쳐보니 「귀양 땅에서 친척을 만난 것 같다」는 괘이다. 이 역시 오늘 중에 좋은 소식을 받을 징조이다. 순무사 서성의 공문과 장계가 들어오다.

9월 2일   날씨 맑음.

아침에 웅천 이운룡 소비포 권관 이영남이 와서 함께 아침 식사 하다. 늦게 낙안 군수 김준계가 보러 오다. 아내의 병이 좀 나아졌으나 원기가 매우 약하다 하니 걱정스럽다.

9월 3일   날씨 비.

새벽에 임금님의 밀지가 왔는데 내용인즉, 육해 여러 장병이 팔장만 끼고 서로 바라보면서 한 가지라도 계책을 세워 적을 치는 일이 없다 한다. 그러나 3년이나 해상에 나와 있으면서 그럴 리가 만무하다. 여러 장수들과 함께 맹세하고 죽음으로써 원수 갚을 결심을 하고 나날을 보내지마는, 적이 험고한 소굴 속에 웅거하고 있으니 경솔히 나아가 칠 수도 없다. 하물며 나를 알고 적을 알아야만 백 번 싸워도 위태하지 않다 말하지 않았던가? 종일 큰 바람이 불다. 초저녁에 촛불을 밝히고 홀로 앉아 스스로 생각하며 국가가 어지럽건만 안으로 건질 길이 없으니 이를 어찌하랴! 마침 흥양 현감 배흥립이 내 홀로 앉아 있는 줄 알고 들어와 자정까지 이야기하다.

9월 4일 날씨 맑음.
아침에 흥양 현감이 보러 오다. 수사 원균이 와서 이야기하다. 소비포 권관과 여도 만호가 들어오다. 활을 쏘아 수사 원균이 9순을 지고 술이 취하여 가다. 젓대를 불리고 밤이 깊어 헤어지다. 또 미안한 일이 있다. 우습다. 여도가 들어오다.

9월 5일 날씨 맑음.
닭이 운 뒤, 머리가 가려워 견딜 수 없어서 사람을 시켜 긁게 하다. 바람이 고르지 않아 나가지 않다. 충청 수사 이순신이 들어오다.

9월 6일 날씨 맑음. 바람이 잔잔하다.
충청 수사 및 우후와 마량 첨사와 함께 활을 쏘다. 이날 저녁, 종 효대와 개남이 어머님께서 편안하시다는 편지를 가지고 오다. 즐겁고 다행함을 어디에 비기랴. 들으니 방필순이 세상을 떠나 익순이 그 가족을 끌고 우리 집으로 왔다고 한다. 우습다. 밤

10시께 복춘이 오다. 저물 녘에 김경로가 우도에 왔다고 한다.

9월 7일　날씨 맑음.

순천 부사 권준의 편지를 보니 좌의정 윤두수와 순찰사 홍세공이 10일께 본부에 온다고 하다. 심히 불행한 일이다. 순천이 진중에 있을 때 거제로 사냥을 보낸 바, 그들이 남김없이 사로잡혔다는데, 그것을 전혀 보고하지 않는 것이 아주 해괴하기로 편지에 그것을 지적하여 보내다.

9월 8일　날씨 맑음.

장흥 부사 황세득으로 헌관을 삼고 흥양 현감 배흥립으로 전사를 삼아 내일 독제를 지내기 위해 입재시키다. 첨지 김경로가 오다.

9월 9일　날씨 맑음.

여러 장수들과 활을 쏘다. 3도가 다 모였는데 수사 원균은 병으로 오지 아니하다. 첨지 김경로도 같이 쏘다. 경상도 부대로 가서 자다.

9월 10일 날씨 맑음. 바람도 잔잔하다.

사도 첨사가 활쏘기 대회를 열었는데 우수사도 모이다. 김경숙이 돌아가다.

9월 11일 날씨 맑음.

공무를 보다. 남평의 색리와 순천의 격군으로, 세 번이나 양식을 훔친 자를 처형하다. 각 관포의 서류를 처결해 보내다. 늦게 충청 수사가 와서 보다. 소비포 권관 이영남은 수사 원균이 모함하려 하는 까닭에 달밤을 타 본포로 돌아가다.

9월 12일 날씨 맑음.

일찍이 김암이 방에 오다. 조방장 정응운에게 답장을 보내다. 우수사와 충청 수사가 오고 장흥 부사가 술을 내어 함께 이야기하다가 크게 취해서 헤어지다.

9월 13일 날씨 맑음. 따뜻하다.

어제 취한 것이 아직 안 깨어 방 밖으로 나가지 않다. 아침에 충청 우후가 보러 오다. 조도어사 윤경립의 장계 두 통을 보니, 하나는 진도 군수를 파면해 달라는 것과, 하나는 수륙 양군이 서로 침해하지 말라는 것과, 수령들을 전쟁에 내보내지 말라는 것이니, 그 뜻은 임시로 얼버무리는 잔꾀에 지나지 않는다. 저녁에 하천수가 장계 회답과 홍패(과거 합격자 명단) 97장을 가지고 오다. 영의정의 편지도 오다.

9월 14일   날씨 맑음.

흥양 현감이 술을 바치다. 우수사와 충청 수사가 함께 활을 쏘다. 방답 첨사가 공사례를 행하다.

9월 15일   날씨 맑음.

새벽에 충청 수사 및 여러 장수들과 망궐례를 행하다. 새로 급제한 사람들에게 홍패를 나누어 주다. 남원 도병방과 향소 등을 붙잡아 가두다. 충청 우후 원유남이 본도로 돌아가다.

9월 16일   날씨 맑음.

충청 수사 및 순천 부사와 이야기하다. 이날 밤 꿈에 아들을 낳았는데, 경의 어미가 아들을 낳을 징조이다.

9월 17일   날씨 맑음. 따뜻함.

충청 수사, 순천 부사, 사도 김완이 와서 여러 장수들과 활을 쏘다. 우후 이몽구가 둔전의 추수하는 일로 나가다. 효대들도 나가다.

9월 18일   날씨 맑음. 지나치게 따뜻하다.

충청 수사 및 흥양 현감 배흥립과 종일 활을 쏘다가 헤어지다. 어두워져 비가 뿌리기 시작하여 밤새 계속되다. 이수원 및 담화가 들어오고 복춘도 들어오다. 이 날 밤 이리 뒤척 저리 뒤척 잠을 이루지 못하다.

9월 19일   날씨 종일 비.

흥양 현감·순천 부사·해남 현감이 와서 이야기하다. 흥양 현감, 순천 부사는 밤이 깊어 돌아가다.

9월 20일   날씨 바람이 불고 비가 오다.

홀로 앉아 간밤의 꿈을 기억해 내다. 꿈에 바닷속의 외로운 섬이 달려 오다가 내 앞에 와 주춤 서는 데, 그 설 때의 소리가 우레 같아 사방에서는 모두들 놀라 달아나고, 나만은 우뚝 서서 끝내 그것을 구경하니 참 장쾌하다. 이는 왜놈이 화친을 애걸하고 스스로 멸망할 징조이다. 또 내가 준마를 타고 천천히 가고 있는데, 이는 임금의 부르심을 받아 올라갈 징조이다. 충청 수사와 흥양 현감이 오다. 거제 안위도 보러 왔다가 곧 돌아가다. 체찰사의 공문에 수군에게 군량을 받아들여 계속해서 대라고 하다. 잡아가 두었던 친족과 이웃은 다 내놓았다고 한다.

9월 21일 날씨 맑음.

사정에 나가 앉아 공무를 보고 활을 쏘다. 장흥 부사, 순천 부사, 충청 수사와 종일 이야기하다. 여러 장수들로 하여금 뛰어넘기를 하게 하고, 또 사병들로 하여금 씨름을 하게 하다가 밤이 깊어 헤어지다.

9월 22일 날씨

우수사·장흥 부사·경상 우후가 와서 명령을 듣고 가다. 원수 권율의 밀서가 왔는데 17일에 꼭 군대를 출동하라는 것이었다.

9월 23일 날씨 맑음. 바람이 사납다.

아침에 사정에 나가 공무를 보다. 수사 원균이 와서 군사 기밀을 의논하고 가다. 낙안 군사 51명과 방답 수군 45명을 점검하다. 고성 인민들이 등장하다. 진주 강운의 죄를 다스리다. 보성서 데려온 소관 황천석은 보다 엄히 심문하다. 광주에 가두어 둔 창평현 색리 김의동은 사형에 처하라는 군령을 내려보내다. 저녁에 충청 수사 및 마량 첨사 강응호가 보러 왔다가 밤이 깊어 돌아가다. 오후 8시께 복춘이 와서 사사로운 얘기를 하다가 닭이 운 뒤에야 돌아가다.

9월 24일   날씨 맑음. 종일 대풍이 불다.
아침나절 대청에 앉아 공무를 보다. 아침 식사를 충청 수사와 함께 먹다. 오늘 호의(옛날 제복 이름)를 나누니 좌도는 황색 옷 9벌, 우도는 홍색 옷 10벌, 경상도는 흑색 옷 4벌이다.

9월 25일   날씨 맑음. 바람도 조금 자다.
첨지 김경로가 군사 70명을 거느리고, 첨지 박종남이 군사 600명을 거느리고 오다. 조붕도 오다. 같이 묵으며 밤에 이야기하다.

9월 26일   날씨 맑음.
새벽에 곽재우·김덕령이 견내량에 도착했으므로 박춘양을 보내어 건너온 이유를 물으니 원수의 전령에 의하여 해군과 합세하러 왔다 한다.

9월 27일   날씨 아침엔 맑고 저녁엔 비가 오다.
아침에 배를 타고 포구로 나가자 모든 배들이 일제히 출발하여 적도 앞바다에 정박하니 곽재우·김덕령·한명련·주몽룡 등이 모두 와서 약속하고 각각 원하는 곳으로 갈라 가다. 저녁에 병사 선거이가 배에 오므로 본영의 배를 타게 하다. 저물 녘에 체찰사의 군관 이천문·임득의·이홍사·이충길·강중룡·최여해·한덕비·이안겸·박진남 등이 오다. 밤에 잠시 비가 내리다.

9월 28일 날씨 흐림.

새벽에 촛불을 밝히고 홀로 앉아 적을 치는 일로 길흉을 점쳐 보니 처음 점괘가 「활이 살을 얻은 것과 같다」는 점괘이고 다시 치니 「산이 움직이지 않는 것과 같다」는 점괘이다. 바람이 고르지 못하다. 흉도 앞바다에 진을 치다.

9월 29일 날씨 맑음.

배로 출발하여 장문포 앞바다로 돌입하니, 적들이 험준한 곳에 웅거하여 나오지 않는다. 누각을 높이 짓고, 양쪽 봉우리에는 성벽을 쌓고 있으면서 조금도 나와 항전하려 아니한다. 선봉 적선 두 척을 무찔렀더니 육지로 달아난다. 빈 배들만 불살라 없애버리고 칠천량에서 밤을 지내다.

10 월 1 일   날씨

새벽에 떠나 장문포에 이르니 경상 우수사 원균, 전라 우수사 이억기가 장문포 앞바다에 머무르고 있다. 충청 수사와 여러 선봉 장수들과 함께 곧장 영등포로 들어가니 흉한 왜적들이 해변에 배를 대어놓고 한 놈도 나와 항전하지 아니 한다. 날이 저물어 장문포 앞바다로 돌아와 사도의 두 배가 육지에 배를 매려 할 즈음, 적의 작은 배가 곧장 들어와 불을 던지는데, 불은 비록 일어나지 않고 꺼졌지마는 분통하기 끝이 없다. 우수사 군관과 경상 수사의 군관은 그들의 실수를 간단히 훈계로 꾸짖고 말았지마는, 사도 군관은 그 죄를 중하게 다스리다. 밤 10시경에 칠천량에 이르러 밤을 지내다.

10 월 2 일   날씨 **맑음.**

단지 선봉선 30척으로 하여금 장문포로 가서 적정을 살펴보고 오게 하다.

10 월 3 일   날씨 **맑음.**

손수 여러 장수들을 거느리고 일찌감치 장문포로 가서 종일 싸우려 하나, 적도들은 두려워 나와 대항하지 아니하다. 날이 저물어 칠천량으로 돌아오다.

10월 4일 날씨 맑음.

곽재우·김덕령들과 약속한 뒤에 군사 수백 명을 뽑아 상륙하여 산을 오르게 하고, 선봉을 먼저 장문포로 보내어 들락거리면서 도전하게 하다. 그리고 느지막하게 중군을 거느리고 정박하면서 수륙이 서로 호응하니, 적도들은 갈팡질팡하며 기세를 잃고 동서로 분주하는데, 육군은 적이 칼을 휘두르는 것을 보고 도로 배로 내려오다. 칠천에 돌아와 진을 치다. 선전관 이계명이 표신과 선유교서와, 임금님이 하사하는 잘을 가지고 오다.

10월 5일 날씨

그대로 머무르다. 종일 대풍이 불다. 장계를 쓰다.

10월 6일 날씨 맑음.

일찍 선봉을 시켜 장문포 적의 소굴로 가서 적정을 살피게 하였더니 왜놈들이 패문을 써서 땅에 꽂았는데 그 글인즉, 「일본과 명나라가 바야흐로 화친을 할 것이니 서로 싸울 필요가 없다」하였다. 왜놈 하나가 칠천 산기슭으로 와서 투항하고자 하므로, 곤양 군수가 잡아 배에 싣고 왔다. 물어보니, 영등포 왜적이다. 흉도로 진을 옮기다.

10월 7일   날씨 맑음.

병사 선거이·곽재우·김덕령 등이 나가다. 그대로 머무른 채 떠나지 않다. 띠 183동을 베다.

10월 8일   날씨 맑음. 바람도 없다.

아침에 발선하여 장문포 적굴에 이르니 적들이 여전히 나오지 않는다. 군대의 위세만 보인 후 흉도로 돌아와, 띠 260동을 베고 그대로 행선하여 한산도에 이르니 밤은 벌써 자정이나 되었다.

10월 9일   날씨 맑음.

첨지 김경로·첨지 박종남·조방장 김응함·조방장 한명달·진주 목사 배설·김해 부사 백사림 등이 모두 돌아가다. 김과 박은 활을 종일 쏘다. 박자윤은 마룻방에서 복춘과 함께 자고, 김성숙은 배로 내려가 자다. 남해 현령·하동 현감·사천 현감·고성 현령이 돌아가다.

10월 10일   날씨 맑음.

장계를 수정하다. 박자윤과 곤양 군수는 유숙하며 떠나지 않고, 흥양 현감·보성 군수·장흥 부사는 돌아가다. 이날 밤 두 가지 상서로운 꿈을 꾸다. 울과 존서·유헌 및 정립 등이 본영으로 돌아오다.

10 월 11 일   날씨 맑음.

아침에 몸이 편치 않으나 공문을 결재하다. 충청 수사가 와서 보다. 일찍이 자는 방으로 들어가다.

10 월 12 일   날씨 맑음.

아침에 장계 초안을 수정하다. 경상 수사 원균이 적을 토벌한 일에 대하여 자기가 직접 장계를 올리고자 하므로 공문을 만들어 보내다. 비변사 공문에 의하면, 원수가 쥐가죽으로 만든 이엄(귀걸이)을 좌도에 15벌, 우도에 10벌, 충청도에 5벌을 나누어 보냈다. 장계를 수정하다.

10 월 13 일   날씨 맑음.

아침에 아전을 불러 장계 초안을 꾸미다. 늦게 충청 수사를 내보내다. 본도 우수사 이억기가 충청 수사를 보러 와서 나를 보지 않고 돌아가다. 술이 몹시 취한 때문이다. 종사관 정경달이 벌써 사천으로 왔다고 한다. 사천의 배 하나를 내어보내다.

10월 14일   날씨 맑음.

새벽꿈에 왜적들이 항복하여 육혈포 다섯 자루를 바치고, 환도도 바치며 말을 전하는 자는 이름을 김서신이라 하는데, 왜놈들이 모두 항복한다고 한다.

10월 15일   날씨 맑음.

박춘양이 장계를 가지고 나가다.

10월 16일   날씨 맑음.

순무사 서성이 저물 녘에 와서 우수사·수사 원균과 이야기하다.

10월 17일   날씨 맑음.

아침에 어사 서성에게 사람을 보냈더니 식후에 오겠다고 한다. 늦게 우수사가 오고 어사도 와서 조용히 이야기하는데, 수사 원균의 속이는 말을 많이 한다. 놀랍다. 나중에 원균도 오다. 그 흉패한 꼴은 이루 다 말할 수 없다. 종사관이 들어온다.

10월 18일   날씨 맑음. 아침에 센 바람이 불다가 저녁 때 그치다.

어사한테 가니 이미 수사 원균에게 갔다고 한다. 그래서 그곳으로 가다. 잠시 후 술이 나오다. 날이 저물어 돌아오다. 종사관이 교서에 숙배례를 행하다.

10월 19일 날씨 바람이 순조롭지 않다.
대청에 나가 앉았다가 늦게 수루 방으로 돌아오다. 어사가 우수사한테 가서 종일 술마시며 이야기했다고 한다. 저녁에 종 억지들을 독촉해 불러오다. 박언춘도 오다. 아침에 종사관과 이야기하다.

10월 20일 날씨 아침엔 흐림.
순무어사가 떠나다. 작별 후 대청에 올라앉으니 우수사가 왔다가 돌아가다. 서류 작성 때문에 나가는 것이리라.

10월 21일 날씨 맑음.
종사관·우후·발포 만호가 떠나다. 투항해 온 왜놈 3명이 우수사에게서 왔기에 문초하다. 영등포 만호 조계종이 왔다가 밤이 깊어 돌아가다. 그에게 작은 아이가 있다 하기로 데려올 것을 일러 보내다. 밤에 비가 조금 내리다.

10월 22일 날씨 흐림.
이적과 의능이 나가다. 오후 8시께 영등포 만호가 그 아들을 데려왔기로 심부름시키기 위해 머물러 두게 하다.

10 월 23 일   날씨 맑음.
그 아이가 병이 났다고 한다. 종 억지 및 애환·정말동 들의 죄를 다스리다. 저녁에 그 아이를 본디 있던 곳으로 보내다.

10 월 24 일   날씨 맑음.
우후를 불러 활을 쏘다. 금갑도 만호도 오다.

10 월 25 일   날씨 맑으나 서풍이 세게 불다.
몸이 편찮아 방에서 나가지 않다. 남도 만호 강응표와 영등포 만호 조계종이 와서 이야기하다. 전 낙안 군수였으며 현 첨지인 신호가, 체찰사 윤두수의 공문과 목화·모립(벙거지)과 정목 한 동을 가지고 와서 같이 의논하다가 밤늦게 물러가다. 순천 부사 권준이 잡혀 갈 때에는 그가 와서 본 일이 있었기 때문에 마음이 불안하다.

10 월 26 일   날씨
빙부(전 보성군수 방진) 제삿날이라 공무를 보지 아니하다. 신 첨지에게서 들으니 김상용이 이랑이 되어 상경할 때, 남원 부내에 들어가자면서 체찰사를 보지 않고 갔다 한다. 세상 일이 이러하니 참으로 해괴하다. 또 체찰사가 밤에 순변사 이일의 방에 갔다가 밤이 깊어서 그 숙소로 돌아온다고 한다. 체모가 이럴 수 있는가. 놀라움을 이기지 못하다. 종 한경이 본영으로 가다. 오후 6시께 비가 시작하여 밤새도록 그치지 아니하다.

10월 27일 날씨 아침에 비가 오다가 저녁에 개다.

미조항 첨사 성윤문이 와서 교서에 숙배례를 행하고, 그대로 이야기하다가 날이 저물어 돌아가다.

10월 28일 날씨 맑음.

공무를 보다. 금갑도 만호와 이진 만호가 와서 보다. 식후에 우우후와 경상 우후가 와서 목화를 받아가다. 저물어 침방에 들어가다.

10월 29일 날씨 맑음.

서풍이 불어 춥기가 살을 에는 것 같다.

10월 30일 날씨 맑음.

적을 수색하여 토벌하라고 군사들을 들여보내고 싶으나 경상도

엔 적선이 없어 다른 배들이 오기를 기다리다. 자정에 아들 회가 들어오다.

11 월 1 일　날씨
새벽에 망궐례를 행하다. 몸이 편찮아 종일 나가지 아니하다.

11 월 2 일　날씨 **맑음.**
좌도에서는 사도 첨사 김완을, 우도에서는 우후 이정충을, 경상도에서는 미조항 첨사 성윤문을 장수로 정하여 적의 수색·토벌 작전에 내어보내다.

11 월 3 일　날씨 **맑음.**
김천석이 비변사의 공문을 가지고 항복하여 온 야에몬 등 3명을 데리고 진으로 오다. 수색 토벌 나갔다 온 것은 밤 10시께이다. 이영남이 보러 오다.

11 월 4 일　날씨 **맑음.**
항복한 왜인들의 사정을 듣다. 전문을 가지고 갈 유생이 들어오다.

11월 5일 날씨 흐리고 이슬비.

송한련이 대구 10마리를 잡아오다. 순변사 이일이 그의 군관을 시켜 항복한 왜인 13명을 잡아 보내다. 밤새 큰 비가 오다.

11월 6일 날씨 흐림. 따뜻하기 봄과 같다.

이영남·이정충·신호가 와서 같이 이야기하다. 송희립이 사냥하러 가다.

11월 7일 날씨 늦게 개다.

아침에 대청으로 나가 항복한 왜인 17명을 남해로 보내다. 금갑도 만호 이정표·사도 첨사 김완·여도 마호 김인영이 와서 인사하다. 신호가 보고하되, 원수가 해군에 머물러 있다 한다.

11월 8일 날씨 새벽에 잠깐 비가 뿌리더니 늦게 낮이 개다.

배 만들 목재를 운반하여 오다. 새벽에 꿈을 꾸었는데 영의정 유성룡은 모양을 이상하게 차리고, 나는 관을 벗은 채 함께 민종각 집에 가서 이야기하다가 깨다. 이 무슨 징조인지 알 수가 없다.

11월 9일 날씨 맑으나 바람은 고르지 아니하다.

11월 10일 날씨 맑음.
이희남이 들어오다. 조카 뇌도 영문으로 왔다고 한다.

11월 11일 날씨 동지.
새벽에 망궐례를 행하고 군사들에게 죽을 먹이다. 우우후 및 정담수가 와서 보다.

11월 12일 날씨 맑음.
일찍 대청에 나가 순천 색리 정승서와 남원에서 폐해를 끼친 역자를 다스리다. 첨지 신호에게 작별 술을 대접하다. 또 견내량에서 방어선을 넘어서 고기잡은 사람 24명을 잡아다 곤장 때리다.

11월 13일 날씨 맑음. 바람이 차차 자니 날씨도 따뜻하다.
신 첨지와 아들 회가 이희남, 김숙현과 함께 본영으로 가다. 종한경은 은진 김정휘 집에 다녀오도록 이르다. 장계도 떠나 보내다. 원수가 방어사 군관으로 하여금 항복한 왜놈 14명을 인솔해 보내다. 저녁 때 윤연이 그 누이 편지를 가져왔는데 망언이 많다. 우습다. 버리고자 하면서 버리지 못하는 것에 까닭이 있다. 세 아

이가 마침내 의지할 곳이 없게 되는 까닭이다. 15일은 아버님 제삿날이라 오늘부터 공무를 보지 아니하다. 밤에 달빛이 대낮같아 밤새 이리 뒤척 저리 뒤척 잠을 이루지 못하다.

11월 14일 날씨 맑음.
우병사 김응서가 항복해 온 왜인 7명을 자기 군관에게 영솔시켜 곧 남해현으로 넘기다. 이함이 남해로부터 오다.

11월 15일 날씨 맑음.
따뜻하기 봄날과 같으니 음양이 질서를 잃은 것 같다. 오늘은 아버님 제삿날이므로 나가지 않고 홀로 앉아 있으니 슬픈 회포를 어떻게 표현하랴! 저물어 탐후선이 들어왔는데, 순천 교생이 교서의 등본을 가져오다. 아들 위 등의 편지를 받으니 어머님께서 평안하시다 한다. 다행이다. 상주 사촌 누이의 아들 윤엽이 본영에 이르러 제 어미의 편지와 제 편지를 보냈는데 보니 눈물이 흐름을 막을 길이 없다. 영의정의 편지가 오다.

11월 16일 날씨 맑음. 바람기가 조금 차다.
우우후·여도 만호·회령포 만호·사도 첨사·녹도 만호·금갑도 만호·영등포 만호·전 어란 만호 정담수 등이 와서 인사하고 돌

아가다. 늦게는 날씨가 다시 따뜻해지다.

11 월 17 일 날씨 맑음.
따뜻하다. 서리가 눈같이 내리다. 이 무슨 징조인지 모르겠다. 늦게 산바람이 일기 시작하여 종일 불다. 오후 10시쯤 조카 뇌와 아들 위가 들어오다. 자정쯤 광풍이 몹시 불다.

11 월 18 일 날씨 맑으나 세찬 바람이 저녁에 불기 시작하여 밤새 계속되다.

11 월 19 일 날씨 맑으나 세찬 바람이 밤새 그치지 아니하다.

11 월 20 일 날씨 맑음.
아침에 바람도 차다. 대청에 나가 얼마 있자니 원 수사가 와서 보고 돌아가다. 늦게 센바람이 일어 밤새 불다.

11 월 21 일 날씨 맑음.
아침에 바람도 좀 잔잔해지다. 조카 뇌가 나갔으며 이설이 포폄하는 장계를 가지고 오다. 종 금선·우년·이향·수석·행보들도 나가다. 김교성·신경황이 나갔고 남도포·강응표·녹도 송여종

이 나가다.

11월 22일 날씨 맑음.
아침에 회령포 만호가 나가다. 날씨가 아주 따뜻하다. 우우후 이정충 및 정담수가 보러 오다. 활 5순을 쏘다. 왜인의 옷감으로 무명 10필을 가져가다.

11월 23일 날씨 맑음.
흥양·순천의 군량이 들어오다. 이경복이 소실을 데리고 들어오다. 순변사 등이 비난의 대상이 되었다 한다.

11월 24일 날씨 맑음.
따뜻하기 봄날 같다. 공문을 적어 보내다.

11월 25일 날씨 흐림.
새벽에 꿈을 꾸다. 내용인즉, 내가 순변사 이일과 만나 많은 말을 지껄이다가 이일에게 항의하기를, 이같이 국가가 위급한 날을 당하여, 몸에 무거운 책임을 지고서도 나라의 은혜에 보답하겠다는 생각은 추호도 없이, 뱃심좋게 음탕한 계집을 끼고서 관사에는 들어오지 않고 성밖 여염집에 거처하면서 남의 비웃음을 받으니 대체 어쩌자는 것이오? 또 각 고을과 포구에 배치된 수군에게 육전에서 필요한 군기를 독촉하기에 겨를이 없음은 또 무슨 이치요 하니, 순변사가 말이 막혀 대답을 못한다. 기지개를 켜다 깨니 한바탕 꿈이다. 식후에 대청에 앉아 공무를 보다. 조금 있으니 우우후·금갑도 만호가 와서 젓대를 듣다가 저물어 돌아가다. 흥양의 총통 만드는 색리들이 와서 회계를 밝히고 돌아가다.

11월 26일 날씨 맑고 따뜻하다. 소한.
방에 앉아 공무를 보지 아니하다. 이날 메주 10섬을 쑤다.

11월 27일 날씨 맑음.
좌도·우도로 갈라 둔 항복한 왜놈들을 모두 모아 총 쏘는 연습을 시키다. 우우후·거제 현령·사도 첨사·여도 만호가 모두 와서 보다.

11월 28일 날씨 맑음.

☐ 11월 29일부터 12월 그믐까지는 빠짐.

1595년 1월 1일   날씨 맑음.

촛불을 밝히고 홀로 앉아 국사를 생각하니 나도 모르는 사이에 눈물이 흐르다. 또 병든 80노친을 생각하며 경경히 밤을 새우다. 새벽에 여러 장수와 각급 군사들이 와서 해가 바뀐 세배를 하다. 원전·윤언심·고경운 등이 와서 인사하다. 각급 군사들에게 술을 먹이다.

1월 2일   날씨 맑음.

나라의 기일이라 공무를 보지 아니하다. 장계를 수정하다.

1월 3일   날씨 맑음.

일찍 대청에 나가 각 고을의 공문을 결재해 보내다.

1월 4일   날씨 맑음.

우우후 이정충·거제 현령 안위·금갑도 만호 이정표·소비포 권관 이영남·여도 만호 김인영 등이 와서 인사하다.

1월 5일   날씨 맑음.

공문을 결재하다. 조카 봉과 아들 위가 와서 어머님 편안하시다니 다행이다. 밤새도록 온갖 회포로 잠을 이루지 못하다.

1월 6일   날씨 맑음.

어응린과 고성 현감 조응도가 오다.

1월 7일   날씨 맑음.

흥양 현감 배흥립과 방언순과 함께 이야기하다. 남해에서 항복한 왜인 야에몬 등이 와서 인사하다.

1월 8일   날씨 맑으나 센바람이 불다.

광양 현감 송전의 공적인 인사를 받은 뒤 전령에게 기한을 어긴 죄로 매를 때리다.

1월 9일   날씨 맑음.

식후에 야에몬 등을 남해로 돌려보내다.

1월 10일   날씨

순천 부사 박진이 교서에 숙배례를 행하다. 경상 수사 원균이 선창에 왔다 하므로 불러들여 이야기하다. 순천 부사·우우후·흥양·현감·광양 현감·웅천 현감·고성 현감·거제 현령 등도 왔다가 돌아가다.

1월 11일   날씨 우박이 오고 동풍이 불다.

식후에 순천 부사·흥양 현감·고성 현감·웅천 현감·영등포 만호가 와서 이야기하다. 고성 현령은 새로 만드는 배를 감독하기 위하여 돌아가다.

1월 12일   날씨 흐리고 센바람이 불다.

각 고을의 공문을 결재해 보내다. 늦게 순천 부사가 돌아가다. 영남 우후 이의득이 와서 인사하다.

1월 13일   날씨 아침엔 맑고 저녁에 비가 오다.

박치공이 오다.

1월 14일   날씨 맑음. 동풍이 세게 불다.

몸이 불편하여 누워서 신음하다. 영등포 만호·사천 현감·여도 만호가 와서 인사하다.

1월 15일   날씨 맑음.

우우후 이정충을 불렀더니, 이정충이 실족하여 물에 빠져 한참이나 헤엄치는 것을 간신히 구제했다 하므로 불러서 위로하다.

1월 16일 날씨 맑음.

대청에 나가 공무를 보다.

1월 17일 날씨 맑음. 따뜻하고 바람도 없다.

대청에 나가 공무를 보다. 우우후와 소비포 권관·거제 현령·미항포 첨사가 같이 와서 활을 쏘고 헤어지다.

1월 18일 날씨 흐림.

공문을 결재하다. 늦게 활 10순을 쏘고 헤어지다.

1월 19일 날씨 맑음.

대청에 나가 공무를 보다. 옥구 피난민 이원진이 오다. 장흥 부사·낙안 군수·발포 만호가 들어오다. 기한이 늦은 죄로 처벌하다. 조금 있다가 여도 전선에서 실화하여 광양·순천·녹도의 전선 4척이 연소되다. 통탄함을 이길 길 없다.

1월 20일 날씨 맑음.

아침에 아우 여필과 조카 해와 이응복이 나가다. 아들 위와 조카 분이 들어와 어머님 편안하시다니 다행이다.

1월 21일 날씨 종일 이슬비가 내리다.

이경명과 장기를 두다. 장흥 부사가 와서 인사하는데 들으니 순변사 이일의 처사가 극히 말이 아니고, 나를 해치려고 매우 애쓴다니 가소롭다.

1월 22일 날씨 맑음. 종일 대풍이 불다.

원수 군관 이태수가 전령을 가지고 와, 여러 장수들이 오고, 안 온 것을 알고 간다고 한다. 늦게 누상에 올라 불을 낸 여러 배의 장수와 색리를 처벌하다. 초저녁에 금갑도 만호의 옆 집에서 불이 나서 다 타버리다.

1월 23일 날씨 종일 대풍이 불다.

장흥 부사, 우후와 흥양 현감이 같이 와서 이야기하다가 저물어서 돌아가다.

1월 24일 날씨 맑고 대풍.

이원진을 송별하다.

1월 25일 날씨 맑음.

장흥 부사·흥양 현감·우후·영등포 만호·거제 현령이 와서 인사하다.

1월 26일   날씨 흐리고 바람.

탐후선이 돌아와 흥양 현감 배흥립을 잡아갈 나장이 들어온다고 한다. 이희도 오다.

1월 27일   날씨 맑음. 춥기가 한겨울 같다.

대청에 나가 영암 군수·강진 현감 등의 공적 인사를 받다.

1월 28일   날씨 맑음. 대풍이 불고 춥다.

황승헌이 들어오다.

1월 29일   날씨 흐렸으나 비는 오지 않았다.

1월 30일   날씨 맑음. 동풍이 세게 불다.

보성 군수가 들어오다.

2월 1일   날씨 맑음. 바람이 불다.

일찍 대청에 나가 보성 군수의 기한 늦은 죄를 매 때리고, 도망치던 왜놈 2명을 처형하다. 금부 나장이 와서 흥양 현감을 잡아갈 일을 전하다.

2월 2일   날씨 흐리고 센 바람.
흥양 현감 배흥립을 잡아가다. 대청에 나가 공무를 보다.

2월 3일   날씨 맑음.
일찍 대청에 나가 흥양 배에 불을 던졌다는 신덕수를 심문했으나 실증이 없어 가두다.

2월 4일   날씨 맑음.
몸이 불편하다. 장흥 부사와 우우후가 오다. 원수부의 회답 공문과 종사관의 답장도 오다. 조카 봉과 아들 회가 오종수와 함께 오다.

2월 5일   날씨 맑음.
충청 수사 이순신이 오다. 천성 만호 윤홍년이 교서에 숙배하다.

2월 6일   날씨 맑으나 대풍.
장흥 부사·우우후와 더불어 활을 쏘다.

2월 7일 날씨 맑음.

부성 군수 안홍국이 술을 가져와 종일 이야기하다.

2월 8일 날씨 흐림.

2월 9일 날씨 비.

2월 10일 날씨 비가 뿌리고 바람도 세게 불다.

황숙도와 종일 이야기하다.

2월 11일 날씨 비가 내리다가 늦게 잠깐 개다.

황숙도와 조카 분과 허주·변존서가 돌아가다. 종일 공무를 보다. 저물 무렵 임금님의 분부가 왔는데, 둔전을 검칙하라는 것이다.

2월 12일 날씨 맑고 바람도 없다.

윤엽이 들어오다. 늦게 활 10여 순을 쏘다. 장흥 부사와 우우후도 와서 쏘다.

2월 13일   날씨 맑음.

일찍 대청에 나가다. 도양의 둔전에서 벼 300석을 실어와서 각 포구에 나누어주다. 우수사와 진도 군수·무안 현감·함평 현감·남도포 만호·마량 첨사·회령포 만호 등이 들어오다.

2월 14일   날씨 맑고 따뜻하다.

식후에 진도 군수·무안 현감·함평 현감이 교서에 숙배한 후에 방수군을 일제히 징발해 보내지 않은 것과 전선을 만들어 오지 않은 일로 문책하다. 영암 군수 박홍언도 처벌하다. 조카 봉·해·분과 방응원이 모두 떠나가다.

2월 15일   날씨 맑고 따뜻하다.

새벽에 망궐례를 행하는데 우수사·가리포 첨사·진도 군수도 와서 참례하다. 상선을 연기로 그을리다.

2월 16일   날씨 맑음.

대청에 나갔더니 함평 현감 조발이 논박을 당하여 돌아가려 하므로 술을 먹여 보내다. 조방장 신호가 진에 와서 교서에 숙배하고 함께 이야기하다. 저녁에 배를 타고 바다 가운데로 옮겨 정박했다가, 밤 10시경에 행선하여 춘원포에 이르니 날은 밝아 오는데 경상도 해군은 와 있지 않다.

2월 17일 날씨 맑음.
아침에 군사들의 식사를 재촉하여 먹이고, 곧바로 우수영 앞바다에 이르니, 성 내의 왜놈 7명이 우리 배를 보고 도망치므로 배를 돌려 나와, 장흥 부사와 조방장 신호를 불러다가 종일 대책을 의논하고 진으로 돌아오다. 저물 무렵에 임영과 조방장 정응운이 들어오다.

2월 18일 날씨 맑음.
탐후선이 들어오다.

2월 19일 날씨 맑음.
아침에 대청으로 나가 공무를 보다. 거제 현령·무안 현감·평산포 만호·회령포 만호와 허정은도 오다. 송 한련이 와서 말하기를 고기를 잡아 군량을 산다고 한다.

2월 20일 날씨 맑음.
우수사·장흥 부사·조방장 신호가 와서 이야기하다. 그들은 대체로 원균의 흉칙한 일들을 말한다. 가히 놀랍다.

2월 21일　날씨 비가 조금 오다가 늦게 개다.

보성 군수·웅천 현감·우우후·소비포 권관·강진 현감·평산포 만호 등이 와서 보다.

2월 22일　날씨 맑음.

대청에 나가 장계를 봉하다. 늦게 우후와 낙안 군수와 녹도 만호를 불러 떡을 먹이다.

2월 23일　날씨 맑음.

조방장 신호와 부사가 와서 인사하다.

2월 24일　날씨 흐림. 우레와 번개가 크게 치면서도 비는 오지 않다.

몸이 불편하다. 원전이 돌아가다.

2월 25일　날씨 흐림. 바람도 불순하다.

아들 회와 위가 들어와 어머님 편안하시다 한다. 장계를 받들고 갔던 이전이 들어와 조보와 영의정의 편지를 가지고 오다.

2월 26일　날씨 흐림.

아침에 서장과 장계 16통을 봉하여 정여흥에게 부치다.

2월 27일   날씨 맑음.

한식. 원균이 포구에서 수사 배설과 교대차 여기에 이르렀기로, 교서에 숙배하라 하였더니 불평하는 기색이 많더라 한다. 두세 번 타일러 억지로 행하게 하였다 하니 그 무식함이 끝이 없음에 가소롭다.

2월 28일   날씨 맑음.

대청에 나가 장흥 부사와 우우후와 이야기하는데 광양 현감과 목포 만호도 오다.

2월 29일   날씨 맑음.

고여우가 창신도로 나가다. 수사 배설이 와서 둔전에 관한 일을 상의하다. 조방장 신호도 오다. 저녁에 옥포 만호 방승경과 다경포 만호 이충성 등이 와서 교서에 숙배례를 행하다.

2월 30일   날씨 비.

대청에 나가 공무를 보다.

3월 1일   날씨 맑음.

삼도의 과동한 군사들을 모아 임금님이 하사하시는 무명을 나누어 주다. 조방장 정응운이 들어오다.

3월 2일   날씨 흐림.

3월 3일   날씨 맑음.

3월 4일   날씨 맑음.
조방장 박종남이 들어오다.

3월 5일   날씨 비.
노대해가 오다.

3월 6일   날씨 맑음.

3월 7일   날씨 맑음.
조방장 박종남·조방장 신호·우후 이몽구·진도 군수 박인룡이 와서 인사하다.

3월 8일   날씨 맑음.
식후 대청에 나가 우수사 이억기·경상 수사 배설·박종남, 신호

두 조방장·우후 이몽구·가리포 첨사·낙안 군수·보성 군수·광양 현감·녹도 만호 등이 함께 와서 이야기하다.

3월 9일   날씨 맑음.
늦게 대청에 나가 방답에 새로 부임한 첨사 장인과, 옥포의 새 만호 이담과 공사례를 행하다. 진주의 이곤변이 와서 인사하고 돌아가다.

3월 10일   날씨 흐리고 가랑비가 내리다.
조방장 박종남과 이야기하다. 보성 군수 안흥국이 돌아가다.

3월 11일   날씨 흐리고 대풍이 불다.
사도사(옛날 제도에 대궐 안의 쌀, 간장 따위에 관한 일을 맡은 관청) 주부 조형도가 와서 좌도 왜적의 형세를 말하고, 또 항복한 왜인들의 말을 전하는데, 도요토미 히데요시가 3년간 출정해도 끝내 효과가 없으므로 군사를 증원하여 바다를 건너 부산에다 영병을 설치하려 하는데, 3월 11일에 바다를 건너게 되어 있다 한다.

3월 12일   날씨 흐림.
조방장 박종남이 우후 이몽구와 함께 장기를 두다.

3월 13일 날씨 흐림. 대풍이 불다.
아침에 박종남을 불러 식사를 같이 하다. 저녁에 조형도가 와서 보고하다.

3월 14일 날씨 비. 바람은 그치다.
남해 현령이 진에 오다.

3월 15일 날씨 비가 잠깐 그치고 바람도 자다.
식후에 조형도가 돌아가겠다고 인사하다. 늦게 활을 쏘다.

3월 16일 날씨 비.
사도 첨사 김완이 들어와 말하는데 전 충청 수사 이순신이 군량미 200여 석을 조도어사 강첨에게 꼬리 잡혀, 그 때문에 체포되어 심문당한다 한다. 또 신임 충청 수사 이계훈은 배에서 불을 내었다 하니 놀라운 일이다. 동지 권준이 본영에 왔다고 한다.

3월 17일 날씨 비가 걷힐 듯하다.
아들 면과 허주와 박인영 등이 돌아가다. 오늘 군량을 계산하여 딱지를 붙이다. 충청 우후 원유남이 보고하되, 수사 이계훈이 불을 내고 자신은 물에 빠져 죽었으며, 군관과 격군 도합 140여 명이 불에 타 죽었다 하니 참으로 놀랍다. 늦게 우수사 이억기가 보고하되, 견내량 복병한 곳에서 온 투항 왜인 시마즈를 문초하니, 그놈은 본시 영등포에 있던 왜놈이고, 그의 장수 시마즈 요시히로가 그의 아들 시마즈 타다쓰네를 대신 두고 근일에 본국으로 들어갈 것이라 한다.

3월 18일 날씨 맑음.

권언경과, 아우 여필, 조카 봉과 이수원 등이 오다. 그래서 어머님 편안하시다는 소식 들으니 천만다행이다. 우수사가 와서 이야기하다.

3월 19일 날씨 맑음.

권언경 영감과 활을 쏘다.

3월 20일 날씨 비.

식후에 우수사에게로 가다가 도중에서 수사 배설을 만나 배 위에서 잠깐 이야기하다. 그는 밀포의 둔전 만든 곳을 살피러 간다고 한다. 그 길로 우수사에게로 가서 몹시 취하여 저물어 돌아오다.

3월 21일   날씨 맑음.

늦게 아우 여필·조카 봉과 이수원 등이 돌아가다. 나주 반자 원종의와 우후 이몽구가 와서 보다. 오정에 조방장 박종남에게로 가서 바둑을 두다.

3월 22일   날씨 동풍이 세게 불다. 날씨가 일찍 흐리다가 늦게야 개다.

세 조방장과 활을 쏘다. 우수사도 여기로 와서 같이 활을 쏘다가 날이 저물어 헤어지다.

3월 23일   날씨 맑음.

아침 후에 세 조방장과 우후와 함께 걸어서 앞산 봉우리에 오르니, 3면이 일망무제요, 길은 북쪽으로 뚫려 있다. 과녁을 세우고 자리를 닦고 거기에 앉아 종일 돌아올 줄을 모르다.

3월 24일   날씨 흐림. 바람이 없다.

공문을 결재하다. 늦게 세 조방장과 더불어 활을 쏘다.

3월 25일   날씨 종일 비.

동지 권준과 우후, 남도포 만호 강응표, 나주 반자가 와서 보다. 영광 군수 정연이 또 오다. 권동지와 장기를 두었는데 권이 이기다. 저녁에 몸이 심히 불편하여 닭이 울 때쯤에야 열이 조금 내리고 땀은 흐르지 아니하다.

3월 26일 날씨 맑음.

영광 군수가 나가다. 늦게 신호·박종남 두 조방장과 우후와 함께 활 15순을 쏘다. 저녁에 수사 배설·이운룡·안위가 와서 새 감사 연명될 일을 고하고, 사량으로 가다. 밤 10시경에 동쪽이 어둡다가 밝아지니 무슨 상서로운 조짐인지 모르겠다.

3월 27일 날씨 맑음.

식후에 우수사가 와서 종일 활을 쏘다. 어두워 조방장 박종남에게로 가서 발포 만호·사도 첨사·녹도 만호 등을 불러 같이 이야기하다가 헤어지다. 탐후선이 들어오다. 표마와 종 금이 등이 들어와 어머님 편안하시다 한다.

3월 28일 날씨 맑음.

활 10여 순을 쏘다. 늦게 사도 첨사 김완이 와서 보고하기를, 각 포구의 병부를 공문에 의거하여 각 포구에 직접 나누어 주었다 한다. 그 까닭을 모르겠다.

3월 29일   날씨 맑음.

식후에 두 조방장과 이운룡·조계종과 활 23순을 쏘다. 수사 배설이 순변사 있는 곳으로부터 오고, 미조항 첨사 성윤문도 진에 오다.

4월 1일   날씨 맑음. 대풍이 불다.

남원 유생 김홍이 해군에 관한 일로 진에 왔다고 하므로 불러 같이 이야기하다.

4월 2일   날씨 맑음.

종일 공무를 보다.

4월 3일   날씨 맑음.

세 조방장은 우수사의 진으로 가고 나는 사도 첨사 김완과 함께 활을 쏘다.

4월 4일   날씨 맑음.

아침에 경상 수사 배설이 활을 쏘자고 청하므로 권·박 두 조방장과 함께 같은 배를 타고 경상 수사에게 갔더니, 전라 우수사 이억기가 벌써 먼저 와 있다. 같이 활을 쏘고 종일 이야기하다가 돌아오다.

4월 5일   날씨 맑음.
선전관 이찬이 비밀 유지를 가지고 진에 도착하다.

4월 6일   날씨 종일 가랑비.
동지 권준이 와서 이야기하다.

4월 7일   날씨 맑음.
저물 무렵 바다로 내려가 어두워서 견내량에 도착하여 자다. 선전관 이찬이 돌아가다.

4월 8일   날씨 맑음. 동풍이 세게 불다.
왜적들이 밤에 도망갔다 하므로 들어가 치지 아니하다. 늦게 침도에 이르러 우수사 이억기·경상 수사 배설과 함께 활을 쏘다. 여러 장수도 모두와 참례하다. 저녁에 본진으로 돌아오다.

4월 9일   날씨 맑음.
조방장 박용남과 활을 쏘다.

4월 10일 날씨 맑음.

구화역지기가 와서 보고하되, 적선 3척이 또 역전에 이르렀다 하므로, 3도 중위장들에게 각각 배 5척씩을 거느리고, 견내량으로 달려가 형세 보아 무찌르게 하다.

4월 11일 날씨 맑음.

우수사가 와서 보다. 그리고 그는 함께 활을 쏘고 종일 이야기하다가 돌아가다. 정여흥이 들어오다. 또 변존서의 편지를 보니 무사히 집으로 잘 돌아간 줄 알겠다. 기쁘다.

4월 12일 날씨 맑음.

장계의 회답 18통과 영의정 유성룡·우의정 정탁의 편지와, 자임의 답이 오다. 군량을 독촉하는 일로 아병(군사의 한 종류) 양응원을 순천·광양으로, 배승련을 광주·나주로, 송의련을 흥양·보성으로, 김충의를 구례·곡성으로 파견하다. 삼도 중 위장 성윤문·김완·이응표가 견내량으로부터 돌아와 적이 물러갔다 한다. 경상수사 배설은 밀포로 나가다.

4월 13일 날씨 음우.

세 조방장이 같이 오다. 장계와 편지 네 통을 봉하여 거제 군관편에 올려보내다. 저녁에 고성 현령 조응도가 와서 왜적의 일을 말하고 또 거제의 왜적들이 웅천에 청병하여 야간 습격을 하려 한다 하니, 믿을 말은 못되나 그런 염려도 없지 않다.

4월 14일   날씨 잠깐 비가 뿌리다.
아침에 흥양 현감이 교서에 숙배하다.

4월 15일   날씨 흐림.
여러 가지 장계와 단오절의 진상품을 봉해 올리다.

4월 16일   날씨 종일 큰 비가 내리다.
비가 흡족하니 금년 농사는 대풍임을 점칠 수 있다.

4월 17일   날씨 맑음. 동풍이 크게 불다.
식후에 대청으로 나가 공무를 보다. 세 조방장과 활 15순을 쏘다. 경상 우수사 배설이 왔다가 해평장 논 푸는 곳으로 가다. 미조항 첨사가 와서 활을 쏘고 가다.

4월 18일   날씨 맑음.
식후에 대청으로 나가 공무를 보다. 우수사 이억기·경상 수사 배설·가리포 첨사 이응표·미조항 첨사 성윤문·웅천 현감 이운룡·사도 첨사 김완·경상 우후 이의득·발포 만호 황정록 등 삼도 장수가 모두 와서 활을 쏘다. 권·신 두 조방장도 함께 모이다.

4월 19일   날씨 맑음.
조방장 박종남은 수색 토벌하는 일로 배를 타고 가다.

4월 20일   날씨 맑음.
늦게 우수사 이억기에게로 가서 조용히 이야기하다가 돌아오다. 이영남이 장계 회답을 가지고 왔는데 남해 현령을 효시했다고 한다.

4월 21일   날씨 맑음. 센바람이 불다.
대청에 나가 공무를 보다. 활 10순을 쏘다.

4월 22일   날씨 맑음.
오후에 미조항 첨사 성윤문·웅천 현감 이운룡·적량 만호 고여우·영등포 만호 조계종과 두 조방장이 왔으므로 정사준(판관 승복의 아들)이 보낸 술과 고기를 같이 먹으면서, 남해 현령이 군법을 어겨서 효시되었다는 글을 보다.

4월 23일 날씨 맑음.

남풍이 세게 불어 배를 저을 수가 없으므로 누상에 앉아 공무를 보다.

4월 24일 날씨 맑음.

이른 아침에 아들 위와 조카 뇌·완을 어머님 생신 진상 차 내어 보내다. 오정 때 강천석이 달려와 보고하기를, 도망친 왜놈 마코시로가 무성한 풀숲에 엎드린 것을 잡았고, 다른 왜적 한 놈은 물에 빠졌었다고 한다. 그놈을 곧 압송해 오게 하고 삼도에 갈라 맡겼던 항복한 왜적을 모두 모아 곧 머리를 베게 하였더니, 마코시로는 조금도 난색이 없이 죽으러 나가다. 참 독하다.

4월 25일 날씨 맑음. 바람도 없다.

구화역지기 득복이 경상 우후 이의득의 보고를 가지고 왔는데 보니, 왜적의 대선·중선·소선 아울러 50여 척이 웅천에서 나와 진해로 행한다 하였기로, 오수 등을 보내어 정찰케 하다. 흥양 현감 배흥립이 와서 인사하다. 사량 만호 이여념이 돌아가다. 아들 회와 조카 해가 돌아와 어머님 편안하시다니 다행이다.

4월 26일 날씨 맑음.

새벽에 우수사 이억기와 조방장 신호가 자기 소속의 배 20여 척을 거느리고 수색하러 나가다. 늦게 동지 권준·흥양 현감 배흥립·사도 첨사 김완·여도 만호 김인영과 활 20순을 쏘다.

4월 27일 날씨 맑고 바람도 없다.

몸이 불편하다. 동지 권준·미조항 첨사 성윤문·영등포 만호 조계종이 와서 활 10순을 쏘다. 자정에 우수사가 적을 수색하러 나갔다가 돌아와서 아무 데도 적의 종적이 없다고 보고하다.

4월 28일 날씨 맑음.

식후에 대청에 나가 공무를 보다. 우수사와 경상 수사가 와서 활을 쏘다. 송덕일이 하동 현감 성천유를 잡으러 오다.

4월 29일 날씨 새벽 2시경에 비가 오다가 4시경에 맑아지다.

해남 현감과 공사례를 마친 뒤 하동 현감에게는 두 번이나 기일에 오지 않은 죄로 곤장 90대를 때리고, 해남 현감은 곤장 10대를 때리다. 미조항 첨사는 휴가를 청하다. 세 조방장과 같이 이야기하다. 노윤발이 미역 99동을 따서 가지고 오다.

4월 30일 날씨 맑음.

활 10순을 쏘다.

5월 1일 날씨 비바람이 몰아치다.

5월 2일 날씨 맑음.

아침에 바람이 매우 사납게 불다. 늦게 웅천 현감·거제 현령·영등포 만호·옥포 만호가 와서 보다. 밤 10시경에 탐후선이 들어와 어머님이 편안하시다고 한다. 종사관이 본영에 도착했다고 한다.

5월 3일 날씨 맑음.

활 15순을 쏘다. 해남 현감이 와서 인사하다. 금갑도 만호가 진에 오다.

5월 4일 날씨 맑음.

오늘이 어머님 생신이신데 몸소 나아가 잔을 드리지 못 하고 홀로 먼 바다에 앉았으니 무엇이라 심사를 표현하랴. 늦게 활 15순을 쏘다. 해남 현감이 돌아가다. 아들의 편지를 보니 요동의 왕작덕이 왕씨(고려 왕조의 성을 가리킴)의 후예로서 군사를 일으키고자 한다 하니 가히 놀랍다.

5 월 5 일 날씨 비.

오후 6시경에 잠깐 개다. 활 3순을 쏘다. 우수사 이억기와 경상 수사 배설이 여러 장수들과 더불어 모이다. 오후 5시에 종사관 유공진이 들어오다. 이충일·최대성·신경황이 같이 오다. 몸이 춥고, 불편하고, 아파서 토하고 자다.

5 월 6 일 날씨 맑음. 바람도 없다.

아침에 종사관이 교서에 숙배한 뒤에 공사례를 받고 이야기하다. 늦게 활 20순을 쏘다.

5 월 7 일 날씨 맑음.

아침에 종사관 유공진과 우후 이몽구와 함께 이야기하다.

5 월 8 일 날씨 흐림. 비는 오지 아니하다.

식후에 행선하여 삼도가 같이 선인암으로 가서 이야기도 하고 구경도 하며 또 활도 쏘다. 오늘 방답 첨사 장인이 들어오다. 그가 아들들의 편지를 가지고 왔는데 보니, 초나흘에 종 춘세가 실화하여 10여 집을 태웠단다. 다만 어머님 계신 집에는 불이 안 붙었다 한다. 불행중 다행이다. 어둡기 전에 배를 돌려 진으로 돌아오다. 종사관과 우후는 방회로 뒤떨어지다.

5월 9일 날씨 맑음.
아침 후에 종사관이 돌아가는데 우후도 같이 가다. 활 20순을 쏘다.

5월 10일 날씨 맑음.
활 20순을 쏘았는데 대부분 적중했다. 종사관들이 영문에 도착했다 한다.

5월 11일 날씨 늦게 비가 내리다.
두치의 군량을 비롯하여 남원·순창·옥과의 것을 합하여 68석을 실어오다.

5월 12일 날씨 흐림. 궂은비가 그치지 아니하다가 저녁에야 잠깐 개다.
대청에 나가 공무를 보다. 동지 권준과 조방장 신호가 온다.

5월 13일 날씨 비가 퍼붓듯이 오는데 종일 그치지 않다.
홀로 대청에 앉아 있으니 온갖 회포가 꼬리를 문다. 배영수를 불러 거문고를 타게 하고, 또 세 조방장을 청해다가 같이 이야기하다. 하루 걸릴 탐후선이 6일이 지나도 오지 않아 어머님 소식을 못 들으니 매우 걱정이 된다.

5월 14일 날씨 궂은비가 내리다. 밤낮 종일 내리다.
아침 후 대청에 나가 공무를 보다. 사도 첨사가 와서 보고하는데, 흥양 현감이 영수해 간 전선이 돌섬에 걸려 전복되었다고 한다. 그러므로 대장 최벽과 열 배의 장수와 도훈도를 잡아다가 매를 때리다. 동지 권준이 오다.

5월 15일 날씨 궂은비가 내리다.
지척을 분간할 수 없을 만큼 내리다. 새벽꿈이 산만하다. 어머님 소식 못 들은 지 7일이나 되니 몹시 초조하다. 또 조카 해가 잘 들어갔는지도 궁금하다. 아침 후 대청에 나가 공무를 보자니, 광양의 김두검이 복병으로 나갈 때에, 순천과 광양의 두 원에게서 삭료(월급)를 받은 벌로 해군으로 전역되어 나오는데 칼도 안 차고 활도 안 차고 나오는 데다, 거동이 오만불손하므로 곤장 70대를 때리다. 늦게 우수사 이억기가 술을 가지고 와서 매우 취하여 돌아가다.

5월 16일   날씨 흐림.

아침에 탐후선이 들어와 어머님 편안하시다 하고 아내는 불이 난 뒤로 심신이 많이 상해서 천식이 더해졌다 한다. 걱정이구나. 비로소 조카 해 등이 잘 간 줄을 알겠다. 활 20순을 쏘았는데 동지 권준이 잘 맞히다.

5월 17일   날씨 맑음.

아침에 나가 본영 각 배의 사수·격군 등 급료를 받는 자들을 점검하다. 늦게 활 20순을 쏘았는데 박·권 두 조방장이 잘 맞히다. 오늘 소금 굽는 가마솥 하나를 주조하다.

5월 18일   날씨 맑음.

아침에 충청 수사가 진에 도착했는데, 다만 결성 현감 손안국, 보령 현감, 서천 만호 소희익만을 거느리고 오다. 충청 수사가 교서에 숙배한 후에 세 조방장과 더불어 같이 이야기하다. 저녁에 활 10순을 쏘다. 거제 현령이 와서 인사하고 그대로 자다.

5월 19일   날씨 맑음. 동풍이 차게 불다.

아침 후 권·박·신 세 조방장과 사도·방답 두 첨사와 활 30순을 쏘다. 수사 선거이도 와서 함께 참석하다. 저녁에 소금가마 하나를 주조하다.

5월 20일 날씨 비바람이 저녁내 밤새도록 멎지 아니하다.

아침 후 공무를 보고 수사 선거이·권 조방장과 장기 두다.

5월 21일 날씨 흐림.

오늘은 꼭 본영에서 누가 올 것이나 때론 어머님 안부를 몰라 답답하다. 종 옥이와 무재를 본영으로 보내는데 전복과 밴댕이젓과 생선알 등을 어머님께 보내다. 아침에 출근하니 항복한 왜놈들이 와서 고하되, 저희 동료 중에 산소란 놈이 있어 흉측한 짓을 많이 하기 때문에, 그놈을 죽이겠다 하므로 왜놈을 시켜 목을 베게 하다. 활 20순을 쏘다.

5월 22일 날씨 맑음. 날씨가 화창하다.

동지 권준 등과 함께 활 20순을 쏘다. 이수원이 서울 가는 일로 들어오다. 비로소 어머님 편안하심을 알았다. 다행이다.

5월 23일 날씨 맑음.

세 조방장과 활 15순을 쏘다.

5월 24일 날씨 맑음.

아침에 이수원이 장계를 가지고 나가다. 조병장 박종남과 충청 수사 선거이를 시켜 활을 쏘게 하다. 소금 굽는 가마를 주조하다.

5월 25일 날씨 맑음. 늦게 비가 오다.

경상 수사·우수사·충청 수사가 함께 모여 활 9순을 쏘고, 충청 수사가 술을 내어 몹시 취하여 헤어지다. 경상 수사 배설에게서 김응서가 거듭 대간들의 비난을 받고 또 원수도 거기 끼어 있다는 말을 듣다.

5월 26일 날씨 늦게 개다.

홀로 대청에 앉아 공무를 보다가 충청 수사와 세 조방장과 더불어 종일 이야기하다. 저녁에 현덕린이 들어오다.

5월 27일 날씨 맑음.

활 10순을 쏘다. 수사 선거이와 두 조방장이 취하여 돌아가다. 정철이 서울로부터 진에 왔는데, 장계 회답 내용에 김응서가 함부로 강화에 대하여 말한 것이 죄가 되었다는 말을 많이 하였다. 영의정 유성룡과 좌의정 김응남의 편지가 오다.

5월 28일 날씨 흐림. 저녁내 큰 비가 쏟아지고 밤새도록 큰 바람이 불다.

전선을 안정시킬 수가 없어 간신히 구호하다. 식후에 수사 선거이와 세 조방장과 이야기하다.

5월 29일 날씨 비바람이 그치지 않고 종일 퍼붓다.

사직의 위엄과 영험으로 겨우 조그만한 공로를 세웠는데, 임금님의 총애를 입은 영광 분에 넘치다. 장수의 직책을 띤 몸으로 티끌만한 공로도 바치지 못했으며 입으로 교서를 외우나 얼굴에는 군인으로서의 부끄러움이 있을 뿐이다.

6월 1일 날씨 늦게 개다.

권·박·신 세 조방장과 웅천 현감·거제 현령 등과 함께 활 15순을 쏘다. 충청 수사 선거이는 이질로 쏘지 아니하다. 새로 번드는 영리가 들어오다.

6월 2일 날씨 종일 가랑비가 내리다.

식후에 대청에 나가 공무를 보다. 한 비가 돌아가다. 어머님께 편지를 쓰다. 영리 강기경·조춘종·김경희·신홍언이 모두 하번하다. 오후에 가덕 첨사·천성 만호·평산포 만호·적량 첨사 등이 와서 인사하다. 천성 만호 윤홍년이 와서 청주 이계의 편지와 서숙부의 편지를 전하며, 김개는 지난 3월에 죽었다 한다. 비통함을 이길 길 없다. 저물 무렵 권언경 영감이 와서 이야기하다.

6월 3일 날씨 흐림.
식후에 출근하여 각처에 서류를 적어 보내다. 늦게 가리포 첨사·남도포 만호가 오다. 권·신 두 조방장과 방답 첨사·사도 첨사·여도 만호·녹도 만호와 함께 활 15순을 쏘다. 아침에 남해 현령이 보고 하되, 해평균 윤두수가 남해에서 본영으로 건너온다 한다. 까닭은 모르겠으나 배를 정비하고 현덕린을 본영으로 보내다. 사량 만호가 양식이 떨어졌다고 고하고 돌아가다.

6월 4일 날씨 맑음.
진주의 서생 김선명이란 자가 계원유사(직책 이름)가 되겠다고 하여 왔는데, 보증인 안득이란 자가 데리고 왔다. 그의 언동을 살펴보니 그것을 보장하기 어려울 것 같아 아직 기다려 보기로 하고 공문을 만들어 주었다. 세 조방장과 사도 첨사·방답 첨사·여도 만호·녹도 만호와 활 15순을 쏘다. 탐후선이 오지 않아 어머님의 안부를 알지 못하니 답답하다.

6월 5일   날씨 맑음.

이 조방장 등과 아침 식사를 같이 하는데 박종남은 병으로 오지 못했다. 늦게 우수사·웅천 현감·거제 현령이 와서 종일 이야기하다. 오정 때부터 비가 내리므로 활을 쏘지 못하다. 나는 몸이 매우 불편하여 저녁 식사도 하지 않고 종일 괴로워하다. 서울 종이 들어와 어머님 편안하시다니 다행이다.

6월 6일   날씨 종일 비가 내리다.

몸이 매우 불편하다. 송희립이 들어 왔는데, 그에게서 도양장의 농사 형편을 들으니, 흥양 현감 배흥립이 진심갈력해서 추수가 잘 될 희망이 있다 한다. 계원(유사) 임영도 힘을 많이 쓴다고 하다. 정항이 왔으나 나는 몸이 불편하여 종일 앓다.

6월 7일   날씨 비.

몸이 몹시 불편하여 신음하여 앉았다 누웠다 하다.

6월 8일   날씨 비.

몸이 좀 나은 것 같다. 늦게 세 조방장이 와서 보고, 곤양 군수가 부친상을 당하여 분상했다고 전하니 매우 섭섭하다.

6월 9일 날씨 맑음.

몸이 아직도 쾌하지 못하니 민망스럽다. 조방장 신호와 사도 첨사·방답 첨사가 편을 갈라 활쏘기 시합을 했는데 신의 편이 이겼다. 저녁에 원수의 군관 이희참이 유지를 가지고 왔는데, 조형도가 무고하여 장계를 올렸으되 해군 1인당 매일 양식 5홉과 물 7홉씩밖에 안 준다고 하였다 하니, 인간의 일이란 가히 놀랍다. 세상 천지에 어찌 이러한 허무맹랑한 속임수가 있단 말인고. 어둘 무렵에 탐후선이 들어와 어머님께서 이질에 걸리셨다 하니 걱정스럽다.

6월 10일 날씨 맑음.

새벽에 탐후선을 본영으로 내어보내다. 늦게 세 조방장과 충청 수사·경상 수사가 와서 보다. 광주 군량 39석을 받다.

6월 11일 날씨 싫비에 큰 바람이 붙다.

아침에 원수의 군관 이희참이 돌아가다. 저녁에 출근하여 광주 군량을 훔쳐간 도둑놈을 가두다.

6월 12일 날씨 싫비에 바람이 붙다.

새벽에 아들 위가 들어와 어머님 병환이 좀 덜하다 하나, 90노인이 이런 위험한 병에 걸리셨으니 걱정스러워 눈물이 나는구나.

6월 13일 날씨 흐림.
새벽에 경상 수사 배설을 잡아올리라는 명령이 내려오고, 대신 권준이 되었으며, 남해 현감 기효근은 그대로 유임되었다 하니 놀라운 일이다. 늦게 배 수사를 가서 보고 오다. 어둘 무렵 탐후선이 돌아와 금오랑이 벌써 영중에 와 있다 한다. 또 별좌(옛날에 예물을 차리는 사람의 이름이다)의 편지를 보니 어머님 병환이 차차 나아간다고 하니 다행이다.

6월 14일 날씨 새벽에 큰 비가 오다.
사도 첨사가 활쏘기를 청하고, 우수사와 여러 장수들이 모이고, 늦게나마 날이 개므로 활 12순을 쏘다. 저녁에 금오랑이 배 수사를 잡으러 들어오고, 권준을 신임 경상수사로 임명하는 조정의 공문과 유서와 밀부(옛날 제도에 유수, 감사, 병사, 수사, 방어사들이 차던 병부들 이름이다)도 오다.

6월 15일 날씨 맑음.
새벽에 망궐례를 행하다. 식후에 포구로 나가 배설을 송별하니 마음이 편하지 않다. 아들 위가 돌아가다. 오후에 조방장 신호와 활 10순을 쏘다.

6월 16일   날씨 맑음.

나가 앉아 공무를 보다. 순천 칠선장 장일이 군량을 훔쳐가다가 잡혀 왔으므로 처벌하다. 오후에 두 조방장·미조항 첨사 등과 활 7순을 쏘다.

6월 17일   날씨 맑음. 종일 대풍이 불다.

경상 수사 권준·충청 수사 선거이와 두 조방장과 함께 활을 쏘다.

6월 18일   날씨 비가 오락가락하다.

진주 유생 유기룡과 하응문이 양식을 대 달라고 하여 5석을 받아 가다. 늦게 조방장 박종남과 활 5순을 쏘고 헤어지다.

6월 19일   날씨 비.

홀로 누상에 앉아 잠깐 조는 꿈 속에 아들 면이 윤덕종의 아들 운뢰와 같이 왔는데, 어머님 편지를 보니 병환이 완쾌하시다 한다. 천만다행이다. 신홍헌 등이 들어와 보리 76석을 바치다.

6월 20일   날씨 비가 오락가락하다.

종일 누상에 앉았다가 충청 수사 선거이가 갑자기 병이 나 많이 불편하다 하므로 저녁에 가서 보니, 그리 중태에 이른 것은 아니나, 바람과 습기에 상해서 생긴 병이라 가히 염려가 된다.

6월 21일   날씨 맑음. 몹시 덥다.

식후에 나가 공무를 보다. 신홍헌이 돌아가고 거제 현령이 또 오다. 경상 수사 권준이 보고하되, 평산포 만호 김축의 병이 중하다 한다. 그러므로 내어보내라고 적어 보내다.

6월 22일   날씨 맑음.

할머님 제삿날이라 공무를 보지 아니하다. 경상 수사가 와서 보다.

6월 23일   날씨 맑음.

두 조방장과 활 쏘다. 저녁에 배영수가 돌아가다.

6월 24일   날씨 맑음.

전라 우도 각 고을과 포구에 있는 전선의 부정 사실을 조사하다. 음탕한 계집 12명과 그 대장을 잡아 논죄하다. 늦게 침을 맞아 활을 쏘지 못하다. 허주와 조카 해가 들어오고 전마도 또한 오다. 기성백의 아들 기징헌과 그의 서숙 기경충이 오다.

6월 25일 날씨 맑음.
원수의 공문이 왔는데 새 위장을 세 패로 갈라 보낸다 했고, 또 고니시 유키나가가 일본으로부터 와서 화친을 이내 결정했다 한다. 저녁에 조방장 박종남과 충청 수사 선거이에게로 가서 그의 병세를 보니 이상한 일이 많다.

6월 26일 날씨 맑음.
식후에 나가 공무를 보다. 활 15순을 쏘다. 경상 수사 권준이 와서 보다. 오늘은 권언경 영감의 생신이라 하므로 국수를 만들어 먹고, 술도 취하여 거문고도 듣고 피리도 불다가 저물어서야 파하다.

6월 27일 날씨 맑음.
허주와 조카 해와 기운뢰 등이 돌아가다. 나는 조방장 신호와 거제 현령과 함께 활 10순을 쏘다.

6월 28일 날씨 맑음.

나라의 기일이라 공무를 보지 아니 하다.

6월 29일 날씨 맑음.

일찍 대청에 나가 공무를 보다. 우수사가 와서 활 10여 순을 쏘다.

6월 30일 날씨 맑음.

문어공이 생마를 사들일 일로 나가다. 이상록도 돌아가다. 늦게 거제 현령·영등포 만호가 와서 보다. 방답 첨사·녹도 만호·조방장 신호가 활 15순을 쏘다.

7월 1일 날씨 잠깐 비.

나라의 기일이라 공무를 보지 아니하다. 홀로 누상에 기대어 나라의 형세를 생각하니 위태롭기가 아침 이슬과 같은데 안으로는 책략을 결정할 만한 동량지재가 없고, 밖으로는 나라를 바로잡을 만한 주석지신이 없으니, 아지 못하겠다. 국가의 운명이 어떻게 될지. 심사가 번거로워 종일 전전반측하다.

7월 2일 날씨 맑음.

오늘은 돌아가신 아버님의 생신날이다. 슬픈 마음 그지없어 눈물이 나는구나. 늦게 활 10순을 쏘다. 또 철전 5순을 쏘고, 편전 3순도 쏘다.

7월 3일 날씨 맑음.

아침에 충청 수사를 문병하니 많이 낫다 한다. 늦게 경상 수사 권준이 와서 이야기한 뒤에 활 10순을 쏘다. 밤 10시경에 탐후선이 들어와 어머님께서 편안하시다 하나 입맛이 없으시다 하니 걱정이다.

7월 4일 날씨 맑음.

나주 판관 원종의가 배를 거느리고 진으로 돌아오다. 이전 등이, 산 일터에서 노로 쓸 나무를 가져와 바치다. 식후에 대청으로 나가 공무를 보다. 미조항 첨사와 웅천 현감이 와서 활을 쏘다. 군관들도 내기로 향각궁을 쏘았는데, 노윤발이 1등을 하다. 저녁에 임영과 조응복이 오고 양정언이 휴가를 얻어 돌아가다.

7월 5일 날씨 맑음.

대청에 나가 공무를 보다. 늦게 조방장 박종남과 조방장 신호가 오다. 방답 첨사 장인이 활을 쏘다. 임영이 돌아가다.

7월 6일   날씨 맑음.
정항과 금갑도 만호와 영등포 만호가 와서 인사하다. 늦게 나가 공무를 보다. 활 8순을 쏘다. 종 목년이 고음천으로부터 와서 어머님이 편안하시다 한다.

7월 7일   날씨 흐림. 비는 오지 않았다.
경상 수사와 두 조방장과 충청 수사가 오다. 방답 첨사·사도 첨사 등으로 하여금 패를 나누어 활을 쏘게 하다. 경상 우병사 김응서에게 온 유지를 보니 내용은 아래와 같다. 전쟁의 화가 국가를 비참하게 만들고, 원수는 나라 안에 있어 신이 부끄러워하고, 사람이 원통해함이 천지에 사무쳤건만, 아직도 요망스러운 기운을 쓸어버리지 못하여 불공대천의 통분함을 뼈저리게 느낄 것이니, 무릇 혈기가 있는 자로서 누가 팔을 부르걷고 마음을 썩히면서 원수놈의 살을 산적뜨고자 아니하랴! 그런데 그대는 적과 바로 대진하고 있는 장수로서 조정의 명령도 없이 함부로 적과 대면하여 감히 패역의 말을 진술하고, 또 자주 편지를 사통하여 적의 기세를 돋우게 하고, 적에게 교태를 부리며, 그대가 주장하는 수호 강화의 설이 명나라에까지 미쳐 부끄러움을 끼치고, 흔단을 열어놓기에 조금도 거리낌이 없도다. 생각컨대 그대는 군법에 부쳐도 아까울 것이 없을 것이나, 오히려 관대히 용서하고 돈독히 타이르고 경계하건만, 고집을 더 세우고 스스로 죄의 함정으로 빠져들어 가니 내가 봄에는 심히 해괴하고 그 까닭을 알 수 없도다. 이에 비변사 낭청 김용을 보내어 나의 뜻을 구두로 전하노니, 그대는 마음을 고쳐 죄송스러이 여기고, 후회할 일을 저지르지 말라. 내 이를 보니 놀랍고 죄송함을 이길 길이 없다. 김응서는 어떠한 사람이기에 스스로 회개할 줄 모르는고? 만약 쓸개가 있다면 스스로 자살이라도 할 것이다.

7월 8일 날씨 맑음.
식후에 나가 공무를 보다. 영등포 만호와 박 조방장이 와서 인사하다. 우수사 군관 배영수가 그의 상관의 명령을 받들고 와서 군량미 20석을 주고 가다. 동래 부사 정광좌가 부임을 고하러 오다. 활 10순을 쏘고 그만두다. 종 목년이 돌아가다.

7월 9일 날씨 맑음.
오늘은 말복, 가을 기운이 서늘해지니 회포가 많다. 미조항 첨사가 와서 인사하고 가다. 웅천 현감·거제 현령이 활을 쏘고 가다. 밤 10시경에 달빛이 누상에 가득 차니 가을의 회포가 번거로워

누상을 배회하다.

7월 10일　날씨 맑음.

몸이 매우 불편하다. 늦게 우수사와 서로 이야기하는데 양식이 떨어져도 속수무책이라 하니 걱정이다. 박 조방장도 오다. 술 몇 잔을 들었더니 몹시 취한다. 밤이 깊어 다락 위에 누웠더니 새 달빛은 다락에 가득하여 정회를 이길 길이 없다.

7월 11일　날씨 맑음.

아침에 어머님께 올리는 편지를 쓰고, 여러 군데 편지를 써 보내다. 무재와 박영이 부역 나가는 일로 돌아가다. 나가 공무를 보고 활 10순을 쏘다.

7월 12일　날씨 맑음.

아침 후 경상 우수사 권준이 와서 보다. 그와 함께 활 10순을 쏘다. 철전 5순도 쏘다. 날이 저물어 서로 회포를 풀고 돌아가다. 가리포 첨사도 같이 오다.

7월 13일　날씨 맑음.

가리포 첨사와 우수사가 같이 와서 가리포 첨사가 술을 바치다.

활 5순을 쏘고 철전 2순을 쏘니 내 몸이 몹시 불편하다.

7월 14일   날씨 늦게 개다.
군사들에게 휴가를 주다. 녹도 만호 송여종으로 하여금 사망한 군졸들을 제사 지내도록 쌀 2섬을 주다. 이상록·태구련·공태원 등이 들어오다. 어머님께서 편안하시다니 기쁘기 한이 없다.

7월 15일   날씨 맑음.
늦게 대청으로 나가서 박·신 두 조방장과 방답 첨사·여도 만호·녹도 만호·보령 현감·결성 현감과 이언준 등이 활을 쏘고 술을 먹다. 경상 수사도 와서 같이 이야기하고, 그로 하여금 씨름 내기를 시키다. 정항이 오다.

7월 16일   날씨 맑음.
아침에 들으니 김대복의 병세가 위독하다고 한다. 매우 걱정스럽다. 곧 송희립과 유홍근으로 하여금 간호 치료하게 했으나 무슨 병인지를 몰라 답답하다. 늦게 나가 공무를 보다. 순천 부사 정석주와 영광 도훈도 주문상을 처벌하다. 저녁에 원수에게 가는 공문과 병사에게 가는 공문을 초하여 주다. 미조항 첨사 성윤문·사도 첨사 김완이 휴가원을 제출하므로 성 첨사에게는 10일을, 김 첨사에게는 3일을 주어 보내다. 녹도 만호를 유임한다는 병조의 공문이 오다.

7월 17일 날씨 비.
거제 현령이 보고하되, 거제의 적들이 벌써 철수하여 돌아갔다 하므로, 정항으로 하여금 나아가 보게 하다. 대청에 나가 공무를 보다. 내일 배를 출발시킬 것을 전령하다.

7월 18일 날씨 맑음.
아침에 대청으로 나가 박·신 두 조방장과 함께 아침 식사를 하다. 오후에 출발하여 저녁에 지도에 정박하여 밤을 지내다. 자정에 거제 현령이 와서 하는 말이, 장문포 적굴이 벌써 텅 비고 한 30명만 남았다 한다. 또 사냥하는 왜놈들을 만나 한 놈을 사살하여 참하고, 한 놈은 생포했다 한다. 새벽 두 시경에 떠나 다시 견내량으로 돌아오다.

7월 19일 날씨 맑음.
우수사·경상 수사·충청 수사와 두 조방장과 함께 이야기하다 헤어지다. 오후 4시경에 진으로 돌아오다. 당포 만호를 잡으려 해도 나타나지 않은 죄로 곤장을 때리다. 김대복의 병세를 가서 보다.

7월 20일   날씨 흐림.

두 조방장과 아침을 같이 하다. 늦게 거제 현령 안위와 전 진해 현감 정항이 오다. 오후에 나가 공무를 보다. 활 5순을 쏘다. 철전 4순도 쏘다. 좌병사의 군관이 편지를 가지고 오다.

7월 21일   날씨 풍우가 몰아치다.

들으니 우후가 들어온다고 한다. 식후에 태구련과 언복이 만든 환도를 충청 수사와 두 조방장에게 각각 한 자루씩 나누어 보내다. 어두워 아들 회, 위와 우후가 같은 배로 섬 밖에 도착하여 아들들만 들어오다.

7월 22일   날씨 흐림. 센바람이 불다.

이충일이 그의 부친의 별세 소식을 듣고 나가다.

7월 23일   날씨 맑음.

늦게 말달리는 일로 원두구미로 가니, 두 조방장과 충청 병사도 도착하다. 저녁에 작은 배를 타고 돌아오다.

7월 24일 날씨 맑음.

나라의 기일이라 공무를 보지 아니하다. 충청 수사가 와 이야기하다.

7월 25일 날씨 맑음.

충청 수사 선거이의 생일날이라 음식을 준비해 가지고 왔으므로 우수사 이억기·경상 수사 권준·조방장 신호 등과 함께 취하도록 먹고 이야기하다. 저녁에 조방장 정응운이 들어오다.

7월 26일 날씨 맑음.

아침에 정영동·윤엽·이수원 등이 흥양 현감과 함께 들어오다. 식후에 우수사와 충청 수사도 와서 조용히 이야기하다.

7월 27일 날씨 맑음.

어사의 공문이 왔는데 내일 진에 온다고 한다.

7월 28일 날씨 맑음.

아침 후에 배로 내려가 삼도를 합쳐 포구 안에 진을 치다. 오후 두 시경에 어사 신식이 진에 이르다. 곧 대청으로 내려가 상대하여 이야기하기 한 시간, 각 수사와 세 조방장을 청하여 같이 이야기하다.

7월 29일　날씨 흐림. 센바람이 불다.

어사가 좌도에 소속된 다섯 포구를 조사 점검하고 저녁에 여기에 왔기로 조용히 이야기하다.

8월 1일　날씨 비바람이 세게 불다.

어사 신식과 아침 식사를 같이 하고, 곧 배로 내려가 순천 등 다섯 고을의 배들을 점검하다. 저물어 나는 어사 있는 곳으로 내려가서 같이 이야기하다.

8월 2일　날씨 흐림.

우도 전선을 점검한 뒤 그대로 남도포 밖에 머무르다. 나는 나가 앉아 충청 수사와 이야기하다.

8월 3일　날씨 맑음.

어사는 늦게 경상도 진으로 가서 점검하다. 저녁에 나는 경상도 진으로 가서 같이 이야기하다가 몸이 불편하여 곧 돌아오다.

8월 4일 날씨 비.

어사가 왔으므로 여러 장수들을 모아 종일 이야기하다 헤어지다.

8월 5일 날씨 흐림. 비는 오지 아니하다.

아침에 어사와 작별하기 위하여 충청 수사 있는 곳으로 가서 어사를 전별하다. 후에 조방장 정응운이 돌아간다고 하다.

8월 6일 날씨 비가 크게 쏟아지다.

우수사·경상 수사·두 조방장 등이 모여 종일 이야기 하다가 헤어지다.

8월 7일 날씨 비.

아침에 아들 위와 허주·현덕린·우후 이몽구 등이 같은 배를 타고 나가다. 늦게 두 조방장과 충청 수사와 함께 이야기하다. 저녁에 표신을 가진 선전관 이광후가 유지를 가지고 왔는데 원수가 삼도 해군을 거느리고 바로 적의 소굴로 들어가리라는 것이었다. 같이 이야기하며 밤을 새우다.

8월 8일 날씨 비.

선전관이 가다. 경상 수사 권준·충청 수사 선거이와 두 조방장과 함께 이야기하면서 같이 저녁 식사를 하고, 날이 저물어서야 각기 돌아가다.

8월 10일 날씨 맑음.

몸이 좀 이상하다. 홀로 누상에 앉았으니 만단 회포가 다 일어난다. 늦게 대청에 나가 공무를 본 뒤에 활 5순을 쏘다. 정제와 결성 현감 손안국이 같이 배로 떠나다.

8월 11일 날씨 비가 오락가락하다.

종 한경이 본영으로 가다. 배영수와 김응겸이 활쏘기 승부를 겨루어서 김이 이기다.

8월 12일 날씨 흐림.

일찍 나가 앉아 공무를 보다. 늦게 두 조방장과 활을 쏘다. 김응겸이 경상 수사 권준에게 갔다가 돌아오는 길에 우수사 이억기를 들어가 뵙고 거기서 활을 쏘았는데 배영수가 또 졌다고 한다.

8월 13일 날씨 종일 비가 내리다.

장계를 작성하고 공문을 결재하다. 독수가 왔는데 그에게서 들으니 도양장 둔전 일에 이기남이 하는 짓이 괴상한 것이 많다 한다. 곧 우후로 하여금 달려가 부정 사실을 적발하도록 공문을 만들어 보내다.

8월 14일 날씨 종일 비가 내리다.

진해 현감 정항과 영등포 만호 조계종이 와서 이야기하다.

8월 15일 날씨

새벽에 망궐례를 행하다. 우수사 이억기·가리포 첨사 이응표·임치 첨사 홍견 등 여러 장수가 함께 오다. 오늘 3도 사수와 본도 잡색군을 먹이고 종일 여러 장수와 더불어 함께 취하다. 이날 밤 으스름 달빛이 누상을 비치며 잠 못들어 시를 읊어 밤을 새우다.

8월 16일 날씨 종일 궂은비가 내리다.

심란하다. 두 조방장과 이야기하다.

8월 17일 날씨 가랑비에 동풍이 불다.

새벽에 김응겸을 불러 일을 물어보다. 늦게 나가 공무를 보고 두 조방장과 이야기 하고 활 10순을 쏘다.

8월 18일 날씨 궂은비가 내리다.

신호·박종남 두 조방장이 와서 같이 이야기하다.

8월 19일 날씨 맑음.

두 조방장과 방답 첨사와 함께 활을 쏘다. 밤 10시경에 조카 봉과 아들 회·위가 들어와 체찰사 이원익이 21일에 진성에 도착하여 군정 시찰하는 일로 체찰사의 군관이 들어왔다 한다.

8월 20일 날씨 맑음.

종일 체찰사의 전령을 기다리나 오지 아니하다. 경상 수사 권준·우수사 이억기·발포 만호 황정록이 와서 보고 돌아가다. 밤 10시경에 전령이 오다. 자정에 배를 타고 곤이도에 이르다.

8월 21일 날씨 흐림.

늦게 소비포 앞바다에 이르니 전라 순찰사의 군관 이준이 공문을 가지고 오다. 강응표·오계성이 함께 와 한 시간 남짓 이야기하다가 이억기와 권언경·박종남·신호에게 편지를 쓰다. 저물 무렵에 사천 땅 침도에 이르러 묵다. 밤기운이 매우 차니 마음이 쓸쓸하다.

8월 22일 날씨 맑음.
이른 아침에 각종 공문을 만들어 체찰사에게 보내다. 아침 후에 걸어서 사천현에 도착하다. 오후에 진주 남강가에 이르니 체찰사가 벌써 진주에 들어왔다 한다.

8월 23일 날씨 맑음.
체찰사에게로 가서 조용히 이야기하는 중에 백성들을 위해서 괴로움을 덜어주어야겠다는 생각이 많이 나다. 호남 순찰사는 헐어 말하는 기색이 많으니 한탄스럽다. 늦게 나는 김응서와 함께 촉석루에 이르러 장사들이 패전하여 죽은 곳임을 볼 때 비통함을 이기지 못하였다. 체찰사가 나보고 먼저 가라 하므로 배를 타고 소비포로 돌아와 정박하다.

8월 24일 날씨 맑음.
새벽에 소비포 앞에 이르니 고성 현령 조응도가 와서 현신한다. 소비포 앞바다에서 묵다. 체찰사와 부사 김륵도 종사관 노경임과 함께 자다.

8월 25일 날씨 맑음.

아침 일찍 식사를 한 뒤에 체찰사·부사·종사관이 함께 내가 탄 배를 같이 타고 오전 8시경에 출발하여, 함께 서서 여러 섬들과 여러 진을 병합할 곳과, 또 접전하던 곳들을 점검하며 종일 의논하다. 곡포는 평산포와 합치고, 상주포는 미조항과 합치고, 적량은 삼천포와 합치고, 소비포는 사량과 합치고, 가배량은 당포와 합치고, 지세포는 조라포와 합치고, 제포는 웅천과 합치고, 율포는 옥포와 합치고, 안골포는 가덕진과 합치기로 결정하다. 저녁에 진중으로 도착하여 여러 장수들이 교서에 숙배하고 공사례를 마친 뒤에 헤어지다.

8월 26일 날씨 맑음.

저녁에 부사 김륵과 만나 조용히 이야기하다.

8월 27일 날씨 맑음.

군사 5,480명에게 체찰사의 이름으로 특별한 식사를 먹이다. 저녁에 상봉으로 올라가 적진과 적이 왕래하는 길을 지적해 보이다. 바람이 몹시 사납다. 저녁이 되어 도로 내려오다.

8월 28일   날씨 맑음.

이른 아침에 체찰사·부사·종사관과 함께 누상에 앉아 여러 가지 폐단되는 점을 의논하다. 식전에 배로 내려가 배를 타고 떠나다.

8월 29일   날씨 맑음.

일찍 나가 공무를 보다. 경상 수사 권준이 체찰사 있는 곳으로부터 오다.

9월 1일   날씨 맑음.

새벽에 망궐례를 행하다. 탐후선이 들어오다. 오후 이몽구가 도양으로부터 영에 이르러 공문을 바치는데 보니, 정사립을 해하는 말이 많으니 가소롭다. 종사관 유공진이 병으로 돌아가 치료하겠다 하므로 결재하다.

9월 2일   날씨 맑음.

새벽에 상선을 출발하게 하다. 재목을 끌어내릴 군사 1,283명을 밥 먹여 끌어내리게 하다. 충청 수사·우수사·경상 수사·두 조방장이 함께 이르러 종일 이야기하다가 헤어지다.

9월 3일   날씨 맑음. 동풍이 세게 불다.

아우 여필과 아들 위와 유헌이 돌아가다. 강응표도 도양장 추수할 일로 같이 돌아가다. 정항·우수·이섬 등이 탐정하고 돌아왔는데 영등포 적진은 초이틀에 소굴을 비우고 누각과 모든 소굴을 불살라 버렸다 한다. 웅천의 적에게 투항하여 붙었던 사람 공수복 등 17명을 달래어 오다.

9월 4일   날씨 맑음.

경상 수사가 만나자고 하여 종일 이야기하다가 돌아가다. 아우 여필과 아들 위가 잘 갔는지 매우 궁금하다.

9월 5일   날씨 맑음.

아침에 경상 수사 권준이 쇠고기를 조금 보내오다. 충청 수사·조방장 신호와 함께 아침 식사를 한 후, 조방장 신호, 충청 수사 선거이와 한배를 타고 경상 수사에게로 가서 종일 이야기하다가 저물어서야 돌아오다. 이날 체찰사의 공문이 왔는데 순천·광양·낙안·흥양의 갑오년(작년) 전세를 실어 오라 했으므로 곧 답장하다.

9월 6일   날씨 맑음. 대풍이 불다.

충청 수사가 술을 보내왔으므로 우수사·두 조방장과 함께 마시다. 송덕일이 들어오다.

9월 7일   날씨 맑음.

식후에 경상 우수사 권준이 오다. 충청도 병영의 배와, 서산, 보령의 배를 내어보내다.

9월 8일   날씨 맑음.

나라의 기일이라 공무를 보지 아니하다. 식후에 아들 회와 송덕일이 같은 배로 떠나다. 충청 수사와 두 조방장이 와서 이야기하다.

9월 9일   날씨 맑음.

우수사 이억기와 여러 장수들이 일제히 모여 영내의 군사들에게 떡 한 섬을 나누어 주고 초저녁에 파하여 돌아가다.

9월 10일   날씨 맑음.

오후에 충청 수사 선거이와 신호·박종남 두 조방장과 함께 우수사 이억기에게로 가서 같이 이야기하다가 밤에 돌아오다.

9월 11일 날씨 흐림.

몸이 매우 불편하다. 나가 공무를 보지 아니하다.

9월 12일 날씨 흐림.

아침에 충청 수사와 두 조방장을 청해다가 같이 아침 식사를 하고 늦게 파하여 돌아가다. 저녁에 경상 수사 권준·우후 이몽구와 정항 등이 술을 가지고 와서 함께 이야기하다가 밤이 깊어서야 파하다.

9월 13일 날씨 비.

누상에 기대어 홀로 앉았으니 심란하다.

9월 14일 날씨 맑음.

늦게 나가 공무를 보다. 우수사와 경상 우수사가 같이 와서 충청 수사 선거이와 작별하는 잔을 들다가 밤이 깊어서야 헤어지다. 수사 선거이와 작별하며 기증한 시는 이러하다.

> 북쪽에 갔을 때도 같이 일하고
> 남쪽에 와서도 사생을 같이 하더니
> 오늘 밤 달빛 아래 이 한 잔을 나누면
> 내일은 우리 서로 헤어져야만 되누나

선조 28년: 서기 1595년

9월 15일   날씨 맑음.

수사 선거이가 와서 작별을 고하므로 또 한번 이별의 잔을 들고 헤어지다.

9월 16일   날씨 맑음.

나가서 공무를 보다. 장계 봉하는 것을 감시하다. 저녁에 월식하고 밤들어 밝아지다.

9월 17일   날씨 맑음.

식후에 서울 편지를 써 보내다. 김희번이 장계를 가지고 나가다. 유자 30개를 영의정 유성룡에게 보내다.

9월 18일   날씨

늦게 조방장 정응운이 들어와 같이 이야기하다.

9월 19일   날씨 맑음.

조방장 정응운이 들어왔다가 곧 돌아가다.

9월 20일   날씨

새벽 두 시에 독제를 지내다. 사도 첨사 김완이 헌관으로 행사하다. 아침에 우수사가 와서 보다.

9월 21일 날씨 맑음.

조방장 박종남을 전별하기 위하여 박종남·신호 두 조방장과 아침 식사를 같이 하다. 박종남을 데리고 경상 수사에게 작별 인사를 시키려 경상 수사 있는 곳으로 갔다가 날이 저물어 만나지 못하다. 저녁에 이종호(지혜와 용맹을 갖춘 이로서 충무공이 막하를 삼고 매양 중요한 일을 맡겼다. 특히 물자 구득에 관한 일을 많이 하다)가 들어오다. 다만 목화만 가져왔기로 모두 나누어 주다.

9월 22일 날씨 맑음. 동풍이 세게 불다.

조방장 박종남이 떠나다. 경상 우수사도 와서 전별하다.

9월 23일 날씨 맑음.

나라의 기일이라 공무를 보지 아니하다. 웅천 사람으로 적에게 포로가 되었던 박녹수·김희수가 와서 인사하고 겸하여 적정을 보고하므로 무명 1필씩을 분급하여 보내다.

9월 24일 날씨 맑음.

아침에 각처에 편지 10여 장을 쓰다. 아들 위·면이 방익순 및 온

개 등과 함께 떠나다. 저녁에 우수사·경상 수사가 와서 보다.

9월 25일 날씨 맑음.
오후 2시경에 녹도 하인이 실화하여 대청과 다락 등이 모두 타버리다. 군량·화약·군기 등의 창고에는 불이 붙지 않았으나, 다락 아래 있던 장편전 200여 개가 모두 타버렸으니 애석하다.

9월 26일 날씨 맑음.
홀로 온종일 배 위에 앉았다 누웠다 하니 심란하다. 이언량이 재목을 깎아 오다.

9월 27일 날씨 흐림.
안골포 사람으로 적에게 부역했던 자 230여 명이 왔는데, 배는 22척이라고 우수가 와서 보고하다. 식후에 불난 데로 올라가 집 지을 만한 터를 지적하다.

9월 28일 날씨 맑음.
식후에 집 짓는 곳으로 올라가다. 우수사·경상 수사가 와서 보다. 아들 회와 위가 기별을 듣고 들어오다.

9월 29일 날씨 맑음.

9월 30일 날씨 맑음.

10월 1일 날씨 맑음.
조방장 신호와 아침 식사를 같이 하고, 곧 전별의 술잔을 들다. 늦게 조방장 신호가 떠나다.

10월 2일 날씨 맑음.
대청에 대들보를 올리다. 또 상선을 연기로 그을리다. 우수사·경상 수사·이정충이 와서 보다.

10월 3일 날씨 맑음.
해평군 윤근수의 공문을 구례의 유생이 가져왔는데 보니, 김덕령이 전주 김윤선 등과 함께 죄없는 사람을 쳐 죽이고, 해군 진영으로 도망하여 들어갔다 한다. 곧 수색하여 보니 9월 10일에 보리씨를 바꾸러 진에 왔다가 곧 돌아갔다 한다.

10월 4일   날씨 맑음.

10월 5일   날씨
이른 아침에 누상에 올라가 역사하는 것을 보다. 그리고 누각 위 바깥쪽 서까래에 앙토하는 것도 보다. 항복한 왜놈들로 하여금 운반하는 일을 하게 하다.

10월 6일   날씨
식후에 우수사와 경상 수사가 와서 보다. 저녁에 웅천 현감 이운룡이 오는 편에 명나라 사신이 부산으로 들어갔다는 소식을 듣다. 오늘 사로잡혔던 사람 24명이 나오다.

10월 7일   날씨 맑음.
화창하기가 봄날 같다. 임치 첨사 홍견이 와서 보다.

10월 8일   날씨 맑음.
조카 완이 들어오다. 진원과 조카 해의 편지도 오다.

10월 9일   날씨 맑음.
각처에 답장을 써 보내다. 대청을 준공하다. 우우후 이정충이 와서 인사하다.

10월 10일 날씨 맑음.
늦게 대청으로 나가 공무를 보다. 우수사와 경상 수사가 함께 와서 조용히 이야기하다.

10월 11일 날씨 맑음.
일찍 누상에 올라 종일 역사를 감독하다.

10월 12일 날씨 맑음.
일찍 누상에 올라가 역사를 감독하다. 서랑(서쪽 행랑)을 준공하다. 저녁에 송홍득이 들어와 허망한 소리를 늘어놓다.

10월 13일 날씨 맑음.
일찍 새로 지은 누각에 올라가 대청에 앙토를 하는데 항복한 왜놈들을 시키다. 송홍득이 군관으로서 수행하다.

10월 14일 날씨 맑음.
우수사·경상 수사·사도 첨사·여도 만호·녹도 만호 등이 와서 보다.

10월 15일   날씨 맑음.

새벽에 망궐례를 행하다. 저녁에 달빛을 타고 우수사 이억기에게로 가서 전별하다. 경상 수사와 미조항 첨사·사도 첨사도 오다.

10월 16일   날씨 맑음.

새벽에 새로 지은 다락방으로 올라가다. 우수사·임치 첨사·목포 만호 등이 나가고 그대로 새 다락방에서 자다.

10월 17일   날씨 맑음.

아침에 가리포 첨사·금갑도 만호가 와서 아침 식사를 같이 하다. 진주의 하응구, 유기룡 등이 계원미 20석을 가져와 바치다. 부안의 김성업과 미조항 첨사 성윤문이 와서 인사하다. 정항이 돌아가다.

10월 18일   날씨 맑음.

경상 수사 권준과 우우후 이정충이 와서 보다.

10월 19일   날씨 맑음.

아들 회와 면이 떠나다. 송두남이 장계를 가지고 서울로 올라가다. 김성업도 돌아가다. 이운룡이 와서 인사하다. 계향유사(양식을 대는 직책) 하응문과 유기룡이 떠나다.

10월 20일 날씨 맑음.
늦게 가리포 첨사·금갑도 만호·남도 만호·사도 첨사·여도 만호가 왔으므로 술을 먹여 보내다. 저물 무렵 영등포 만호도 와서 저녁을 먹고 돌아가다. 이날 밤바람은 매우 싸늘하고 달은 대낮같이 비치어 잠들지 못하고, 전전반측 밤새도록 별별 생각이 다 나다.

10월 21일 날씨 맑음.
이설이 휴가원을 냈으나 허가하지 아니하다. 늦게 우우후 이정충·금갑도 만호 가안책·이진 권관 등이 와서 인사하다. 바람이 매우 차서 잠이 오지 않아 공태원을 불러 왜적의 정형을 묻다.

10월 22일 날씨 맑음.
가리포 첨사·미조항 첨사·우후 등이 와서 인사하다. 저녁에 송희립·박태수·양정언 등이 들어오다. 전문을 모시고 갈 유생도 들어 오다.

10 월 *23* 일 날씨 맑음.

아침에 전문을 보낸 뒤에 대청으로 나가 공무를 보다.

10 월 *24* 일 날씨 맑음.

경상 수사가 와서 보다. 하응구도 와서 종일 이야기하다가 저물어 돌아가다. 박태수·김대복이 돌아가다.

10 월 *25* 일 날씨 맑음.

가리포 첨사·우후·금갑도 만호·회령포 만호·녹도 만호 등이 와서 인사하고 돌아가다. 저녁에 정항이 돌아가겠다고 하므로 전별하다. 띠풀을 베어 올 일로 이상록·김응겸·하천수·송의련·양수개 등이 군사 80명을 거느리고 나가다.

10 월 *26* 일 날씨 맑음.

임달영이 왔다 한다. 불러 제주도 가는 일을 묻다. 방답 첨사가 들어오다. 송흥득·송희립 등이 사냥을 가다.

10 월 *27* 일 날씨 맑음.

우우후 이정충과 가리포 첨사 이응표가 오다.

10월 28일 날씨 맑음.

경상 우후 이의득이 와서 보다. 띠를 베러 갔던 배가 들어오다. 밤에 우레가 여름같이 치니 괴상한 일이다.

10월 29일 날씨 맑음.

가리포 첨사·이진 권관이 돌아가다. 경상 수사 권준·웅천 현감 이운룡·천성 만호 윤홍년이 함께 오다.

11월 1일 날씨

새벽에 망궐례를 행하다. 늦게 나가 앉아 공무를 보다. 사도 첨사가 나가다. 함평·진도·무장의 전선을 내어보내다. 김희번이 서울에서 내려와 조보와 영의정 유성룡의 편지를 바친다. 항복한 왜놈들에게 술을 먹이다. 오후에 방답 첨사와 활 7순을 쏘다.

11월 2일 날씨 맑음.

곤양 군수 이수일이 와서 인사하다.

11월 3일 날씨 맑음.

황득중이 들어와 전하되, 왜선 2척이 청등을 경유하여 흉도에 이르렀다가 해북도에 정박하여 불을 지르고 돌아갔는데, 춘원포 등지에 이르렀다 한다. 그리고 그는 새벽에 지도로 돌아가다.

11월 4일 날씨 맑음.
새벽에 이종호·강기경 등이 들어오다. 변존서의 편지를 보니 조카 봉·해 형제가 본영에 이르렀다 한다.

11월 5일 날씨 맑음.
남해 현령·금갑도 만호·남도 만호·어란 만호·회령포 만호와 정담수가 들어와 인사하다. 방답 첨사·여도 만호를 불러다가 이야기하다.

11월 6일 날씨 맑음.
송희립이 들어오다. 띠풀 400동과 칡 100동을 베어서 실어오다.

11월 7일 날씨 맑음.
하동 현감이 교유서에 숙배하다. 경상 수사가 순찰사에게로부터 오다. 미조항 첨사·남해 현감도 오다.

11월 8일 날씨 맑음.
새벽에 조카 완과 서울 종이 본영으로 돌아가다. 늦게 김응겸과

경상도 순찰사의 군관 등이 오다.

11월 9일 날씨 맑음.
여도 만호 김인영이 들어오다.

11월 10일 날씨 맑음.
새벽에 경상도 순찰사의 군관이 돌아가다.

11월 11일 날씨
새벽에 상감의 탄신일이라 축하례를 행하다. 본영 탐후선이 들어오다. 변 주부·이수원·이원용 등이 오다. 어머님 편안하시다니 다행이다. 저녁에 이의득이 와서 보다. 금갑도 만호·회령포 만호가 나가다.

11월 12일 날씨 맑음.
발포 가장으로 이설을 정해 보내다.

11월 13일 날씨 맑음.
도양장에서 추수한 벼와 콩이 820석이다.

11월 14일 날씨 맑음.

11월 15일 날씨 맑음.
아버님이 돌아가신 날이라 공무를 보지 아니하다. 홀로 앉아 회상하매 정회를 이길 길이 없다.

11월 16일 날씨 맑음.
항복한 왜병 여문연이, 야지로 등이 와서 왜놈들이 도망가려 한다 하므로, 우우후를 시켜 잡아다가 그 주모자 준시 등 두 명을 참살하다. 경상 수사·우후·웅천 현감·방답 첨사·남도 만호·어란 만호·녹도 만호가 왔는데 녹도 만호는 내어보내다.

11월 17일 날씨 맑음.

11월 18일 날씨 맑음.
어응린이 와서 전하기를, 왜장 고니시 유키나가가 그 부하들을 데리고 바다로 나갔는데 거처를 모르겠다 한다. 곧 경상 수사 권준에게 전령하여 수륙으로 탐정하게 하다. 늦게 하응문이 와서 군량 보급에 관한 일을 보고하다. 조금 뒤에 경상 수사·웅천 현감 등이 와서 의논하고 가다.

을미년(51세)

11월 19일 날씨 맑음.

이른 아침에 도망갔던 왜놈이 제 발로 와서 현신하다. 밤 10시경에 조카 분·봉·해와 아들 회가 들어오다. 어머님께서 안녕하시다니 반갑다. 하응문이 돌아가다.

11월 20일 날씨 맑음.

거제 현령 안위와 영등포 만호 조계종이 와서 인사하다.

11월 21일 날씨 맑음. **북풍이 종일 불다.**

새벽에 송희립을 견내량에 있는 왜적의 배를 조사하라고 내어보내다. 이날 저녁에 벽어 1만 3,240두름을 곡식과 바꾸려고 이종호가 받아가지고 가다.

11월 22일 날씨 맑음.

새벽에 오늘이 동지라 하례하는 뜻으로 북향하여 숙배하다. 늦게 웅천 현감·거제 현령·안골포 만호·옥포 만호·경상 우후 등이 오다. 변존서와 조카 봉이 같이 가다.

11월 23일 날씨 맑음. **바람이 세게 불다.**

이종호가 하직하고 떠나다. 이날 견내량 순찰하는 일을 경상 수사에게 담당시켜 떠나 보냈으나 바람이 몹시 사나워 출발하지 아니하다.

11월 24일 날씨 맑음.
순라선이 나갔다가 밤 10시경에 진으로 돌아오다. 변익성이 곡포 권관이 되어 오다.

11월 25일 날씨 맑음.
식후에 곡포 권관의 공식 인사를 받다. 늦게 경상 우후가 와서 항복한 왜놈 8명이 가덕도에서 나왔다고 한다. 웅천 현감·우우후·남도 만호·방답 첨사·당포 만호 등이 와서 인사하다. 조카분과 더불어 밤 10시까지 이야기하다.

11월 26일 아침엔 흐리다가 늦게 개다.
식후에 나가 공무를 보다. 광양의 도훈도가 복병으로 나갔다가 도망친 자를 잡아와 처벌하다. 오정에 경상 수사가 오다. 항복한 왜놈 8명과 그 인솔자 김탁 등 2명이 왔으므로 술을 먹이다. 김탁 등 인솔자에게는 각각 무명 1필씩을 주어 보내다. 저녁에 유척과 임영 등이 오다.

11월 27일 날씨 맑음.

김응겸이 2년생 나무를 베어 오는 일로 귀쟁이 5명을 데리고 가다.

11월 28일 날씨 맑음.

나라의 기일이라 공무를 보지 아니하다. 유척과 임영이 돌아가다. 조카들과 이야기하다 보니 밤이 깊었다.

11월 29일 날씨 맑음.

나라의 기일이라 공무를 보지 아니하다.

11월 30일 날씨 맑음.

남해에 항복한 왜놈 야에몬 신지로 등이 오다. 경장 수사가 와서 보다. 체찰사의 전세 군량 30석을 경상 수사가 받아가다.

12월 1일 날씨 맑음.

새벽에 망궐례를 행하다.

12월 2일 날씨 맑음.

거제 현령·당포 만호·곡포 권관 등이 와서 인사하므로 술을 먹였더니 취하여 돌아가다.

12 월 3 일   날씨 맑음.

12 월 4 일   날씨 맑음.
순천의 두 배와 낙안의 한 배의 군사를 점검하고 내보냈으나 바람이 순조롭지 못하여 떠나지 못하다. 조카 분과 해가 본영을 가다. 황득중, 오수 등이 청어 7,000두름을 싣고 왔으므로, 계산하여 김희방의 곡식 사러 다니는 배로 넘기다.

12 월 5 일   날씨 맑음.
바람이 순조롭지 못하다. 몸이 불편하여 종일 나가지 아니하다.

12 월 6 일   날씨 맑음.
늦게 경상 수사가 와서 보다. 저녁에 아들 위가 들어와 어머님 편안하시다니 반갑다.

12 월 7 일   날씨 맑음. 바람이 순조롭지 못하다.
웅천 현감·거제 현령·평산포 만호·천성 만호 등이 와서 인사하고 가다. 청주 이희남에게 답장을 써 부치다.

12월 8일 날씨 맑음.

우우후 이정충과 남도포 만호 강응표가 와서 인사하다. 체찰사의 전령이 왔는데 근일 소비포에서 만나자고 하였다.

12월 9일 날씨 맑음.

몸이 불편하여 밤새도록 신음하다. 거제 현령과 안골포 만호 우수가 와서 적도들이 물러갈 뜻이 없는 모양이라 한다. 하응구도 오다.

12월 10일 날씨 맑음.

충청도 순찰사 박홍로와 충청 수사 선거이에게 공문을 작성하여 보내다.

12월 11일 날씨 맑음.

조카 해와 분이 무사히 본영에 도착했다는 편지를 보니 반갑다. 그러나 그 고생스러웠던 형상을 무엇이라 표현하랴.

12월 12일 날씨 맑음.

경상 수사가 와서 보고 우후도 오다.

12월 13일 날씨 맑음.
왜옷 50벌과 연폭...(원문에 글이 중단되었음.)·초저녁에 종 석세가 와서 말하기를, 왜선 3척과 소선 1척이 등산 바깥 바다로부터 합포에 이르러 정박해 있다 한다. 아마도 사냥질하는 왜놈일 것이다. 곧 경상 수사·방답 첨사·우우후 등에게 탐정하게 하다.

12월 14일 날씨 맑음.
새벽에 경상 수사를 비롯하여 여러 장수들이 합포로 나가 왜놈들을 타이르다. 미조항 첨사·남해 현령·하동 현감이 들어오다.

12월 15일 날씨 맑음.
체찰사에게로 갔던 진무가 와서 18일에 삼천포에서 만나자고 한다 하므로 달려가기로 하다. 초저녁에 경상 수사가 와서 보다.

12월 16일 날씨 맑음.
새벽 4시경에 발선하여 달빛을 타고 당포 앞 바다에 이르러 아침을 먹고 다시 사량 뒷바다에 이르다.

12월 17일 날씨 비.
삼천포 앞에 이르니 체찰사 이원익은 사천에 이르렀다 한다.

12월 18일 날씨 맑음.

아침 후에 삼천포로 나아가다. 정오에 체찰사와 보(작은 성)에 들어와 조용히 의논하다. 초저녁에 체찰사가 또 이야기하자고 청하므로 같이 이야기하다가 새벽 두 시나 되어 파하다.

12월 19일 날씨 맑음.

아침 후에 나가 군사들에게 한 턱 먹이고, 다 끝난 뒤에 체찰사가 떠나겠다 하므로 배로 내려가니 바람이 매우 사나워 배를 띄울 수 없다. 그대로 머물러 밤을 지내다.

12월 20일 날씨 맑음. 센바람이 불었다.

☐ 12월 21일부터 12월 그믐까지는 빠짐.

1596년 1월 1일   날씨 맑음.

새벽 두 시에 어머님께 들어가 뵈다. 늦게 남양 아저씨와 신사과(옛날 제도에 오위의 정6품 군사직위. 부사직의 다음인데 수효는 21사람으로 현직에 있지 않은 문관, 무관, 음관으로써 충당되어 있다.)가 와서 이야기하다. 저녁에 어머님께 하직을 고하고 본영으로 돌아오니 심란하여 밤새도록 잠을 이루지 못하다.

1월 2일   날씨 맑음.

나라의 기일이다. 일찍 나가 병기들을 검열하다. 부장 이계가 비변사의 공문을 가져오다.

1월 3일   날씨 맑음.

새벽에 바다로 내려가니 아우 여필과 여러 조카들이 모두 배로 올라오다. 밝을 무렵에 출발하여 서로 작별하고 정오에 곡포 바다에 이르니 동풍이 약간 불다가, 상주포 앞바다에 이르니 바람이 자므로 노를 재촉하여 자정에 사량에 이르러 거기서 자다.

1월 4일   날씨 맑음.

어두운 새벽 2시쯤에 첫나발을 불고 발선하는데 이여념이 와서 인사하므로 진중 소식을 물으니 모두 여전하다 한다. 오후 3시쯤부터 가랑비가 보슬보슬 뿌리기 시작하다. 걸망포에 이르니 경상 수사가 여러 장수들을 거느리고 나와 기다린다. 우후는 먼저 배에 왔으나 몹시 취해서 인사불성이라 곧 그 배로 먼저 갔다. 송한련들이 말하기를 청어 천여 두름을 잡아서 넣었는데, 내가 간 동안 잡은 것이 모두 1천 8백여 두름이나 된다고 했다. 비가 몹시 퍼부어 밤새도록 그치지 않다. 여러 장수들이 저물녘에 떠났는데 길이 질어 넘어진 사람이 많다고 한다. 기효근, 김축이 말미를 받아 돌아가다.

1월 5일   날씨 종일 비.

여명에 우후가 방답 첨사·사도 첨사와 함께 와서 문안하다. 미조항 첨사 성윤문·우우후 이정충·웅천 현감 이운룡·거제 현령 안위·안골포 만호 우수·옥포 만호 이담이 오다. 캄캄해진 뒤에야 돌아가다. 이몽상도 경상 수사 권준의 심부름으로 와서 문안하고 돌아가다.

1월 6일   날씨 비.

오수가 청어 1,310두름을, 박춘양이 787두름을 바쳤는데, 하천수가 받아 말리기로 하다. 황득중은 202두름을 바쳤다. 종일 비가 내리다. 사도 첨사 김완이 술을 가지고 와서 군량 500여 석을 변통했다 한다.

1월 7일 날씨 맑음.

이른 아침에 이영남과 좋아지내는 여인이 와서 말하기를, 권숙이 덤벼들기 때문에 피해 왔는데, 다른 곳으로 가겠노라고 말하다. 늦게 경상 수사 권준과 우후·사도 첨사·방답 첨사가 오고 권숙도 오다. 오후 두 시경에 견내량 복병장과 삼천포 권관이 보고하되, 항복한 왜놈 5명이 부산으로부터 왔다 하므로 안골포 만호 우수와 공태원을 보내어 데려오게 하다. 날씨가 몹시 차고 하늬바람이 매웠다.

1월 8일 날씨 맑음. 입춘인데도 날씨가 몹시 추워서 마치 한겨울과 같이 맵다.
아침에 우우후와 방답을 불러서 약식을 같이 먹다. 투항한 왜놈 5명이 들어왔으므로 그 까닭을 물으니 저희 장수가 성질이 사납고, 또 일을 너무 많이 시키므로 도망하여 나와 항복하는 것이라 한다. 그들의 칼을 큰 것, 작은 것 다 거두어 다락 위에 간직하다. 그러나 실은 부산에 있던 왜놈이 아니고 가덕도 심안돈의 부하라 한다.

1월 9일 날씨 흐림. 낮이 음산하고 추워서 살을 에는 것 같다.

오수가 잡은 청어 360두름을 하천수가 실어갔다. 각처에 공문을 작성해 보내다. 저물 무렵 경상 수사가 와서 방비에 관한 일을 상의하다. 서풍이 종일 불어 배가 바다로 나가지 못하다.

1월 10일 날씨 맑음. 서풍이 세게 불다.

이른 아침에 적이 다시 나올지 안 나올지 점을 쳤더니, 「수레에 바퀴가 없는 것 같다.」는 괘가 나왔다. 다시 또 치니 「임금을 보고 모두 기뻐하는 것 같다.」는 괘가 나왔다. 좋은 괘였다. 식후에 대청으로 나가 공무를 보다. 우우후와 어란 만호가 와서 인사하다. 사로 첨사·웅천 현감·곡포 권관·삼천포 권관·적량 만호도 와서 인사하다. 세 위장들을 시켜 체찰사가 보낸 여러 가지 물건들을 여러 사람에게 나누어주다.

1월 11일 날씨 맑음. 서풍이 밤새도록 세게 불어 한겨울의 배나 더 춥다.

몸이 매우 불편하다. 늦게 거제 현령이 와서 수사의 옳지 못한 일을 자세히 말하고 광양 현감도 들어오다.

1월 12일 날씨 맑음. 맑았으나 서풍이 세게 불어 추위가 지독하다.

날이 거의 샐 무렵, 꿈에 한곳에 이르러 영의정 유성룡과 함께 이야기하다. 한동안 둘이 다 의관을 벗어놓고 앉았다 누웠다 하면서 서로 나라 걱정을 털어놓다가 끝내는 억울한 사정까지 쏟아놓다. 이윽고 바람이 불고 비가 퍼붓는 데도 흩어지지 않고 그대로 조용히 이야기를 계속하는 동안, 만일 서쪽의 적이 급히 쳐들어오고 남쪽의 적까지 들이덤비게 된다면 임금이 어디로 가시랴 하고 걱정만 되뇌이며 할 말을 모른다. 앞서 듣건대, 영의정이 천식중으로 몹시 편찮다고 하더니 나았는지 모르겠다. 글자 점을 던져 보았더니 「바람이 물결을 일으키는 것 같다」는 괘가 나오다. 또 오늘 중으로 길흉간에 무슨 소식을 들을지 점을 쳐보니 「가난한 사람이 보배를 얻은 것 같다」는 괘가 나오다. 참 좋은 괘다. 어제 저녁에 종 금을 본영으로 보냈는데, 바람이 심히 고약하니 염려된다. 늦게 나가서 각처 서류를 처결해 보내다. 낙안 군수가 들어오다. 웅천 현감이 급히 보고하되, 왜적 14척이 거제 금이포에 와 정박하고 있다 하므로 경상 수사에게 삼도의 여러 장수들을 거느리고 가 보라 하다.

1월 13일 날씨 맑음.

늦게 경상 수사가 와서 보고하매 배를 타고 견내량으로 가다. 늦게 대청에 나가 서류를 처결해서 보내다. 체찰사에게 올리는 서류를 내어보내다. 성균관을 다시 차린다는 선비들의 통문을 가지고 왔던 성균관의 종이 하직을 고하다. 이날 바람은 자고 날씨가 따뜻하다. 이날 저녁 달빛은 대낮같고 바람 한 점 없는데 홀로 앉아 있으니 심란하여 잠을 이루지 못하겠다. 잠을 이루지 못해 신홍수를 불러 퉁소를 불게 하다. 밤 10시쯤 잠들다.

1월 14일 날씨 맑음. 대풍이 불다가 늦게야 바람이 자며 날씨가 따뜻하다.
흥양 현감이 들어오고 정사립·김대복도 들어 오다. 조기와 김숙도 함께 오다. 그 편에 연안에 있는 옥의 외조모가 작고한 기별이 오다. 밤 늦도록 이야기하다.

1월 15일 날씨 맑음.
새벽에 망궐례를 행하다. 아침에 낙안 군수 선의문, 흥양 현감을 불러 식사하다. 대청에 나가 공문을 작성하여 발송하다. 이어서 투항한 왜놈들에게 술과 음식을 먹이다. 낙안과 흥양의 전선·병기·부속물 및 사수·격군들을 점검하니 낙안의 것이 더 엉성하다. 이날 저녁 달빛이 매우 밝으니 풍년을 가히 점치겠다.

1월 16일 날씨 맑음. 서리가 눈같이 오다.
늦게 나가 공무를 보다. 경상 수사·우우후 등이 와서 인사하다. 웅천 현감도 왔다가 취하여 돌아가다.

1 월 17 일   날씨 맑음.

방답 첨사 장인이 휴가를 맡다. 변존서와 조카 분과 김숙 등이 같은 배로 떠나다. 마음이 편안하지 못하다. 오정 때쯤 나가 공무를 보다. 우후를 불러다 활을 쏠 즈음에 미조항 첨사 성윤문과 곡포 권관 변익성이 같이 와 인사하므로 함께 활을 쏘다가 돌아가다. 어둘 무렵 강대수 등이 편지를 가지고 왔는데 보니, 종 금이가 16일에 본영에 도착했다고 하고, 서울 종은 돌아와 말하되, 아들 회가 오늘 은진으로 돌아간다고 한다.

1 월 18 일   날씨 맑음.

아침부터 종일 군복을 말리다. 곤양 군수 이수일과 사천 현감 기직남이 오다. 동래 현감 정광좌가 보고하되, 왜놈들이 많이 반역하는 모양이고, 유격 심유경(명나라 사람으로 강화를 표방하고 우리 나라와 일본을 내왕했다)이 고니시 유키나가와 함께 1월 16일에 먼저 일본으로 갔다 한다.

1 월 19 일   날씨 맑음. 따뜻했다.

늦게 나가 공무를 보다. 사도 첨사가 여도 권관과 함께 왔고, 우후와 곤양도 오다. 경상 수사 권준이 오고 곤양 군수 이수일도 와서 술을 마시고 조용히 이야기하다. 부산서 항복해 들어온 사람

4명이 와서 전하기를 심유경이 고니시 유키나가·겐소·데라사와 마사나리·고니시 히와 함께 1월 16일 새벽에 바다를 건너갔다 한다. 그래서 양식 3말을 주어 보내다. 이날 저녁 박자방이 서 순찰사가 진중에 온다는 말로 여러 가지의 물건을 가지러 본영으로 가다. 이날 메주를 쑤다.

1월 20일 날씨 종일 비.

몸이 매우 고단하여 한 반 시간 낮잠을 자다. 오후 1시쯤에 메주를 다 만들어 온돌에 묻었다. 낙안 군수가 와서 둔전의 추수한 벼를 실어 왔다고 보고하다.

1월 21일 날씨 맑음.

아침에 나가 체찰사에게 보내는 순천 관계의 서류를 작성했다. 공무를 보다. 미조항 첨사와 흥양 현감이 와서 인사하므로 술을 먹여 보내다. 미조항 첨사가 휴가를 청하다. 늦게 대청에 나가니 사도 첨사·여도 만호·사천 현감·광양 현감·곡포 권관이 와서 인사하고 돌아가다. 곤양 군수도 와서 활 10순을 쏘다.

1월 22일 날씨 맑음.

몹시 춥고 바람도 차 종일 나가지 아니하다. 늦게 경상 우후 이의득이 와서 그의 수사 권준의 경거망동을 전하다. 이날 밤에 바람은 차고 매우니 아이들이 들어오기 고생스러울 것이 걱정되다.

1월 23일 날씨 맑음. 바람이 차다.
작은 형님의 제삿날이 되어서 나가지 않았다. 심사가 몹시 어지러웠다. 아침에 헐벗은 군사 17명에게 옷을 한 벌씩 더 주다. 종일 바람이 심하다. 저녁에 가덕에서 나온 김인복이 와서 현신하므로 적정을 물어보다. 밤 열시경에 아들 면과 조카 완과 최대성·신여윤·박자방이 이 본영으로부터 와 어머님 편안하시다는 편지 받으니 기쁘기 한이 없다. 눈이 두 치나 내리다. 종 경이 오고, 종 금이가 애수 및 금곡 사는 종 한성, 공돌 등을 데리고 같이 오다. 밤 자정에야 잠자리에 들다. 근래에 드문 일이라 한다. 이날 밤 몸이 몹시 불편하다.

1월 24일 날씨 맑음.
북풍이 세게 불어 눈보라를 치며 모래까지 휘날리니 사람들이 감히 걸을 수 없고 배도 운항할 수가 없다. 새벽에 견내량 복병이 보고하되, 어제 왜놈 1명이 복병한 곳에 와서 투항했다고 하므로 보내라고 회답하다. 늦게 좌우 우후와 사도 첨사가 와서 인사하다.

1월 25일 날씨 맑음.

1월 26일 날씨 맑음. 바람이 고르지 못하다.

나가서 공무를 보고 활을 쏘다.

1월 27일 날씨 맑음. 온화하다.

아침 식사 후 나가서 장흥 부사 배흥립의 죄를 심의하고 흥양 현감과 더불어 이야기하다. 우순찰사가 들어온다 하므로 우수사 진으로 가서 만나다. 자정에야 돌아오다. 사도의 진무가 화약을 훔치다가 붙들리다.

1월 28일 날씨 맑음.

늦게 나가다. 오정에 순찰사가 왔으므로 활을 쏘고 함께 이야기하다. 순찰사가 나와 활쏘기 내기를 하자 하므로 내기하여 순찰사가 7분을 졌으므로 미안하다. 우습다. 군관 세 사람도 모두 지다. 밤이 든 후 취하여 돌아가다.

1월 29일 날씨 종일 비.

아침 식사 후 경상도 진으로 가서 순찰사와 조용히 이야기하다. 오후에 순찰사와 활쏘기 내기를 하여 순찰사가 9분을 졌다. 피리

소리를 듣다가 밤 자정이 되어 진으로 돌아오다. 어둘 무렵에 화약을 훔친 사도 사람이 도망가다.

1월 30일 날씨 비. 늦게 개다.
군관이 활을 쏘다. 천성 만호 윤홍년·여도 만호 김인영·적량 만호 고여우가 와서 인사하다. 저녁에 청주 이희남의 종 4명과 준복이 들어오다.

2월 1일 날씨 아침엔 흐리다가 늦게 개다.
여러 장수와 더불어 활을 쏘다. 권숙이 왔다가 술이 취하여 가다.

2월 2일 날씨 맑음. 따스하다.
아들 위와 조기가 같은 배로 떠나다. 우후도 가다. 저녁에 사도 첨사 김완이 와서 전하되, 어사의 장계에 의하여 파면되었다고 하므로 곧 장계를 초 잡다.

2월 3일 날씨 맑음. 바람이 세게 불다.
홀로 앉아서 아들이 떠나간 것을 생각하고 심회가 편치 않았다. 아침에 장계를 수정하다. 경상 수사가 와서 보고 말하는데, 적량 만호 고여우가 장담년에게 피소되었다는데, 순찰사가 장계를 올려 파면시키려 한다고 한다. 어둘 무렵 어란 만호가 견내량 복병한 곳에서 보고하되, 부산 왜놈 3명이 성주에서 투행해 온 사람들을 거느리고 복병한 곳에 와서 장사하겠다 한다 하므로, 곧 장흥 부사 배흥립에게 전령하여 내일 새벽으로 가서 타이르라고 하다. 왜적들이 어찌 장사를 하고자 하랴. 우리의 허실을 염탐하려는 것이다.

2월 4일 날씨 맑음.

아침에 장계를 봉하여 사도 사람 진무성에게 부치다. 그 편에 영의정 유성룡과 신식 두 집에 가는 문안 편지도 함께 부치다. 늦게 흥양 현감이 와서 인사하고 돌아가다. 오후에 활 10순을 쏘다. 여도 만호·거제 현령·당포 만호·옥포 만호도 오다. 저녁에 장흥 부사가 복병한 곳으로부터 돌아와서 왜놈들이 도로 들어갔다 한다.

2월 5일 날씨 아침엔 흐리다가 늦게 개다.

사도 첨사·장흥 부사가 일찍 왔으므로 같이 아침 식사를 하다. 권숙이 와서 돌아가겠다고 하므로, 종이와 패도를 주어 보내다. 늦게 삼도의 여러 장수들을 집합시켜 위로하는 음식을 먹이고, 겸하여 활도 쏘고 풍악도 울리다가 취하여 헤어지다. 웅천 현감 이운룡이 손인갑과 좋아지내던 여인을 데려왔으므로 여러 장수들과 함께 가야금 두어 곡조를 듣다. 저녁 나절에 김이실이 순천에서 돌아왔는데, 그 편에 어머님이 안녕하시다는 소식을 들으니 기쁘고 다행하다. 우수사의 편지가 왔는데 군사에 대한 기한을 늦추자고 하니 한탄스럽다.

2월 6일 날씨 흐림.

새벽에 이장 10명을 거제로 배를 만들러 보내다. 침방에 천장 흙이 떨어진 곳이 많아 수리하도록 하다. 사도 첨사 김완이 조도어사의 장계에 의하여 파면되었으므로 그의 본래의 포구로 내어보내다. 순천 별감 유와 군관 장응진 등을 처벌하고 나서 곧 다락으로 들어오다. 송한련이 숭어를 잡아왔기에 여도, 낙안 군수, 흥양 현감과 같이 먹다. 적량 고여우가 큰 매를 가지고 왔으나 오른쪽 발가락이 모두 얼어서 무지러졌으니 어찌 하랴. 초저녁께 잠시 땀을 흘리다.

2월 7일 날씨 흐림. 동풍이 크게 불다.

몸이 좋지를 않아 늦게 나가 군사들을 먹이다. 장흥 부사·우후·낙안 군수·흥양 현감을 불러 이야기하다가 날이 저물어 파하다.

2월 8일 날씨 맑음.

녹도 만호 송여종이 와서 인사하다. 아침에 벚나무 껍질을 벗기다. 늦게 손인갑과 좋아지내던 여인이 들어오다. 한동안 지난 후 오철, 현응원을 불러들여 군사에 대한 일을 물어보다. 저녁 때 군량에 대한 장부를 만들고 흥양 둔전의 벼 325석을 바치다. 서풍이 크게 불어서 배를 띄울 수 없다. 유황을 떠나 보내려고 했는데 떠나지 못하다.

2월 9일 날씨 맑음.

서풍이 크게 불어서 배가 다니지 못하다. 경상 수사권 준이 와서 이야기하고 활 10순을 쏘다. 저녁나절에는 바람이 그치다. 말을 들으니 견내량에 부산 왜선 2척이 나타났다 하므로 웅천 현감 및 우우후를 보내어 탐정하게 하다.

2월 10일 날씨 맑음.

박춘양이 대나무를 싣고 오다. 늦게 나가서 태구생을 처벌하다. 저녁에 곳간 짓는 곳을 가 보다. 웅천 현감과 우후가 견내량으로부터 돌아와서 왜놈들이 두려워하는 모양을 보고하다. 해질 무렵에 창녕 사람이 술을 가져와 바쳐 밤이 깊도록 마시다가 헤어지다.

2월 11일 날씨 맑음.

체찰사에게 가는 공문을 서류로 만들어 보내다. 보성의 계향유사 임찬이 와서 소금 50석을 실어가다. 임달영이 제주로부터 돌아왔는데, 제주의 편지와 박종백·김응수의 편지도 함께 가지고 오다. 장흥 부사가 우우후와 같이 오다. 또 낙안 군수와 흥양 현감을 불러다가 활을 쏘다. 이날 막 어두워질 무렵에 영등포 만호 조계종이 그 소실을 데리고 술병을 들고 와서 마시기를 권하다. 조 꼬맹이(어떤 인물의 별명인 듯)도 함께 왔다가 떨어뜨리고 가다. 땀을 흘리다.

2월 12일 날씨 맑음.

일찍이 창녕 사람이 웅천 있는 별장으로 돌아가다. 살대 50개를 경상 수사에게 보내다. 늦게 수사가 와서 이야기하다. 저녁에 활을 쏘다. 장흥 부사와 흥양 현감도 같이 쏘다. 해진 뒤에 헤어지다. 조 꼬맹이가 밤들기 전에 돌아가다.

2월 13일 날씨 맑음.

식후에 나가 앉아 공무를 보다. 강진 현감을 기일 늦은 죄로 처벌하다. 가리포 이응표는 보고를 내고 늦게 왔으므로 타일러 내보내다. 영암 군수 박홍장을 파면시킬 장계를 기초하다. 저녁 때 어란이 돌아가고 임달영이 돌아가다. 제주 목사 이경록에게 청어, 대구, 화살대, 건시, 삼색 부채 등을 보내다. 답장을 쓰다.

2월 14일 날씨 맑음.

늦게 나가 공무를 보다. 장계를 수정하다. 동복 계향유사 김덕린이 와서 인사하다. 경상 수사가 쑥떡을 보내왔기로 낙안 군수와 녹도 만호를 불러 먹이다. 새로 지은 곳간에 지붕을 이게 하다. 강진 현감 이극신이 와서 인사하므로 위로하고 술을 먹이다. 저녁에 물을 부엌 가까이로 끌어들여 물긷기에 편하게 하다. 이날 밤 바다 위의 달빛은 대낮처럼 밝고 물결은 비단결 같은데, 혼자서 높은 다락 위에 기대었노라니 심사가 몹시 어지러워 밤이 깊어서야 잠자리에 들다. 흥양의 계향유사 송상문이 쌀과 벼 7석을 가져와 바치다.

2월 15일 날씨

새벽에 비가 내려 망궐례를 거행하지 못하다. 어둘 무렵에 들으니 전라 우도의 항복한 왜놈들이 경상도 왜놈들과 짜고서 도망갈 계획을 꾸민다 하므로 전령을 놓아 통지하다. 아침에 화살대를 골라내어 큰 화살대 111개와 그 다음치 154개를 옥지에게 내어주다. 아침에 장계를 수정하다. 늦게 나갔더니 웅천, 거제, 당포, 옥포, 우우후 이정충, 경상 우후 이의득 들이 보러 오다. 순천 둔전에서 추수한 벼를 내가 직접 보는 데서 받아들이게 하다. 동복 계향유사 김덕린과 흥양 계향유사 송상문 등이 돌아가다. 저녁때 사슴 한 마리와 노루 2마리를 사냥해 왔다. 이날 밤에 달빛이 대낮처럼 밝고 물결이 비단결 같아서 자려 해도 잠이 오지 않는다. 아랫 사람은 밤새도록 술이 취해 노래부르다.

2월 16일   날씨 맑음.

아침에 장계를 수정하다. 늦게 나가 공무를 보다. 장흥 부사·우우후·가리포 첨사가 와서 함께 활을 쏘다. 요전번에 진 군관들 편에서 한턱 내어 모두 술이 취해 흩어지다. 이날 밤 너무 취해 잠을 못 이루고 일어났다 누웠다 하면서 밤을 밝히다. 봄철의 피곤한 기운이 벌써 이렇구나.

2월 17일   날씨 흐림.

나라의 기일이라 공무를 보지 아니하다. 식후에 아들 면이 본영으로 돌아가다. 박춘양과 오수는 조기잡는 곳으로 가다. 어제 취한 때문에 심기가 몹시 편치 못하다. 저녁에 흥양 현감 최희량이 와서 이야기하다가 저녁 식사를 같이 하다. 미조항 첨사 성윤문의 문안 편지가 왔는데 방금 감사의 공문을 받고 진성으로 부임하여 가게 되어 인사 가지 못한다고 하고, 자기 대신으로는 황언실이 되었다 한다. 웅천의 답장도 오다. 임금이 내린 유서는 아직 받지 못했다고 한다. 이날 어둘 무렵에 서풍이 세게 불어서 밤새 그치지 않았다. 이들이 떠나간 것을 생각하니 걱정스럽다. 답답함을 어찌 다 말하랴. 봄 기운이 사람을 괴롭혀 몹시 노곤하다.

2월 18일 날씨 갬.

식후에 나가 공무를 보다. 서풍이 크게 불다. 체찰사의 비밀 공문 3통이 왔는데, 하나는 제주목에게 계속하여 후원하라는 내용이요, 하나는 영등포 만호 조계종을 심문하는 일에 관한 내용이요, 또 하나는 진도의 전선을 아직 독촉하여 모으지 말라는 내용이다. 저녁에 김국이 서울로부터 와서 비밀 공문 2통과 책력 1권과 기별지 등을 가져오다. 황득중이 철물을 실어다 바치다. 절이 술을 가지고 오다. 땀이 온몸에 흠뻑 배다.

2월 19일 날씨 맑음. 바람이 크게 불다.

아들 면이 잘 갔는지 못 갔는지 몰라서 밤새도록 궁금하다. 저녁때 들으니 군량을 싣고 오던 낙안 배가 바람에 막혀 사량에 대었는데, 바람이 차야 떠나오리라고 한다. 경상 수사 권준이 오다. 장흥 부사·웅천 현감·낙안 군수·흥양 현감·우우후·사천 현감 등과 같이 이야기하다. 황득중이 가져온 총통 만들 쇠를 모두 저울로 달아서 보관케 하다. 경상도 진에 머물러 있던 항복한 왜놈들을 이곳에 있는 왜놈 야에몬 등을 시켜 묶어다가 목을 베게 하다.

2월 20일 날씨 맑음.
이른 아침 조계종이 현풍 수군 손풍련에게 소송을 당한 결과 마주 대면하고 공술하기 위해 여기까지 왔다가 갔다. 늦게 나가 서류를 처결해서 나누어 보내다. 손만세가 사사로이 방비처 수비에 관한 공문을 만들었으므로 그의 죄를 처벌하다. 오후에 활 10순을 쏘다. 낙안 군수, 녹도 만호가 와서 같이 쏘다. 비가 오려는 날씨였다. 새벽에 기운이 노곤하다.

2월 21일 날씨 흐리고 새벽에 비가 보슬거리다 늦게 그치다.
나가지 않고 혼자 들어앉아 있었다.

2월 22일 날씨 맑음. 바람도 없었다.
아침을 일찍 먹고 나가니 웅천 현감이 와서 인사하다. 흥양 현감은 심기가 안 좋다고 돌아가다. 우우후·장흥 부사·낙안 군수·남도 만호·가리포 첨사·여도 만호·녹도 만호가 와서 활을 쏘다. 나도 쏘다. 손현평도 오다. 몹시 취해 헤어지다. 밤에 땀을 흘리다. 봄기운이 사람을 노곤케 한다. 강소작지가 그물을 가지러 본영으로 가다. 충청 수사(이때의 충청 수사는 전날 웅천의 이운룡이고, 새로난 웅천은 김충민)가 화살감의 대나무를 가져와 바치다.

2월 23일 날씨 맑음.

일찍 아침을 먹고 나가 공무를 보다. 둔전의 벼를 다시 되어 새 곳간에 167석을 쌓다. 줄어든 것이 48섬이다. 늦게 거제 현령·고성 현령·하동 현감, 강진 현감·회령포 만호가 와서 인사하다. 웅천 현감이 저녁에 와서 몹시 취하다. 밤 10시쯤 파하고 돌아가다. 하천수와 이진도 오다. 방답 첨사가 들어왔다.

2월 24일 날씨 맑음.

우수사 권준이 들어오다. 오후 4시에 비바람이 크게 일었다. 식후 둔전의 벼를 다시 되어 170석을 곳간에 들이다. 줄어든 것이 30섬이다. 낙안 군수가 갈렸다는 기별이 오다. 방답 첨사, 흥양 현감이 왔다. 본영으로 배를 내보내려다가 비바람 때문에 중지하다. 밤새도록 바람이 불고, 몸이 노곤하다.

2 월 25 일   날씨 비. 낮에는 개다.

장계를 수정하다. 늦게 우수사 이억기가 오고 나주 판관 원 종의가 와서 보다. 장흥 부사가 와서 보고하되, 해군을 변통하기 어려운 것은 감사가 방해하기 때문이라 한다. 이진이 둔전으로 돌아가다. 춘절, 복춘, 사화가 본영으로 돌아가다.

2 월 26 일   날씨 맑음. 저물게 비가 내리다.

늦게 대청에 나가다. 여도 만호와 흥양 현감이 와서 백성을 괴롭히는 영리들의 폐단을 이야기하다. 극히 놀라운 일이다. 양정언과 영리의 강기경, 이득종, 박취 들을 중죄로 다스리는 동시에 경상도와 전라도의 영리를 잡아들이라고 명령하다. 경상 수사가 와서 보다. 조금 있다가 견내량 복병이 급보를 전하되, 왜선 1척이 견내량을 거쳐 해평장에 도착하려 할 때 중지시켜 머물지 못하게 했다 한다. 둔전에서 받아들인 벼 230섬을 다시 작석한 수가 198섬이라 줄어든 것이 32섬이라고 한다. 낙안 군수에게 작별 술을 대접해 보내다.

2 월 27 일   날씨 흐림. 늦게 개다.

녹도 만호 등과 함께 활을 쏘다. 흥양 현감이 휴가를 받아 돌아가다. 둔전에서 받아들인 벼 220여 섬을 고쳐 작석한 결과, 줄어든 것이 여러 섬이었다.

2월 28일 날씨 맑음.

일찍 침을 맞다. 장흥 부사·체찰사 군관이 같이 왔는데, 장흥 부사를 잡아갈 일로 체찰사 군관이 왔다 한다. 이유는 장흥 부사가 종사관의 보고라고 전령했기 때문이라 한다. 그리고 또, 전라도 해군 내에서 전라 우도 해군이 전라 좌우도를 왔다 갔다 하며 성원한다고 하니 우습다. 조정의 지도가 이럴 수 있는가. 체찰사로서 계획을 세우는 것이 이렇게 무의미할 수 있는가. 국가의 일이 이렇고 보니 어찌하랴. 저녁에 거제 현령을 불러 일을 물어본 뒤에 돌려보내다.

2월 29일 날씨 맑음.

아침에 공문서를 수정하다. 식후에 나가 공무를 보다. 우수사·경상 수사·장흥 부사·체찰사 군관이 오다. 경상 우순찰사 군관이 편지를 가져오다.

2월 30일 날씨 맑음.

아침에 정사립으로 하여금 보고문을 작성하여 체찰사에게 가게 하다. 장흥 부사도 체찰사에게로 가다. 날이 늦게 우수사가 보고

하되, 벌써 바람이 온화한 봄철을 당하여 대응책이 시급하여, 소속된 부하들을 거느리고 본도로 가고 싶다 하니, 그 마음 쓰는 바가 매우 해괴하다. 그 외 군관 및 도훈도에게 곤장 70대씩을 때리다. 수사가 자기 부하를 거느리고 견내량에서 복병하고 있기가 마음에 싫으니까 하는 짓으로 우스운 일이 많았다. 저녁에 송희립·노윤발·이원룡 등이 들어오다. 몸이 몹시 불편하여 밤새도록 허한을 흘리다.

3월 1일 날씨 맑음.
새벽에 망궐례를 행하다. 아침에 경상 수사가 와서 이야기하고 돌아가다. 늦게 해남 현감 유형과 임치 첨사 홍견과 목포 만호 방수경을 기일 어긴 죄로 처벌하다. 해남 현감은 새로 도임해 왔기로 매 때리지 아니하다.

3월 2일 날씨 맑음.
아침에 장계를 수정하다. 보성 군수 안홍국이 들어오다. 몸이 몹시 불편하여 공무 보지 아니하다. 기운을 차릴 수 없고 땀이 흐르니 이것이 병의 시초인 것이다.

3월 3일   날씨 맑음.

이원룡이 본영으로 돌아가다. 늦게 반관해가 오다. 정사립 등을 시켜 장계를 쓰게 하다. 이날은 삼짇날 명절이라 방답 첨사·여도 만호·녹도 만호·남도 만호 등을 불러다가 술과 떡을 먹이다. 송희립을 우수사에게 보내어 뉘우치는 뜻을 전하니 은근하게 대답하더라 한다. 땀이 젖었다.

3월 4일   날씨 맑음.

아침에 장계를 올리다. 늦게 보성 군수 안홍국의 기일 어긴 죄를 다스리다. 오후에 발선하여 바로 소근포를 거쳐 경상 우수사가 있는 곳으로 돌아오니, 좌수사 이운룡도 와서 조용히 이야기하고 그대로 좌리도 바다 가운데서 자다. 땀이 무시로 흐르다.

3월 5일   날씨 맑음. 구름이 끼었다.

새벽 네 시가 되기 무섭게 발선하여 밝을 무렵에 견내량 우수사 복병처에 이르니, 마침 아침 때라 식후에 서로 보다. 식후에 우수사를 만나서 다시 잘못된 것을 말하니 우수사 이억기는 모든 것을 사과하다. 나중에 술을 내어 잔뜩 취하여 돌아오다가 그대로 이정충의 장막 안으로 들어가 조용히 의논하다. 몸을 가누지 못하게 술마시다. 비가 굉장히 쏟아지므로 먼저 배 있는 데로 내려

오니 우수사는 취해 쓰러져 정신을 못 차리므로 작별도 못하고 오다. 우스웠다. 회·해·면·위들과 수원 등이 함께 와서 비를 맞으며 진으로 돌아오다. 김양도 왔으므로 같이 이야기하다가 자정이 되어서야 자다. 계집종 덕금, 한대, 효대와 은진에 있는 계집종도 오다.

3월 6일 날씨 흐림. 비는 안 오다.

새벽에 한대를 불러서 사건의 내용을 물어보다. 아침에 몸이 불편하다. 식후에 하동 현감·고성 현령·함평 현감·해남 현감이 돌아가다. 늦게 함평(손경지), 해남(유형)이 하직을 고하고 남도포 만호도 돌아갔는데 기한을 5월 10일까지로 한정하다. 우우후와 강진 현감은 초 8일이 지난 뒤에라야 나가도록 하다. 함평 현감·남해 현감·다경도 만호 등을 시켜 칼을 시험하게 하다. 땀이 계속 흐르다. 사슴 3마리를 사냥해 오다.

3월 7일 날씨 맑음.

늦게 나가 앉아 공무를 보다. 가리포 첨사·방답 첨사·여도 만호가 와서 인사하고 돌아가다. 머리를 꽤 오래 빗다. 녹도가 노루 2마리를 잡아오다.

3월 8일   날씨 맑음.

아침에 안골포 만호 우수와 가리포 첨사 이응표가 각각 큰 사슴 한 마리씩을 보내 오다. 식후에 나가 공무를 보다. 우수사·경상 수사·좌수사·가리포 첨사·방답 첨사·평산포 만호·여도 만호·우우후·경상 우후·강진 현감 등이 와서 이야기하고 종일 몹시 취했다가 헤어지다. 저녁에 잠시 비가 내리다.

3월 9일   날씨 아침엔 개다. 저물 무렵 비.

우우후와 강진 현감이 돌아가겠다 하므로 술을 먹였더니 몹시 취해서 우우후는 쓰러져 돌아가지 못하다. 저녁에 좌수사가 왔으므로 전별의 술잔을 나누기 취하여 대청에서 자다. 개(어떤 사람의 이름인 듯)가 같이 자다.

3월 10일   날씨 비.

아침에 다시 좌수사를 청해다가 송별의 잔을 들게 하였더니, 종일 대취해서 떠나지를 못하다. 무시로 땀이 나다.

3월 11일   날씨 흐림.

해·회·완·수원들이 떠나가다. 이날 저녁 방답 첨사 장인이 성낼 일도 아닌데 공연히 성을 내어 상선의 급수군에게 곤장을 때렸다니 놀랍다. 곧 군관과 이방을 잡아다가 군관에게는 태형 20대, 이방에게는 50대에 처하다. 늦게 구 천성 만 호는 사직하여 돌아가고, 새 천성 만호는 체찰사의 공문으로 병사에게 잡혀가다. 나주 판관이 오기에 술을 먹여 보내다.

3월 12일 날씨 맑음.

아침 식사 후에 기운이 노곤하여 조금 자다. 경상 수사가 와서 같이 이야기하고 여도 만호·금갑도 만호·나주 판관도 오다. 군관들이 술을 내놓다. 저녁에 소국진이 체찰사에게로부터 돌아왔는데, 체찰사가 우도 해군에게 해답하는 편지인 양 잘못 써서, 본도에 보내는 편지에 합하여 보내는 것은 본의가 아니고 잘못일 것이라 한다. 우스웠다. 또한 들으니 원흉 원균은 곤장 40대를 맞고 장흥은 20대를 맞았다 한다.

3월 13일 날씨 종일 비.

저녁에 견내량 복병이 급보를 전하되 왜선이 계속해 나온다 한다. 그러므로 여도 만호·금갑도 만호를 뽑아 보내다. 봄비 속에 기운이 노곤하여 누워서 신음하다.

3월 14일 날씨 궂은비가 개지 않음.

새벽에 삼도에서 보고가 왔는데, 견내량 근처에 거제 땅 세포의 왜선 5척과 고성 땅의 왜선 5척이 와서 정복하고 상륙한다 하므로, 삼도의 여러 장수들에게 배 5척을 더 뽑아 보내도록 전령하다. 늦게 나가서 각처의 서류를 처결해 보내다. 아침나절 군량에 관한 회계를 맞추어 보다. 방답 첨사와 녹도 만호가 와서 인사하다. 체찰사에게 보내는 공문을 서류로 꾸미다. 춘곤이 심해서 허한을 밤새도록 흘리다.

3월 15일 날씨 맑음.

새벽에 망궐례를 행하다. 가리포 첨사, 방답 첨사, 녹도 만호가 와서 참례하고 우수사와 다른 사람은 오지 않다. 경상 수사가 와서 이야기하다. 취해 갔는데, 갈 때 아랫 방에서 덕과 무엇을 수근거렸다고 한다. 이날 저녁에 바닷 달이 어슴푸레 밝았다. 피곤기가 심해서 밤새도록 허한을 흘리다. 자정에 비가 억수로 쏟아지다. 낮에 곤해서 머리를 빗었다. 땀이 무시로 흐르다.

3월 16일 날씨 비가 퍼붓듯이 종일 내리다.

오전 8시경에 동남풍이 세게 불어 지붕이 뒤집힌 곳이 많고, 창호지가 찢어져 비가 방 안으로 새어 들어와 견딜 수가 없다. 정오나 되어서 바람이 멈추다. 저녁에 군관을 불러와 술을 먹이다. 새벽 한 시쯤에 비가 잠깐 멈추다. 허한을 흘리기 어제와 같다.

3월 17일   날씨 가랑비가 종일 또 밤새도록 내리다.
늦게 나주 판관이 왔으므로 취하도록 먹인 후에 보내다. 어둘 무렵 박자방이 들어오다. 이날 저녁 허한이 비오듯이 전신에 흘러 옷을 적시고 이부자리도 젖다. 몸이 불편하다.

3월 18일   날씨 맑음. 종일 동풍이 불고 잉기가 몹시 차가웠다.
늦게 나가서 소지 들어온 것들을 처결하다. 방답 첨사·금갑도 만호·회령포 만호·옥포 만호 등이 와서 인사하다. 활 10순을 쏘다. 이날 밤에 바다 달은 어슴푸레 비치고 밤기운이 몹시 추운데, 잘려야 잠이 오지 않고, 앉으나 누우나 편안하지 못했다. 몸이 좋지 않다.

3월 19일   날씨 맑음. 동풍이 세게 불고 잉기가 매우 차가웠다.
아침에 새로 만든 가야금에 줄을 매다. 보성 군수가 씨뿌리는 일로 휴가를 맡다. 김양이 같은 배로 나가다. 종 경도 같이 갔다. 정양이 볼 일이 있어 왔다가 곧 돌아가다. 저녁에 가리포 첨사, 나주 판관이 보러 왔기에 술을 취하도록 먹여 보내다. 어두운 후부터 풍세가 몹시 사나웠다.

3월 20일 날씨 종일 비바람이 불다.

몸이 몹시 불편하여 땀이 옷을 적시다. 바람막이를 2개 만들어 달았다. 밤새도록 비가 내리다. 이불에도 땀을 적시다.

3월 21일 날씨 종일 큰 비.

초저녁에 곽란이 일어나 구토를 하다가 자정에야 좀 가라앉다. 일어났다 앉았다 몸을 뒤척거리며 공연한 고생을 하는 듯하니 한스럽기 짝이 없다. 이날 군관 송희립·김대복·오철 등을 불러 종정도 내기를 하다. 바람막이 3개를 만들어 달았는데 이언량과 김응겸이 만드는 것을 감독하다. 자정에야 비가 그치고, 오전 2시쯤에 이지러진 달이 비치다. 방 밖에 나가서 거니는데 몸이 몹시 피곤하다.

3월 22일 날씨 맑음.

아침에 종 금이를 시켜서 머리를 빗겼다. 우수사·경상 수사가 와서 인사하므로 술을 먹여 보내다. 말을 들으니 작은 고래가 죽어서 섬 위로 떠밀려 올라왔다 한다. 그러므로 박자방을 보내다. 땀이 흐르는 것이 보통이 아니다.

3월 23일 날씨 맑음.

새벽에 정사립이 와서 물고기로 기름을 많이 짜서 가져왔다고 했다. 오전 4시쯤 몸이 편치 않아 종 금이를 불러 머리를 긁게 하다. 늦게 나가서 각처의 서류를 처결하고 활 10순을 쏘다. 조방장 김완과 충청도 해군 8척이 들어오다. 우후도 오다. 종 김이가 편지를 가지고 왔는데 어머님 안녕하시다 한다. 밤 9시가 지나 영등포 만호 조계종이 그의 딸을 데리고, 술병을 들고 왔다고 하나 나는 보지 않았다. 11시가 지나 돌아가다. 이날 처음으로 미역을 따다. 자정에야 잤는데 땀이 흘러 옷을 적시다.

3월 24일 날씨 맑음.

새벽에 미역을 따러 나가다. 헌 활집은 베로 만든 것이 8개, 무명으로 만든 것이 2개였는데, 그 중의 활집 하나를 고쳐 만들려고 감을 내주다. 아침 식사를 마치고 공무를 보다. 마량 첨사 김응황과 파지도 권관 송세응·결성 현감 손안국 등을 처벌하다. 늦게 우후가 가져온 술을 방답 첨사, 평산포 만호, 여도 만호, 녹도 만호, 목포 만호와 함께 마시다. 나주 판관 어성급에게 휴가를 주어 내어보내되 15일 자시 자정으로 기한하다. 몸이 매우 곤하여 땀 흐르기가 보통이 아니다. 비가 올 징조다.

3월 25일 날씨 종일 비.

땀이 흘러 옷을 적시다. 다락에 기대어 저녁나절을 보냈는데 심회가 언짢았다. 머리를 꽤 오래 빗었다. 낮에는 땀이 옷에만 배더니 밤에는 옷 두 겹이 젖고 다시 방바닥까지 흐르다.

3월 26일 날씨 맑음. 서풍이 불다.

늦게 나갔더니 조방장과 방답 첨사, 녹도 만호가 와서 활을 쏘고 경상 수사가 와서 이야기하다. 체찰사의 전령이 왔는데, 전일(12일)에 우도 해군 앞으로 보낸 편지는 잘못 보고한 것이라 한다. 우습다.

3월 27일 날씨 맑음. 남풍이 불었다.

늦게 나가 활을 쏘다. 우후·방답 첨사·충청도 마량 첨사·임치 첨사·결성 현감·파지도 권관 등이 함께 왔으므로 술을 먹여 보내다. 저녁에 신사과와 아우 여필이 들어와 어머님 편안하시다니 다행이다.

3월 28일 날씨 궂은비가 크게 오고 종일 개지 아니하다.

나가서 서류를 만들어서 나누어 보내다. 충청도 여러 배의 사람들을 시켜 다시금 방비를 갖추게 하였다.

3월 29일   날씨 궂은비가 내림.

부찰사 한효순이 성주로부터 진에 이른다 한다.

4월 1일   날씨 큰 비가 내리다.

신사과와 이야기하다. 종일토록 비가 오다.

4월 2일   날씨 맑음.

경상 수가 권준이 부찰사 한효순을 맞이할 일로 나가다. 신사과도 같은 배로 가다. 밤에 몸이 몹시 좋지 못했다.

4월 3일   날씨 맑음.

어제저녁 견내량 복병이 보고하되, 왜적 4명이 부산에서 장사차 나왔다가 바람에 밀려 표류되었다 하므로, 새벽에 녹도 만호 송여종을 보내어 사실 여부와 그 정황을 살피게 했던 바, 적의 염탐꾼이므로 목을 베다. 우수사를 가보려다가 몸이 몹시 불편하여 못 가다.

4월 4일   날씨 흐림.

아침에 오철이 나가다. 종 금이도 같이 갔다. 아침에 체찰사의 공문을 연폭으로 해서 벽에 붙이다. 여러 장수들의 표신을 고치다.

우수사 이억기를 가서 보고 이야기하다가 취하여 돌아오다. 충청도 군대의 목책을 치다. 8시가 지나서야 저녁을 먹다. 속이 후덥지근하고 땀이 배다. 밤 10시께 잠깐 비가 내리다가 그치다.

4월 5일   날씨 맑음.
부체찰사 한효순이 들어오다.

4월 6일   날씨 흐림. 비는 내리지 않다.
부체찰사가 활쏘기를 시험하다. 저녁에 나와 우수사가 들어가 앉아 군인들에게 같이 음식을 풀어 먹이다.

4월 7일   날씨 맑음.
부체찰사가 나가 앉아 상을 나누어 주다. 부산 사람이 들어왔는데 명나라 사신 이종성이 달아났다 하니 무슨 일인지 모르겠다. 부체찰사가 입봉에 올라갔다. 점심 후 두 수사와 더불어 이야기하다.

4월 8일   날씨 종일 비가 내리다.
늦게 부체찰사와 더불어 술이 취하도록 마시고 석가 탄신 관등절이라 관등하고 헤어지다.

4월 9일   날씨 맑음.

부체찰사가 떠나므로 포구로 나가 같은 배를 타고 이야기하다가 작별하다.

4월 10일   날씨 맑음.

말을 들으니 어사가 온다고 한다. 수사 이하가 포구에 나가 기다리다. 조붕이 보러 오다. 그의 모습을 본 즉, 학질을 오래 앓아서인지 몹시 말랐다. 매우 딱하다. 늦게 어사가 들어와 같이 이야기하다가 불을 밝힌 다음에 헤어지다.

4월 11일   날씨 맑음.

어사와 함께 조용히 이야기하다. 장병들에게 잔치를 베풀어 주고 활 10순을 쏘다.

4월 12일   날씨 맑음.

어사가 밥을 지어 군사들을 먹이게 한 뒤, 활 10순을 쏘고 종일 이야기하다.

4월 13일   날씨 맑음.

어사와 같이 아침밥을 먹다. 어사와 만나 느지막하게 포구로 나가니 남풍이 세게 불어 배가 나아갈 수 없다. 선인암에 이르러 이야기하다가 어두워서야 작별하다. 저물어 거망포에 이르렀다. 잘 갔는지 모르겠다.

4월 14일 날씨 종일 궂은비가 내리다.
홍주 판관 박윤과 강진 만호 조효열이 교서에 숙배한 뒤에, 충청 우후 원유남을 곤장 때리다. 당진 만호도 함께 벌을 받다.

4월 15일 날씨 맑음.
단오절의 진상을 봉하여 곽언수에 주어 보내다. 영의정 유성룡·영부사 정탁·판서 김명원·지사 윤자신·조사척·신식·남이공 등에게 편지를 쓰다.

4월 16일 날씨 맑음.
아침 식후에 나가서 난에몬 등을 불러다가 불지른 왜놈 3명이 누구누구인가를 물어본 뒤 붙들어다 목을 베다. 우수사·경상 수사·가리포 첨사·방답 첨사 등과 함께 이야기하다가 밤이 들어서야 헤어지다. 이날 밤 바다에는 달빛이 차게 비치고 티끌 한 점 일지 않는다. 다시 땀을 흘리다.

4월 17일 날씨 맑음.

아우 여필과 아들 면이 종을 데리고 돌아가다. 늦게 각 고을 공문서를 체결해 보내다. 이날 저녁 위가 안위를 가서 보고 오다.

4월 18일 날씨 맑음.

각 고을과 포구에 공문을 작성하여 보내다. 체찰사에게 가는 서류를 내어보내다. 늦게 충청 우후 원유남·경상 우후 이의득·방답 첨사 장인·조방장 김완·방답 첨사 장인·조방장 김완과 활 20순을 쏘다. 마도 군관이 복병처에서 항복한 왜놈 1명을 잡아오다.

4월 19일 날씨 맑음.

습열로 침 20여 곳을 맞다. 속에 번열이 나는 것 같아 종일 방에서 나가지 않다. 어둘 녘에 영등이와 보고 돌아가다. 종 목년과 금화, 풍진들이 현신하다. 이날 난에몬을 통하여 도요토미 히데요시가 죽었다는 말을 들었으나 믿을 수는 없다. 이 소문이 일찍이 퍼졌었는데 아직 확실한 기별은 아니 오다.

4월 20일 날씨 맑음.

경상 수사 권준이 와서 내일 만나자고 하다. 활 10순을 쏘다.

4월 21일   날씨 맑음.

경상 수사의 진으로 가는 길에 우수사 이억기의 진에 들러 함께 경상 수사의 진으로 가 종일 활을 쏘다. 잔뜩 취해서 들어오다. 조방장 신호가 병으로 자기 집으로 돌아가다. 영인이 오다.

4월 22일   날씨 맑음.

부산 허내만이 보낸 고목(옛날 상인이 양반에 하던 편지)에 명나라 정사 이종성이 달아나고, 부사 양방형은 여전히 왜적의 진영 안에 있는데, 4월 초 8일에 달아난 사연을 상부에 보고했다 한다. 김 조방장이 와서 노천기가 술을 먹고 주책 없이 굴다가 본영 진무 황인수, 성복 들에게 욕을 당했다고 아뢰므로 곤장 30대를 때렸다. 활 10순을 쏘다.

4월 23일   날씨 맑음.

첨지 김경록이 들어오다. 일찍 아침을 먹고 나가 앉아 그와 더불어 술을 마시다. 늦게 군사들 중에서 힘 센 자들을 골라 씨름을 시켰는데, 성복이란 자가 판을 치므로 상을 주다. 충청 우후 원유남·마량 첨사 김응황·당진 만호 조효열·홍주 판관 박윤·결성 현감 손안국·파지도 권관 송세응·옥포 만호 이담 등과 활 10순을 쏘다. 자정에 영인이 돌아가다.

4월 24일 날씨 맑음.

식후에 목욕탕으로 나가 여러 장수들과 이야기하다.

4월 25일 날씨 맑음. 남풍이 크게 불다.

우수사가 와서 이야기하다. 일찍이 목욕탕에 들어가서 오래 있었다. 또 목욕탕에 들어가니 물이 너무 뜨거워 오래 있지 못하고 도로 나오다.

4월 26일 날씨 맑음.

아침에 들으니 체찰사 군관이 경상도로 갔다고 한다. 경상 수사가 와서 보다. 체찰사 군관이 오다. 식후에 목욕하다. 김양간이 소를 실어올 일로 본영으로 가다.

4월 27일 날씨 맑음.

체찰사의 공문 회답이 오다. 목욕하다.

4월 28일 날씨 맑음.

여러 장수들이 모두 와서 인사하다. 두 번 목욕하다. 경상 수사는 뜸을 뜨느라고 오지 못하다.

4월 29일 날씨 맑음.

한 번 목욕하다. 난에문으로 하여금 투항한 왜인 사고여음의 목을 베게 하다.

4월 30일 날씨 맑음.

한 번 목욕하다. 우수사가 보러 오다. 충청 우후도 와보고 돌아가다. 부산 허내만의 고목(편지)에 고니시 유키나가가 철병할 뜻이 있는 것 같다 한다. 김경록이 돌아가다. 어머님의 편지가 오다.

5월 1일 날씨 흐리고 비는 내리지 않음.

경상 수사 권준이 와서 보다. 한 번 목욕하다.

5월 2일 날씨 맑음.

일찍 목욕하고 진으로 돌아오다. 총 두 자루를 만들다. 조방장 김완과 조계종이 와서 인사하다. 우수사 이억기가 김인복의 목을 베어 효시하다. 이 날은 사무를 보지 않다.

5월 3일 날씨 맑음.

가뭄이 너무 심하다. 매우 걱정이다. 나가서 공무를 보다. 경상 우후 이의득이 와서 활 15순을 쏘다. 저물게 들어오다. 총통 2자루를 녹여 만들다.

5월 4일   날씨 맑음.
이날이 어머님 생신인데 헌수하는 술잔을 올리지 못하니 심란하다. 나가지 않았다. 오후에 우수사가 사무 보는 집에서 불이 나 집이 모두 타다. 이날 저녁 문촌공이 부요로부터 오다. 조종의 편지를 가지고 왔는데 조정이 4월 초 4일에 세상을 떠났다고 한다. 슬프고 애석하다. 우후가 앞산에서 여제를 지내다.

5월 5일   날씨 맑음.
이날 새벽에 여제를 지내다. 일찍이 아침 식사를 마치고 나가 공무를 보다. 회령포 만호가 교서에 숙배한 뒤 여러 장수가 와서 인사하므로 위로의 술잔을 돌리니 네 순배에 경상 수사가 술이 거나해 보이므로, 씨름을 시켰더니 낙안 군수 임계형이 제일이다. 밤이 깊도록 즐거이 마시고 뛰놀게 하는 것이 억지로 그렇게 시키는 것이 아니라 오랫동안 군무에 시달린 장병들에게 그 수고를 풀어주기 위해서였다.

5월 6일   날씨 늦게 시작하여 큰 비가 오니 농사에 흡족하겠다.
아! 기쁘다. 비오기 전에 활 5,6순을 쏘았다. 비는 밤새도록 그치지 않다. 아들 위가 김대복과 더불어 같은 배로 떠나다. 잘 갔는지 모르겠다. 밤새 걱정하다. 어둘 무렵 총 만들 때 필요한 숯을 넣어 두는 창고에 불이 일어나 홀랑 타 버렸다. 이는 감독관들이 불성실한 탓이니 한탄스럽다.

5월 7일 날씨 늦게 맑음.

이날 위가 떠난 후 잘 갔는지 몰라서 걱정스럽다. 밤에도 걱정하고 앉았는데, 문 두들기는 소리가 나기에 열고 물어보니 이영남이 들어왔으므로 불러들여 조용히 옛날 이야기를 하다.

5월 8일 날씨 맑음.

이영남과 이야기하다가 늦게 나가 공무를 보다. 경상 수사가 와서 보다. 활 10순을 쏘다. 몸이 몹시 불편하여 두 번이나 구토를 하다. 이날 영산 이중의 무덤을 파낸다는 말을 듣다. 저녁에 조카 완이 들어오다. 김효성과 비인 현감 신경징도 들어오다.

5월 9일 날씨 맑음.

몸이 매우 불편하다. 이영남과 서관(황해도 평안도) 일을 이야기하다. 날이 어둘 녘부터 비가 뿌리기 시작한 것이 새벽까지 계속했다. 부안 전선에서 불이 났으나 과히 타지 않아 다행이다.

5월 10일 날씨 맑음.

국기 일이라 공무를 보지 않다. 몸이 또 불편하여 종일 신음하다.

5월 11일 날씨 맑음.

새벽에 앉아서 이정과 이야기하다. 식후에 나가 공무를 보다. 비인 현감 신경징의 기일 어긴 죄를 처벌하다. 곤장 20대를 때리다. 또 순천 격군 감관 조명의 죄도 처벌하다. 몸이 불편하여 일찍 들어가 신음하다. 거제 현령 안위·영등포 만호 조계종과 이영남과 함께 자다.

5월 12일 날씨 맑음.

이영남이 돌아가다. 몸이 불편하여 종일 신음하다. 김해 부사 백사림의 보고와 부산에서 왜적에게 붙었던 김필동의 고목(편지)이 왔는데 내용은 도요토미 히데요시가 비록 정사는 없을지라도 부사가 그대로 있으니 곧 화친하고 철병하려고 한다 하였다.

5월 13일 날씨 맑음.

부산 허내만의 편지에, 왜장 가토 기요마사가 벌써 초 10일에 그의 군대를 거느리고 바다를 건너갔고 각 진의 왜놈들도 장차 철수할 것이요, 부산 왜병은 명나라 사신을 모시고 바다를 건너가

기 위하여 아직 머물러 있는 것이라 하였다. 이날 활 9순을 쏘다.

5월 14일 날씨 맑음.

김해 부사 백사림의 급보도 역시 허내만의 편지와 같으므로 순천 부사에 통보하여 그로 하여금 차례로 통보하게 하다. 활 10순을 쏘다. 결성 현감 손안국이 떠나가다.

5월 15일 날씨 맑음.

새벽에 망궐례를 행하다. 우수사는 오지 않다. 식후에 홀로 말을 타고 한산도 뒷봉우리로 달려 올라가 오도와 쓰시마도를 바라보다. 날이 늦게 작은 개울가로 돌아와 조방장과 거제 현령과 함께 점심을 먹고 저물어서야 진으로 돌아오다. 어둔 후 따뜻한 물에 목욕을 하고 잤다. 바다에 달은 밝고 바람 한점 없다.

5월 16일 날씨 맑음.

아침에 송한련 형제가 물고기를 잡아오다. 충청 우후 원유남·홍주 판관 박윤·비인 현감 신경징·파지도 권관 송세응 및 우수사 이억기가 와서 보다. 이날 밤에 비 올 징조가 많더니 자정에 비가 내리다. 밤에 정화수를 마시고 싶었다.

5월 17일   날씨 종일 비가 내리다.

농사에 아주 흡족하다. 풍년이 들겠다. 영등 만호 조계종이 보러 오다. 다락에 기대어 혼자 시를 읊조리다.

5월 18일   날씨 비가 잠깐 개기는 했으나 바다 위에 낀 안개는 걷히지 않다.

체찰사에게서 서류가 왔었다. 늦게 경상 수사가 보러 오다. 늦게 나가 공무를 보고 활을 쏘다. 저녁에 탐후선이 들어와 어머님 편안하시다 한다. 진지를 전같이 잡수시지 못하신다니 답답하고 슬프다. 춘절이 누비옷을 가지고 오다.

5월 19일   날씨 맑음.

방답 첨사 장인이 어머니의 상사를 당했으므로 우후를 가장으로 정해 보내다. 활을 쏘다. 땀이 온 몸을 적시다.

5월 20일   날씨 맑음. 바람도 없었다.

대청 앞에 기둥을 세우다. 늦게 나갔더니 웅천 현감 김충민이 와서 양식이 떨어졌다고 하기에 벼 2곡(곡식을 계산하는 단위, 혹은 10말 혹은 6말)을 체지로 써서 주다. 사도 첨사가 돌아오다.

5월 21일   날씨 맑음.

우후 이몽구와 함께 활을 쏘다.

5월 22일   날씨 맑음.

충청 우후 원유남과 좌우후 이몽구와 홍주 판관 박윤 등과 함께 활을 쏘다. 홍우가 장계를 가지고 순찰사 영으로 가다.

5월 23일   날씨 흐림. 비는 오지 않다.

충청 우후 등과 활 15순을 쏘다. 아침에 미조항 첨사 장의현이 교서에 숙배한 뒤에 장흥으로 부임하다. 춘절이 본영으로 돌아가다. 밤 10시쯤에 땀이 무시로 흐르다. 이날 저녁 새로 지은 다락 지붕을 다 이지 못하다.

5월 24일   날씨 흐림.

나라의 기일이라 공무를 보지 아니하다. 저녁에 나가서 활 10순을 쏘다. 부산의 허내만의 편지가 들어왔는데 좌도 각 진의 왜병들이 이미 모조리 철수하고 다만 부산에만 남았다 한다. 명나라 수석 사신이 갈려서 새로 된 사람이 온다고 하는 기별이 22일 부사에게 왔다고 한다. 허내만에게 쌀 10말과 소금 1곡을 보내주고서 힘껏 정보를 수집해서 보내라고 이르다. 어둘 녘에 비가 내리기 시작해서 밤새 쏟아지다. 박옥, 옥지, 무재들이 살대 150개를 처음으로 만들어내다.

5월 25일 날씨 종일 비가 내리다.
홀로 다락 위에 앉아 있으니 심란하다. 우리 나라 역사를 읽어 보니 감개한 생각이 많다. 무재들이 만드는 화살로 흰 굽에 톱질 넣은 것 천 개, 흰 굽이 그대로 있는 것 870개.

5월 26일 날씨 음침한 안개가 걷히지 않고 남풍이 세게 불다.
늦게 나가 공무를 보다. 충청 우후 및 우후 등과 활을 쏠 때 경상 수사가 와서 함께 10순을 쏘다. 이날 저녁도 찌는 듯 무더워서 계속 땀을 흘리다.

5월 27일 날씨 종일 가랑비가 내리다.
충청 우후 원유남과 좌우후 이몽구가 와서 종정도놀이를 하다. 저녁에 무더워서 온몸이 땀으로 젖었다.

5월 28일 날씨 궂은비가 개지 않다.
들으니 전라 감사 홍세공이 파면되었다 하고, 가토 기요마사가 부산으로 들어왔다고 하나 모두 믿기 어렵다.

5월 29일 날씨 궂은비가 저녁까지 오다.

빙모의 제삿날이어서 공무를 보지 못 하다. 고성 현령과 거제 현령이 와서 인사하고 돌아가다.

5월 30일 날씨 흐림.

아침에 곽언수가 돌아왔는데 영의정 유성룡·영부사 정탁·지사 윤자신·조사척·신식·남이공 등의 편지를 가지고 오다. 늦게 우수사를 가서 만나고 종일 즐기다가 돌아오다.

6월 1일 날씨 종일 궂은비가 내리다.

늦게 충청 우후 원유남·본영 우후 이몽구·홍주 판관 박윤·비인 현감 신경징 등을 불러와서 이야기하다. 윤연이 자기 포구로 간다고 하기에 도양장의 종자콩이 부족하거든 김덕록에게서 가져가도록 하라고 체지를 써주어 보내다. 남해 현령이 도임장을 가지고 와서 바치다.

6월 2일 날씨 비.

아침에 우후가 방답으로 가고 비인 현감 신경징도 떠나가다. 늦게 나가 공무를 보고 활 10순을 쏘다. 가죽 앞치마를 만들다. 편지를 써서 본영에 보내다.

6월 3일   날씨 흐림.

아침에 제포 만호 성천유가 교서에 숙배하다. 김양간이 농우를 싣고 떠나다. 새벽 꿈에 난 지 대여섯 달밖에 안 되는 어린 아이를 친히 안았다가 도로 내려놓다. 금갑도 만호가 와서 인사하다.

6월 4일   날씨 맑음.

식후에 나가 공무를 보다. 가리포 첨사·임치 첨사·남도 만호·충청 우후·홍주 판관 등이 와서 활 7순을 쏘다. 우수사 이억기가 왔으므로 과녁을 그려 붙이고 활 12순을 쏘고 취해서 헤어지다.

6월 5일   날씨 흐림.

아침에 박옥, 무재, 옥지들이 연습용 화살 150개를 만들어 바치다. 나가서 공무를 보고 활 10순을 쏘다. 경상 우도 감사의 군관이 편지를 가지고 왔는데, 감사는 집안에 혼사가 있어서 서울로 올라갔다고 한다.

6월 6일   날씨 맑음.

사도의 장수들이 모두 모여 활을 쏘고 주식을 먹이다. 또 다시 활을 쏘아 승부를 가리고 헤어지다.

6월 7일   날씨 아침엔 흐리다가 늦게 개다.

충청 우후 등과 더불어 활 10순을 쏘다. 이날 왜의 조총 값을 주다.

6월 8일   날씨 맑음.

일찍 나가 공무를 보고 활 15순을 쏘다. 남도포 만호의 소실인 본포 사람이 허가의 집으로 들어가서 강짜 싸움을 했다고 한다.

6월 9일   날씨 맑음.

일찍 나가 충청 우후·당포 만호·여도 만호·녹도 만호 등과 활을 쏠 때 경상 수사가 와서 함께 20순을 쏘다. 경상 수사가 잘 맞혔다. 이날 아침에 종 금이가 본영으로 갔고 옥지도 갔다. 저녁에 몹시 더워서 땀을 계속 흘리다.

6월 10일   날씨 종일 비.

낮에 부산에서 허내만의 편지가 왔는데 소 요시토시가 초9일 이른 아침에 쓰시마로 들어갔다 한다.

6월 11일   날씨 비. 늦게 개다.

활 10순을 쏘다.

6월 12일   날씨 맑음. 더위가 찌는 것 같다.

충청 우후 등을 불러 활 15순을 쏘다. 남해 현감 박대남의 편지가 오다.

6월 13일   날씨 맑음. 몹시 더웠다.

경상 수사가 술을 가지고 오다. 활 15순을 쏘다. 경상 수사가 잘 맞혔지마는 김대복이 첫째를 하다.

6월 14일   날씨 맑음.

일찍 일어나 공무를 보고 활 15순을 쏘다. 아침에 아들 회·이수원이 함께 이르러 어머님 편안하시다 한다.

6월 15일   날씨 맑음.

새벽에 망궐례를 행하다. 우수사, 가리포 첨사, 나주 판관은 병을 핑계하고 참례하지 않다. 늦게 나가 앉아 공무를 보다. 충청 우후 원유남·조방장 김완 등 여러 장수들을 불러 활 15순을 쏘다. 이날 부산 허내만이 와서 왜의 적정을 전하므로 양식을 주어 돌려보내다.

6월 16일   날씨 맑음.

늦게 경상 수사가 와서 이야기하다. 나가 공무를 보고 활 10순을 쏘다. 저녁에 김붕만과 배필련 등이 자리를 사가지고 진에 오다.

6월 17일   날씨 맑음.

우수사가 와서 활 15순을 쏘고 헤어지다. 수사는 술을 마시지 않았다. 충청 우후는 그 아버지의 제삿날이므로 거망포로 간다고 했다.

6월 18일   날씨 맑음.

늦게 나와 활 15순을 쏘다.

6월 19일   날씨 맑음.

체찰사에게 공문을 발송하다. 늦게 나가 활 15순을 쏘다. 이설에게서 황정록의 형편없는 짓을 들었다. 발포 보리밭에서 보리 26섬이 났다고 한다.

6월 20일   날씨 맑음.

어제 아침 곡포 권관 장후완이 교서에 숙배한 뒤 평산포 만호 김축에게 일찍이 진에 도착하지 않은 까닭을 문책하니 기일을 정해 주지 않아서 50여 일을 물리게 된 것이었다고 한다. 해괴망측하다. 곤장 30대를 때리다. 낮에 남해 현령 박대남이 들어와 교서에 숙배한 뒤 같이 이야기하고 활도 쏘다. 충청 우후도 오다. 같이 15순을 쏘았다. 다시 박남해를 데리고 안으로 들어가서 잔 사정을 이야기하다가 밤이 깊은 후 헤어졌다. 임달영이 왔는데, 소를 무역한 명세표와 제주 목사의 편지를 가지고 왔다.

6월 21일 날씨

내일이 제삿날이므로 공무를 보지 않다. 아침에 남해 현령 박대남을 불러 아침 식사를 같이 하고, 그는 경상 수사에게로 갔다가 저녁에 돌아와 같이 이야기하다.

6월 22일 날씨 맑음.

할머님 제삿날이라 공무를 보지 아니하고 남해 현령 박대남과 종일 이야기하다.

6월 23일 날씨 종일 비가 내리다.

남해 현령과 이야기하다. 늦게 남해 현령이 경상 수사에게로 가다. 조방장 김완·충청 우후 원유남·여도 만호 김인영·사도 첨사 황세득 등을 불러 술과 고기를 먹이다. 곤양 군수 이수일도 와서 인사하다. 저녁 때 남해 원이 경상 수사에게서 돌아왔는데 술을 취해서 인사불성이 되다. 하동 현감도 왔는데 도로 본현으로 돌려보내다.

6월 24일 날씨 맑음. 초복.

일찍 나가 충청 우후와 더불어 활 15순을 쏘다. 경상 수사도 와서 같이 쏘다. 남해는 자기 고을로 돌아가다. 투항한 왜놈 야에몬 등이 저희 동료 신시로를 죽이라고 청하므로 명령하여 죽이다. 남원의 김홍이 군량을 축낸 데 대해서 증거 자료를 얻어내고자 이리로 오다.

6월 25일 날씨 맑음.

일찍 나가 공무를 보다. 조방장·충청 우후·임치 첨사·목포 만호·마량 첨사·녹도 만호·회령포 만호·파지도 권관 등이 와서 철전 5순, 편전 3순을 쏘고 활 6순을 쏘다. 남원의 김홍이 돌아가다. 저녁 때 몹시 더워서 땀을 흘리다.

6월 26일 날씨 비가 내리고 센바람도 불다.

늦게 나가 철전과 편전을 각각 5순씩 쏘다. 왜인 난에몬 등이 와서 고하는 목수의 아내를 붙잡아들여 곤장을 때리다. 이날 낮에 망아지 2필의 편자 4개가 떨어졌다.

6월 27일 날씨 맑음.
나가 공무를 보다. 조방장 김완과 충청 우후·가리포 첨사·당진포 만호·안골포 만호 등과 철전 5순, 편전 3순, 활 7순을 쏘다. 이날 저녁 송구를 가두다.

6월 28일 날씨 맑음.
나라의 기일이라 공무를 보지 아니하다. 고성 현감이 급보를 전하되, 순찰사의 행차가 어제 벌써 사천에 이르렀다 한다. 오늘은 응당 소비포에 이를 것이다. 수원이 돌아가다.

6월 29일 날씨 아침엔 흐리다가 저물어 개다.
주선이 받아가다. 늦게 나가 공무를 본 뒤에 조방장·충청 우후·나주 통판과 함께 철전·편전과 아울러 활 18순을 쏘다. 무더위가 찌는 듯하다. 초저녁에 땀이 줄줄 흐르다. 냄해 원의 편지가 오고, 야에몬이 돌아가다.

7월 1일 날씨 맑음.
나라의 기일이라 공무를 보지 아니하다. 경상 우순찰사 서성이 진에 왔으나 이날은 서로 만나지 않다. 그의 군관 나굉이 그의 장수의 말을 하러 여기에 오다.

7월 2일 날씨 맑음.
경상 순찰사 영의 진으로 가서 순찰사와 함께 이야기하다가 한참 만에 새 활터 정자로 가서 편을 갈라 활을 쏘았는데 경상 순찰사가 162획을 지다. 종일토록 즐기다. 불을 켜들고 돌아오다.

7월 3일 날씨 맑음.
순찰사와 도사가 함께 와서 활을 쏘았는데 순찰사 편이 또 96점을 졌다. 밤이 깊어 돌아가다. 아침나절 체찰사에게서 서류가 오다.

7월 4일 날씨 맑음.
경상도 영으로 가서 순찰사와 서로 만나 이야기하다가, 이윽고 배로 내려가 같이 앉아 포구로 나가니, 여러 배들이 밖으로 열을 지어 있다. 종일 이야기하며 선암 앞바다에 이르러 닻을 걷고 작별하는데 바라보며 서로 읍하다. 그길로 우수사와 경상 수사와 함께 같은 배로 들어가다.

7월 5일 날씨 맑음.

늦게 나가 활을 쏘다. 충청 우후 원유남도 같이 쏘다.

7월 6일 날씨 맑음.

일찍 나가 공무를 보다. 거제 현령·웅천 현감·삼천포 권관이 와서 보다. 이곤변의 편지가 왔는데 그 사연 가운데 입석의 잘못을 많이 말했으니 가소롭다.

7월 7일 날씨 맑음.

경상 수사 권준과 우수사 이억기가 여러 장수들과 함께 와서 활쏘기 3관을 하다. 종일 비는 오지 않다. 저녁 때 활 만드는 직공 지이와 춘복이 본영으로 돌아가다.

7월 8일 날씨 맑음.

충청 우후 원유남과 함께 활 10순을 쏘다. 체찰사의 비밀 표험을 받으러 갔다고 한다.

7월 9일 날씨 맑음.

아침나절 체찰사에게 가는 각항 공문을 서류로 작성해서 이전이 받아갔다. 경상 수사가 와서 통신하는 배들에 풍석(돛을 만드는 돗

자리)을 준비하기가 어렵다고 강조한다. 우리 것을 빌려썼으면 하는 뜻이 그 말 속에 나타났다. 물을 끌어들일 대나무와 중국에 가는 사신들이 요구하는 부채를 만들 대나무를 얻어 오기 위해 박자방을 남해로 보내다. 오후에 활 10순을 쏘다.

7월 10일 날씨 맑음.

새벽 꿈에 어떤 사람이 화살을 멀리 쏘는 것이고, 또 어떤 사람이 갓을 발로 차서 부수었다. 스스로 점을 쳐보니 적들이 멀리 도망갈 것과, 적의 괴수를 모조리 잡아없앨 징조라 하겠다. 체찰사의 전령이 왔는데 보니, 첨지 황신이 이제 명나라 사신을 따라가는 정사가 되고, 권황이 부사가 되어 근일에 바다를 건너 일본으로 갈 것이니, 타고 갈 배 3척을 준비하여 부산에다 대어 놓아라 하였다. 경상 우후가 와서 백문석 150닢을 빌려가다. 충청 우후·사량 만호·지세포 만호·옥포 만호·홍주 판관·전 적도 만호 고여우 등이 와서 인사하다. 경상 수사가 급보하기를, 춘원포에 왜선 1척이 도착하여 정박했다 한다. 그러므로 몇 장수를 뽑아 탐색하게 하다.

7월 11일 날씨 맑음.

아침 체찰사에게서 통문 온 배 문제로 공문을 작성하여 보내다.

늦게 경상 수사가 와서 사신들을 따라 바다를 건너갈 격군에 관하여 의논하다. 또 그 사람들의 길 양식으로 23섬을 찧은 것이 21섬이 되므로 2섬 1말이 준 셈이다. 나가서 공무를 보고 3가지 화살로 활쏘는 것을 보다.

7월 12일　날씨 맑음.

새벽에 비가 잠시 뿌리다가 곧 그치고 무지개가 서서 한참 그대로 서 있다. 늦게 경상 우후 이의득이 와서 삿자리 15닢을 빌려가다. 바다 건너갈 격군의 군량으로 백미 20석과 중미 40석을 차사원 변익성과 수사의 군관 정존극이 받아가다. 조방장이 오고 충청 우후도 와서 활을 쏘다. 과거에 같이 급제한 남치온이 오다.

7월 13일　날씨 맑음.

명나라 사신을 따라갈 우리 사신들이 탈 배 3척을 준비하여 오전 10시에 보내다. 늦게 활 13순을 쏘다. 해진 뒤에 항복한 왜인들이 광대놀이를 차렸다. 장수된 사람으로서는 그대로 둘 일이 못되지만 항복한 왜인들이 놀음 한번 놀기를 간절히 바라기에 금하지 않았다.

7월 14일 날씨 비.

오늘이 보름달이다. 저녁에 고성 현감 조응도가 와서 이야기하다.

7월 15일 날씨 비.

새벽 비에 망궐례를 못 드리다. 늦게 맑게 개다. 경상 수사 권준과 전라 우수사 이억기가 함께 모여 활을 쏘고 헤어지다.

7월 16일 날씨 새벽에 비가 내리고 늦게 개다.

북쪽으로 툇마루 3간을 만들다. 이날 충청도 홍주의 격군으로, 신평 사는 사삿집 종 걸복이 도망가다 잡혀와 효시하다. 하동 현감 신진과 사천 현감 기직남이 오다. 늦게 3가지 화살로 활을 쏘다. 이날 저녁 바다 달이 하도 밝아서 혼자 다락에 기대었다가 10시쯤 잠자리에 들다.

7월 17일 날씨 비. 비는 새벽에 오다가 곧 그치다.

충청도 홍산에서 큰 도적들이 일어나 홍산 현감 윤영현이 잡히고 서천 군수 박진국도 잡혔다 한다. 외적도 소멸하지 못한 이 마당에 내적들이 이러하니 참으로 놀랍고 가슴 아프다. 남치온과 고성 현령·사천 현감이 돌아가다.

선조 29년, 서기 1596년

7월 18일 날씨 맑음.

공문을 발송하다. 충청 우후와 홍주 반자가 충청도 도적들의 사건을 듣고 와 보고한다. 저녁에 항복한 왜놈 연은이·여이·여문 등이 난에문을 해하고자 흉모를 꾸민다 한다.

7월 19일 날씨 맑음.

난에문이 연은이·여이·여문 등을 목베다. 우수사가 와 보고 돌아가다. 경상 우후 이의득, 충청 우후 원유남과 다경포 만호 윤승남이 오다.

7월 20일 날씨 맑음.

경상 수사가 와서 보다. 본영 탐후선이 들어와 어머님 편안하시다니 다행이다. 그 편에 충청도 토적 이몽학이 포수 이시발에게 총맞아 즉사했다 하니 다행이다.

7월 21일 날씨 맑음.

늦게 나가 공무를 보다. 거제 현령·나주 판관·홍주 판관·옥포 만호·웅천 현감·당진포 만호 등이 오다. 옥포에는 배 만드는 데에 쓸 양식이 없다고 하므로 체찰사 관계의 군량 중에서 2곡을 내주고, 웅천과 당진포에는 배 만들 쇠 15근을 함께 주다. 이날 아들 회가 방자 수를 곤장 때렸다 하기에 아들을 뜰 아래에서 잘 타이르다. 밤이 든 후에 땀이 흐르다. 통신사가 청하는 표피를 가지러 본영으로 배를 보내다.

7월 22일   날씨 맑음. 센 바람이 불다.

종일 나가지 않고 홀로 다락 위에 앉다. 종 효대, 팽수가 흥양의 군량선을 타고 나가다. 순천 관리의 문장에 충청도 토적이 홍산에서 일어났다가 피살되었는데, 홍주 등 세 고을이 포위를 당했다가 간신히 면했다 하니 가히 통탄스럽다. 낙안 교대선이 들어오다. 자정에 비가 크게 쏟아지다.

7월 23일   날씨 큰 비. 오전 10시에 갰으나 이따금 보슬비가 내리다.

홍주 판관 박윤이 돌아가다.

7월 24일   날씨 맑음.

나라의 기일이다. 이날 새로 우물 파는 데를 가 보다. 경상 수사도 오다. 거제 현령·금갑도 만호·다경포 만호도 뒤따라오다. 샘 줄기가 깊고 수원도 길다. 오후에 돌아와 활 3관을 쏘다. 어둘 녘에 곽언수가 표범 가죽을 가지고 들어왔다. 이날 밤 속이 답답하여 자지 못하고 밤중까지 앉았다 누웠다 하다가 밤이 깊어서야 잠들다.

7월 25일 날씨 맑음.
아침에 사냥한 껍질들의 수효를 세어 녹피 10장은 창고에 넣고 표피와 화문석을 통신사에게로 보내다.

7월 26일 날씨 맑음.
이전이 체찰사에게로부터 표험 3부를 가져왔는데 하나는 경상 수사에게 보내고, 하나는 전라 우수사에게로 보내다. 금오랑과 나장이 윤승남을 잡으러 오다.

7월 27일 날씨 맑음.
늦게 사장으로 달려가 도로 수선하는 일을 녹도 만호에게 일러 주다. 다경포 만호 윤승남이 잡혀가다. 종 경이 병을 앓다.

7월 28일 날씨 맑음.
종 무학, 무화, 박수매, 우로, 음금 등이 26일 왔다가 오늘 돌아가다. 늦게 충청 우후와 활 3가지를 쏘다. 철전이 36분, 편전이 60분, 보통 화살이 26분, 합계 122분이었다. 종 경이 몹시 앓는다고 하니 걱정이다. 고향 아산으로 추석 제물을 보내는 편에 홍,

윤, 이 등 네 군데 편지를 부치다. 밤 10시에 꿈속에서까지 땀을 흘리다.

7월 29일 날씨 맑음.
경상 수사와 우후가 와서 보다. 충청 우후도 오다. 활 3가지를 쏘다. 내가 쏘던 활을 고재(고재확의 끄트머리)가 들떠서 곧 수리하라고 하다. 제찰사에게서 과거장을 개설하라는 공문이 오다. 저녁 때 들으니 점장이 집의 집보던 아이가 그 집의 잔세간을 훔쳐 도망했다 한다.

7월 30일 날씨 맑음.
새벽에 갈몰이 들어오다. 밤 꿈에 영의정과 조용히 이야기하다. 아침에 이진이 본영으로 돌아가고 춘화도 돌아가다. 김대인이 담제를 지내기 위해 말미를 받아가지고 돌아오다. 늦게 조방장이 와서 활 3가지를 쏘다. 저녁에 탐후선이 들어와 어머님 편안하신 줄 알다. 임금님의 유지 두 통이 내려오고 전마도 들어오다. 면의 말도 들어오고 지이와 무재도 함께 오다.

8월 1일 날씨 맑음.
새벽에 망궐례를 행하다. 충청 우후, 금갑도 만호, 목포 만호, 사도 첨사, 녹도 만호들이 참례하다. 늦게 파지도 권관 송세응이 돌아가다. 오후에 사장으로 가서 말을 달리다. 저물어 돌아오다. 부산 갔던 곽언수가 돌아와 통신사의 답장을 전하다. 어둘 무렵에 비 올 징조가 많으므로 비오기 전에 예비할 일들을 지시하다.

8월 2일 날씨 아침에 큰 비가 내리다.

지이로 하여금 새로 만든 활들을 폈다가 늦췄다가 해 보게 하다. 늦게 광풍이 일고 빗발이 삼대 같아서 대청마루에 걸어놓은 바람막이가 방마루 바람막이에 부딪쳐 일시에 두 바람막이가 깨어져 조각났다. 아깝다.

8월 3일 날씨 맑다가 비가 오다.

지이로 하여금 새로 만든 활들을 다뤄 보게 하다. 조방장·우후·충청 우후가 와서 인사하다. 그리하여 활을 쏘다. 아들들은 육냥궁(철전에 육냥, 아냥, 장전, 세 종류가 있다.)을 쏘다. 이날 저녁 송희립과 아들들을 시켜 이름이 기록된 황득중, 김응겸의 허통하는 증명서를 작성해 주게 하다. 오후 8시부터 비가 시작해서 새벽 두 시에 그치다.

8월 4일 날씨 맑음. 동풍이 세게 불다.

아들 회·면과 조카 완 등이 떠나다. 정선도 떠나다. 정사립이 휴가를 받아 가다. 늦도록 다락에 앉아서 아이들이 떠나는 것을 바라보느라고 바람에 몸 상하는 줄도 모르다. 늦게 대청에 나가서 활 두어 순을 쏘다가 몸이 몹시 불편하여 활을 중지하고 안으로 들어오다. 몸이 몹시 움츠러져서 곧 이불을 두껍게 덮고 땀을 내다. 저물게 경상 수사가 와서 문병하고 가다. 밤에는 낮보다 배나 앓아 신음하면서 밤을 새다.

8월 5일 날씨 맑음.

몸이 불편하여 공무를 보지 아니하다. 가리포 첨사가 와서 인사하다.

8월 6일 날씨 흐림.

아침에 조방장 김완·충청 우후 원유남·경상 우후 이의득 등이 문병 오다. 당포 만호 안이명이 자기 어머니 병환이 중하다고 와서 알리다. 경상 수사와 우수사가 와서 보다. 조방장 배흥립이 들어 왔다가 날이 저물어 돌아가다. 밤비가 크게 퍼붓다.

8월 7일　날씨 비. 늦게 개다.

몸이 불편하여 공무를 보지 아니하다. 서울에 편지를 쓰다. 이날 밤 땀이 아래 웃옷을 적시다.

8월 8일　날씨 흐림.

박담동이 서울 올라가는 편에 서승지에게 혼수를 보내다. 강희로가 와서 남해 현령의 병이 차츰 덜해 간다고 한다. 그와 함께 밤이 들도록 이야기하다. 승장 의능이 생마 120근을 가져와 바치다.

8월 9일　날씨 흐림.

아침 승장 수인이 생마 330근을 바치다. 하동에다가 종이를 가공하여 달라고 도련지 20권, 주지 32권, 장지 31권을 김응겸과 곽언수에게 주어 보내다. 마량 첨사 김응황이 포폄(각도의 감사가 관하 관리들의 업적을 평가하여 중~하를 맞으면 사임하는 것이 관례이다)에서 하를 맞고 나가다. 늦게 나가 공무를 보고 활 10순을 쏘다. 몸이 몹시 불편하여 10시에 이르러 땀을 흘리다.

8월 10일　날씨 맑음.

아침에 충청 우후가 문병하러 왔다가 그대로 조방장과 함께 아침 식사를 같이 하다. 아침에 송한련에게 그물을 만들라고 삼마 40근을 주어 보내다. 몸이 몹시 불편하여 잠시 드러눕다. 늦게 두 조방장과 충청 우후를 불러다가 상화 떡을 맛보다. 저녁에 체찰사에게 보낼 공문을 서류로 만들다. 어두워 달빛은 비단같고 객수가 산란하여 잠을 이루지 못하다. 밤 10시에 방에 들어오다.

8월 11일 날씨 맑음. 대풍이 불다.

체찰사에게 가는 각항 공문을 서류로 만들어 발송하다. 조방장 배흥립과 아침 식사를 같이 하고, 그와 같이 사정으로 올라가 말 달리는 것을 구경하다가 영으로 돌아오다. 초저녁 거제 현령이 급보하되 왜선 1척이 등산으로부터 송미포로 들어온다 한다. 밤 10시경에 또 급보하기를, 아자포로 옮겼다 한다. 배를 뽑아 출발시키는데 또 보고가 오되 견내량으로 넘어갔다 한다. 복병장에게 잡게 하다.

8월 12일 날씨 맑음.

동풍이 세게 불어 동쪽으로 가는 배는 도저히 왕래를 못 하겠다. 오랫동안 어머님 안부를 듣지 못하니 답답하다. 우수사가 와서 보다. 땀이 옷 두 겹을 다 적시다.

8월 13일 날씨 흐림. 동풍이 세게 불다.

충청 우후 원유남과 활을 쏘다. 이날 밤 허한이 흘러 등을 적시다. 아침에 우가 곤장을 맞아 죽었다는 말을 듣고 장사 지낼 물건을 약간 보내다.

8월 14일 날씨 흐림.

동풍이 계속하여 불어 배가 상했다고 한다. 조방장 배흥립과 충청 우후와 함께 이야기하다. 땀이 나지 않았다.

8월 15일 날씨

새벽에 비가 내려 망궐례를 못 올리다. 늦게 우수사·경상 수사와 두 조방장·충청 우후·경상 우후·가리포 첨사·평산포 만호 등 19명의 장수들이 모여 이야기하다. 비는 종일 그치지 않았다. 밤 8시쯤 남풍이 불면서 비가 더 많이 쏟아지다. 새벽 2시까지 세 번 땀을 흘리다.

8월 16일 날씨 맑음.

남풍이 세게 불다. 강희로가 남해로 돌아가다. 몸이 불편하여 종일 누워서 신음하다. 저녁에 체찰사가 진성에 왔다는 공문이 오다. 새로 갠 하늘의 달빛이 하도 밝아서 잠을 이루지 못하다. 밤

10시에 가는 비가 내리다가 이윽고 그치다. 땀을 흘리다.

8월 17일   날씨 갰다 흐렸다 하면서 비가 오락가락하다.
경상 수사·충청 우후·거제 현령이 와서 보다. 이날 동풍이 그치지 않다. 제찰사에게 문안하는 사람을 보내다.

8월 18일   날씨 비가 오락가락하다.
자정에 사문을 가지고 오는 차사원 구례 현감 이원춘이 들어오다. 땀이 이상하게 흐른다.

8월 19일   날씨 흐렸다 갰다 하다.
새벽에 여러 장수들과 사문에 숙배하고 그대로 아침 식사를 같이 한 뒤에 구례 현감이 돌아가다. 송의련이 본영으로부터 들어와 아들 위의 편지를 보이는 데 어머님 내내 편안하시다니 다행이다. 늦게 거제 현령·금갑도 만호가 와서 이야기하다. 밤 8시부터 자정까지 땀을 흘리다. 어둘 녘에 목수 옥지가 재목에 치어서 중상을 입었다는 보고를 받다.

8월 20일   날씨 동풍이 세게 불다.
새벽에 재목을 끌어내리는 일로 전라 우도군 300명, 경상도군

100명, 충청도군 300명, 전라 좌도군 390명을 송희립이 영솔하고 나가다. 늦은 아침에 조카 봉·해와 아들 회·면과 조카 완과 최대성·윤덕종·정선 등이 들어오다.

8월 21일 날씨 맑음.
식후 사정에 앉아서 아들들로 하여금 활을 쏘고, 또 말을 달리며 쏘는 연습을 시키다. 조방장 배흥립·조방장 김완·충청 우후 원유남이 와서 점심을 같이 먹고 저물어 돌아가다.

8월 22일 날씨 맑음.
외조모님의 제삿날이어서 공무를 보지 않다. 경상 수사 권준이 와서 보다.

8월 23일 날씨 맑음.
사격장에 가 보다. 경상 수사도 와서 같이 가 보다.

8월 24일 날씨 맑음.

8월 25일 날씨 맑음.
우수사 이억기·경상 수사 권준이 와서 보고 돌아가다.

8월 26일 날씨 맑음.

새벽에 배로 떠나 사천에 이르러 유숙하다. 충청 우후와 종일 이야기하고 헤어지다.

8월 27일 날씨 맑음.

일찍 출발하여 사천에 이르다. 오후에 진성에 이르러 체찰사 이원익을 뵙고 종일 의논하다. 김응서도 왔다가 곧 돌아가다. 저물어 진주 목사 나정언의 처소로 돌아와 자다. 이날 저녁 이용제가 역적 도당에 관한 편지를 가지고 오다.

8월 28일 날씨 맑음.

이른 아침에 체찰사에게로 나아가서 종일 품정하고 초저녁 목사의 처소로 돌아와 목사와 밤늦도록 이야기하다 파하다. 청생도 오다.

8월 29일 날씨 맑음.

일찍 출발하여 사천에 이르러 아침을 먹은 뒤 선소에 도착하다. 고성 현령도 오다. 삼천포 권관과 이곤변이 뒤미쳐 와서 밤늦도록 이야기하고 구라량에서 자다.

윤 8 월 1 일   날씨 맑음.

일식하다. 이른 아침에 비망진에 이르러 이곤변 등과 같이 아침 식사를 하고 작별하다. 저물어 진중에 이르니 우수사와 경상 수사가 나와 기다리다. 우수사와 상면하여 이야기하다.

윤 8 월 2 일   날씨 맑음.

여러 장수들이 와서 인사하다. 늦게 경상 수사와 우수사가 와서 이야기하다. 경상 수사와 함께 사정을 나가다.

윤 8 월 3 일   날씨 맑음.

윤 8 월 4 일   날씨 비.

이날 밤 10시경에 땀을 흘리다.

윤 8 월 5 일   날씨 맑음.

사격장에 가서 아들들의 말 달리고 활 쏘는 것을 구경하다. 하천수가 체찰사에게 가다.

윤 8 월 6 일   날씨 맑음.

식후에 경상 수사 및 우수사와 함께 사격장으로 가서 말 달리고 활 쏘는 것을 구경하다가 저물어서야 돌아오다. 방답 첨사가 진에 도착하다. 밤에 잠시 땀흘리다.

윤 8월 7일 날씨 맑음.
아산 종 상시가 들어오다. 가을 보리는 소출이 43섬, 봄 보리는 소출이 35섬, 쌀은 전부 12섬 4말, 또 7섬 10말이 나고, 또 4섬이 났다고 한다. 이날 늦게 나가 소지들을 처결하다.

윤 8월 8일 날씨 맑음.
식후에 사격장으로 나가 말 달리고 활 쏘는 것을 보다. 광양 현감과 고성 현령이 시험관으로서 들어오다. 하천수가 진주로부터 돌아오다. 수하에서 부리는 병졸 임정로는 말미를 받아 가지고 떠나가다. 이날 밤에 내었다.

윤 8월 9일 날씨 맑음.
아침에 광양 현감이 교서에 숙배하다. 조카 봉과 아들 회 및 김대복이 관교에 숙배하고 그들과 이야기하다. 그날 저녁 우수사와 경상 수사가 와서 이야기하다.

윤 8월 10일 날씨 맑음.

새벽에 초시를 보이기 시작하다. 면이 쏜 것은 모두 55보, 봉이 쏜 것은 모두 35보, 해가 쏜 것은 모두 30보, 회가 쏜 것은 모두 35보, 완이 쏜 것은 모두 25보라 하다. 진무성이 쏜 것은 모두 55보로 합격되다. 우수사·경상 수사·조방장 배흥립이 함께 와서 밤 10시경에 헤어져 돌아가다.

윤 8월 11일 날씨 맑음.

체찰사를 기다릴 일로 출발하여 당포에 이르니, 초저녁에 체찰사에게 문안갔던 사람이 와서 14일에 출발한다고 한다.

윤 8월 12일 날씨 맑음.

종일 배를 빨리 저어 밤 10시경에 어머님을 뵈오니 백발이 무성하신데 나를 보고 놀라 일어나신다. 기운이 흐려져 아침 저녁을 보전하시기 어렵다. 눈물을 머금고 서로 붙들고 밤이 새도록 위안 드리다.

윤 8월 13일 날씨 맑음.

아침 식사 때 곁에서 모시고 진지를 드시게 하니 대단히 기뻐하시는 기색이시다. 느지막하게 하직 인사를 고하고 본영에 이르렀다가 오후 6시경에 작은 배를 타고 밤새도록 노를 바삐 저었다.

윤 8 월 14 일　날씨 맑음.
새벽에 두치에 이르니 체찰사 이원익과 부찰사 한효순이 어제 벌써 와서 잤다고 한다. 지정된 처소로 쫓아가 소촌찰방을 만나고 일찍 광양 고을에 이르다. 지나온 지역이 한결같이 쑥대밭 같은 폐허지가 되어 그 참상은 목불인견이다. 고식적으로라도 전선 정비하는 것을 면제해 주어 백성들의 피로를 풀어주어야겠다.

윤 8 월 15 일　날씨 맑음.
일찍이 출발하여 순천에 이르니 체찰사 일행이 부청으로 들어갔다 하므로, 나는 정사준의 집에서 묵는데 순찰사도 와서 같이 이야기하다. 저녁에 들으니 아들들이 초시에 뽑혔다고 한다.

윤 8 월 16 일　날씨 맑음.
이날은 거기서 묵다.

윤 8월 17일 날씨 맑음.

일찍 낙안군으로 가니 이호문과 이지남 등이 와서 인사하고 모든 폐단이 해군에 있다고 한다.

윤 8월 18일 날씨 맑음.

종사관 김용이 상경하다. 일찍 떠나 양강역에 이르러 점심을 먹고 산성으로 올라가 멀리 바라보며 각 포구와 여러 섬들을 지적하고, 그 길로 흥양으로 행하다. 저물게 흥양현에 이르러 향소청에서 자다. 어둘 무렵 이지화가 거문고를 가지고 오고 영도 보러 와서 밤새 이야기하다.

윤 8월 19일 날씨 맑음.

일찍 떠나서 녹도로 향하여 가는 길에 도양의 둔전을 살펴보니 체찰사는 매우 기뻐하는 빛이다. 녹도에 이르러 자다.

윤 8월 20일 날씨 맑음.

일찍 떠나 배를 타고 체찰사와 부찰사와 함께 앉아 종일 군사 일을 이야기하다. 느지막하게 백사정에 이르러 점심을 먹은 뒤, 그 길로 장흥부에 이르러 나는 관아의 동헌에서 자다. 김응남이 와서 인사하다.

윤 8 월 21 일   날씨 맑음.

이곳 장흥부에서 유숙하다. 정경달이 와서 인사하다.

윤 8 월 22 일   날씨 맑음.

늦게 병영에 이르러 병마사 원균을 만나 보다.

윤 8 월 23 일   날씨 맑음.

눌러 원균의 병영에 묵다.

윤 8 월 24 일   날씨

나는 부찰사 한효순과 함께 가리포로 가니 우우후 이정충이 먼저 와 있다. 함께 올라 남쪽을 바라보니, 좌우의 적들이 다니는 길인 여러 섬들을 역력히 헤아릴 수 있겠다. 참으로 일도의 요충지다. 그러나 형세가 극히 외롭고 위태하기 때문에 부득이 이진으로 옮겨 합치다. 병영으로 돌아오다. 원공(원균)의 흉한 행동은 기록하지 않는다.

윤 8 월 25일

일찍 출발하여 이진에 이르러 점심을 먹은 뒤에 곧 해남으로 떠나다. 도중에 김경록이 술을 차고 와서 인사하다. 어느 결에 해가 저물어 횃불을 밝히고 가는데 밤 10시경이나 되어서 해남현에 도착하다.

윤 8 월 26 일 날씨 맑음.
일찍 떠나 우수영에 이르러 나는 태평정에서 자면서 우후 이정 충과 더불어 이야기하다.

윤 8 월 27 일 날씨 맑음.
체찰사 이원익이 진도로부터 우수영에 들어 오다.

윤 8 월 28 일 날씨 비가 조금 오다.
우수영에서 묵다.

윤 8 월 29 일 날씨 비가 조금 오다.
이른 아침에 출발하여 남리역에 이르렀다가 오후에 해남현에 도착하다. 소국진을 본영으로 보내다.

9 월 1 일 날씨 비가 뿌리다.
새벽에 망궐례를 행하다. 일찍 출발하여 석제원에 도착하다. 오후에는 영암에 이르러 향사당에서 자다. 정랑 조팽년이 와서 인사하고 최숙남도 와서 인사하다.

9월 2일 날씨 맑음.

영암에서 묵다.

9월 3일 날씨 맑음.

아침에 출발하여 나주 신원에 도착하여 점심을 먹고 나주 판관 원종의를 불러 고을 안 사정을 물어보고 이야기하다가 저물어 나주 별관에 도착하다. 종 억만이 신원으로 보러 오다.

9월 4일 날씨 맑음.

나주에서 머물다. 어둘 무렵에 목사 이복남이 술병을 들고 와서 권하다. 일추도 술잔을 들고 권하다. 체찰사와 함께 공자의 사당에 배알하다.

9월 5일 날씨 맑음.

나주에서 머물다.

9월 6일 날씨 맑음.

먼저 무안을 가겠다고 체찰사에게 고하고 길에 오르다. 고막원에 이르니 점심을 먹고 나주 감목관 나덕준이 뒤쫓아와 서로 만나 이야기하는 중에 감개무량한 것이 많다. 오랫동안 이야기하다가 저물어서야 무안에 도착하다.

9월 7일 날씨 맑음.
감목관과 무안 현감과 함께 민폐에 관한 의논을 1시간이나 하다. 얼마 안 있어 정대청이 들어왔다 하므로 청하여들여 같이 앉아 이야기하다. 늦게 떠나 다경포에 이르러 영광 군수와 함께 밤 10시까지 이야기하다.

9월 8일 날씨 맑음.
아침 식사에 고기 반찬을 놓았으나 나라의 기일이라 먹지 아니하다. 아침 후에 감목관에게 가니 감목관과 영광이 같이 있었다. 국화 떨기 속에 들어가서 술 두어잔을 마시다. 저물게 동산원에 이르러 말을 먹이고 재촉하여 임치진에 도착하니 이공헌의 딸 8세 된 아이가 저의 4촌의 여종 수경을 데리고 같이 와 배알한다. 이공헌을 생각하고 슬픔을 이기지 못하다. 수경은 이담의 집에서 내어버린 아이를 얻어다 기른 자다.

9월 9일 날씨 맑음.

임치 첨사 홍견을 불러 방비책을 묻고, 아침 식사 후에 뒷성으로 올라가 형세를 살펴보고 동산원으로 돌아왔다가 오후에 함평현에 이르다. 도중에 한여경을 만났으나 마상에서 만나 보기가 어려우므로 데리고 같이 들어오다. 함평 현감은 경차관을 맞이하러 갔다 한다. 김억성도 함께 함평에 도착하다.

9월 10일 날씨 맑음.

피곤하고 말도 고될 것 같아 함평에서 유숙하다. 식전에 무안의 정대청이 와서 같이 이야기하고 그 고을 유생들이 많이 들어와 폐단을 진술하다. 저녁에 도사가 들어와 같이 이야기하다가 밤 10시에 헤어지다.

9월 11일 날씨 맑음.

아침 식사를 하고 영광으로 가다. 도중에 신경덕을 만나 잠깐 이야기하고 영광에 이르니, 영광 군수가 교서에 숙배한 후 들어와 같이 이야기하다. 세산월도 보러 와서 술도 마시며 이야기하다 밤이 깊어서 헤어지다. 누워서 곤하게 자다.

9월 12일 날씨 바람이 몹시 불고 비가 많이 내림.

늦게 길을 떠나 십리쯤 되는 냇가에 오니 이광보와 한여경이 술을 가지고 와서 기다리므로 말에서 내려 이야기하다. 안세희도 오다. 저물어서야 무장에 도착하다.

9월 13일 날씨 맑음.

이중익과 이광보가 또 와서 같이 이야기하는데 이중익이 군색한 말을 많이 하므로 옷을 벗어주고 종일 이야기하다.

9월 14일 날씨 맑음.

또 여기 무장에서 머물다.

9월 15일 날씨 맑음.

체찰사가 현(무장 현)에 도착했다 하므로 들어가 절하고 대책을 의논하다.

9월 16일 날씨 맑음.

체찰사 이원익이 출발하여 고창에 이르렀다가 장성에 도착하여 여기서 자다.

9월 17일 날씨 맑음.

체찰사와 부찰사는 입암산성으로 가고, 나는 혼자 진원현에 이르러 진원 현감과 함께 이야기하다. 종사관도 오다. 저물어 관청 안으로 들어가니 두 조카딸이 나와 앉았기로 오래 못 만났던 감회를 풀고 도로 작은 정자로 나와, 진원 현감 및 여러 조카들과 함께 밤이 늦도록 이야기하다.

9월 18일 날씨 조금 비가 옴.

식후에 광주에 이르러 광주 목사와 이야기하다. 비가 굉장히 퍼붓다가 밤이 이슥한 후 달빛이 대낮 같더니 새벽 2시부터 도로 비바람이 크게 일어나다.

9월 19일 날씨 바람이 몹시 불고 비가 많이 내림.

아침에 행적이 보러 오다. 종사관의 편지와 윤간·조카 해의 문안 편지가 오다. 이날 아침 광주 목사가 와서 같이 아침 식사를 하다. 먼저 술이 시작되어 밥을 먹지 않은 채 취해 버리다. 광주 목사의 별실에 들어가 종일 술에 취하다. 오정에 능성 현령이 들어와서 곳간을 봉하고 체찰사가 광주 목사를 봉고파직했다 한다. 최씨의 딸 귀지가 와서 자다.

9월 20일 날씨 비가 크게 내리다.

아침에 각항 사무를 담당한 아전들의 죄를 논란하다. 광주 목사의 길 떠나는 것을 보려 할 때 명나라 사람 2명이 와서 이야기하고 술을 먹이다. 종일 비가 쏟아져 멀리 갈 수 없으므로 화순에 이르러 자다.

9월 21일 날씨 비가 오락가락하다.

일찍 능성에 이르러 최경루에 올라가 연주산을 바라보다. 이 고을 원이 술을 권하므로 잠깐 취하고 헤어지다.

9월 22일 날씨 맑음.

각항 사무를 담당한 아전들의 죄를 논란하다. 늦게 떠나 이양원에 이르니 해운판관이 먼저 와서 내가 오는 것을 보고 맞이하며 이야기하고자 하므로 그와 더불어 이야기하고, 저물게 보성군에 이르러 자다. 몸이 몹시 고단하여 바로 자다.

9월 23일 날씨 맑음.

여기 보성에 머무르다. 나라의 기일이라 공무를 보지 아니하다.

9월 24일   날씨 맑음.

일찍 떠나 병사 선거이의 집에 가니 선 병사의 병이 매우 중태라 걱정스럽다. 저물어 낙안에 이르러 자다.

9월 25일   날씨 맑음.

담당 아전과 선중립의 죄를 논란하다. 순천에 이르러 순천 부사와 함께 취해서 이야기하다.

9월 26일   날씨 맑음.

일이 있어 하루 더 순천에 머물다. 순천부 백성들이 고기와 술을 차려놓고 나오기를 청한다. 굳이 사양했으나 부사의 간청으로 잠깐 나가 마시고 헤어지다.

9월 27일   날씨 맑음.

일찍 떠나 어머님 계신 곳에 가서 어머님을 뵙다.

9월 28일   날씨 맑음.

남양 아저씨 생신이라 본영으로 오다.

9 월 29 일   날씨 맑음.

식후에 동헌에 나가 공무를 보다. 종일 앉아서 사무를 보다.

9 월 30 일   날씨 맑음.

옷 담아둔 농짝을 꺼내어 뒤져 보다가 둘은 고음천으로 보내고 하나만 본영에 남겨두다. 선유사(임금의 말, 글을 전하는 직책, 임시 벼슬)의 군관 신석이와 군사를 위해서 위로연을 베풀 날짜를 말하다.

10 월 1 일   날씨 비와 거센 바람이 불다.

새벽에 망궐례를 행하고 곧 어머님을 뵈오러 가다. 신사과가 임시 살고 있는 곳에 들러 몹시 취해 돌아오다.

10 월 2 일   날씨 맑으나 거센 바람.

배를 행선할 수가 없다. 청어배가 들어 오다.

10 월 3 일   날씨 맑음.

어머님을 뫼시고 일행과 더불어 배를 타고 본영으로 돌아와 종일 즐거이 받드니 다행이다.

10월 4일   날씨 맑음.

동헌에 나가 공무를 보다. 저녁나절 남해 현령 박대남이 그 소실을 거느리고 오다.

10월 5일   날씨 흐림.

남양 아저씨 집안 제삿날이라 갔다가 오다. 남해 현령 박대남과 이야기하다. 비 올 징조가 많다. 순천은 석보창에서 자다.

10월 6일   날씨 비바람이 크게 불다.

잔치를 차리지 못하고 이튿날로 물리다. 늦게 흥양 현감과 순천 부사 우치적이 들어오다.

10월 7일   날씨 맑고 따뜻하다.

일찍 어머님을 위한 수연을 베풀고 종일토록 즐기니 행복하다. 남해는 그 선대의 제삿날이어서 먼저 돌아가다.

10월 8일   날씨 맑음.

어머님께서 평안하시니 다행이다. 순천 부사와 작별의 잔을 나누고 보내다.

10월 9일   날씨 맑음.

서류를 처결하여 보내다. 종일 어머님을 모시다. 내일 진중으로 돌아가는 것을 어머님이 퍽서운해 하시는 기색이다.

10월 10일   날씨 맑음.

자정에 뒷방으로 갔다가 새벽 2시에 다락방으로 돌아오다. 어머님을 하직하고 오후 두 시경에 배를 타고 바람따라 돛을 달고서 밤새도록 노를 재촉하여 진에 돌아오다.

10월 11일   날씨 맑음.

☐ 12일부터 12월 그믐까지는 빠짐.

정유년(53세)

1597년 4월 1일   날씨 맑음.

옥문을 나와 남대문 밖 윤간의 종의 집에 이르러 조카 봉, 분과 아들 울과 윤사행·원경과 함께 한자리에 앉아 오랫동안 이야기하다. 지사 윤자신이 와서 위로하고 비변랑 이순지가 와서 보다. 슬픔을 이길 길이 없다. 지사 윤자신이 돌아갔다가 저녁 식사 후에 술을 가지고 다시 오다. 윤기헌도 오다. 정으로 권하며 위로하기로 사양할 수 없어 억지로 술을 마시고 몹시 취하다. 이순신이 술병을 차고 와서 함께 취하며 위로해 주다. 영의정 유성룡·판부사 정탁·판서 심희수·이상 김명원·참관 이정형·대사헌 노직·동지 최원·동지 곽영이 사람을 보내어 문안하다.

4월 2일   날씨 종일 비가 내리다.

여러 조카들과 이야기하다. 방업이 음식을 매우 풍성하게 차려 오다. 필공을 불러 붓을 매게 하다. 어두울 무렵에 성으로 들어가 정승(당시의 영의정인 유성룡을 가리킴)과 이야기하다가 닭이 울어서야 헤어져 나왔다.

4월 3일   날씨 맑음.

일찍 남으로 길을 떠나다. 금오랑 이사빈·서리 이수영·나장 한언향은 먼저 수원부에 이르고, 나는 인덕원에서 말을 먹이고 저물어 수원에 들어가 경기 관찰사 수하에서 심부름하는 이름도 모르는 군사의 집에서 자다. 신복룡이 우연히 수원에 왔다가 내 행색을 보고 술을 준비해 가지고 와서 나를 위로하다. 수원 부사 유영건이 나와 보다.

4월 4일 날씨 맑음.
일찍 길을 떠나 독성 아래 이르니 반자 조발이 술을 준비하여 놓고 막을 치고 기다리다. 거기에서 술을 조금 마시니 취하여 바로 길을 떠나 진위 옛길을 거쳐 냇가에서 말을 쉬고 오산 황천상의 집에 이르러 점심을 먹다. 황천상이 내 짐이 무겁다고 말을 주어 실어 보내게 하니 감사하여 마지않다. 수탄을 거쳐 평택현이 내 은 손자의 집에 이르니 대접이 매우 은근하다. 자는 방이 아주 좁고 불까지 때서 땀을 흘리다.

4월 5일 날씨 맑음.
해가 뜨자 길을 떠나 바로 분산에 이르르다. 수목이 두 번이나 산불을 겪고 타 죽어 차마 볼 수가 없다. 산소에 나아가 울며 절하고 한참 동안 일어나지 못하다. 저녁 때가 지나서 외가로 내려가 사당에 절하고, 그 길로 조카 뇌의 집에 이르러 사당에 절하고 남양 아저씨가 별세하셨다는 소식을 듣다. 저물어 집에 이르러 장인 장모님의 신위 앞에 절하고, 바로 작은 형님과 여필의 부인되는 제수의 사당에도 다녀와서 잠자리에 들다. 심회가 좋지 않다.

4월 6일 날씨 맑음.
원근 친척 친구들이 모두 모여와 오랫동안 막혔던 정을 풀고 가다.

4월 7일 날씨 맑음.
금오랑 이사빈이 아산현으로부터 오므로 나는 나가 극진히 대접하다. 홍찰방·이별좌·윤효원이 와서 보다. 금오랑 이사빈은 변흥백의 집에서 자다.

4월 8일 날씨 맑음.
자리를 베풀어 남양 아저씨 빈소에 곡하고 복을 입다. 늦게 변흥백의 집에 이르러 이야기하다. 강계장이 세상을 떠났다고 하므로 그 집에 가서 조상하고, 오는 길에 홍석견의 집에 들르다. 늦게 변흥백의 집에 이르러 도사를 접대하다.

4월 9일 날씨 맑음.
동네 사람들이 술병을 차고 와서 멀리 가는 길을 위로해 주므로 정의상 거절할 수가 없어 받아 마시니 매우 취하여 헤어지다. 홍군우는 노래 부르고, 이 별좌도 노래 부르는데 나는 노래를 들어도 즐겁지 않다. 도사는 잘 마시면서도 실수함이 없다.

4월 10일 날씨 맑음.
아침 식사 후 변흥백의 집에 이르러 도사와 이야기하다. 늦게 홍찰방·이별좌 형제, 윤효원 형제가 보러 오다. 이언길·허제가 술병을 차고 오다.

4월 11일 날씨 맑음.
새벽꿈이 심히 번거로워 마음이 울적하다. 덕이를 불러 대강 이야기하고, 또 아들 위에게 이야기하다. 마음이 매우 언짢아서 취한 듯, 미친 듯 마음을 걷잡을 수가 없으니 이 무슨 징조인가? 병드신 어머님을 생각하니 눈물이 절로 난다. 종을 보내어 소식을 듣고 오게 하다. 도사는 온양으로 돌아가다.

4월 12일 날씨 맑음.
종 태문이 안흥량으로부터 들어와 편지를 전하는데 보니 어머님의 기력은 아주 쇠약하시나, 초 9일 어머님과 위 아래 모든 사람이 모두 무사히 안흥량에 도착하였다 한다. 법성포(전남 영광군 법성면 법성리)에 이르러 자고 있을 때, 닻이 끌려져 떠내려가서 배에 머무른 지 엿새 만에 서로 헤어졌다가 무사히 만났다고 한다. 아들 위를 먼저 해정으로 보내다.

4월 13일 날씨 맑음.
일찍 아침을 먹은 뒤 어머님 마중 가려고 해정 길로 가는 길에 홍 찰방 집에 잠깐 들러 이야기하는 동안 아들 위가 종 애수를 보내어 아직 배가 오는 소식이 없다고 한다. 또 들으니 황천상이 변흥백의 집에 왔다 하기에, 홍 찰방과 작별하고 흥백의 집에 가 있으려니, 조금 있다가 종 순화가 배에서 와서 어머님께서 돌아가셨다 한다. 뛰쳐나가 가슴 치며 날뛰나 하늘이 캄캄하다. 곧 해암으로 달려가니 배는 이미 이르렀다. 애통함을 어찌 다 기록하랴.(뒷날 대강 적다)

4월 14일 날씨 맑음.
홍 찰방·이 별좌 등이 들어와 곡하고 관을 만들다. 관재는 본영에서 준비해 가지고 온 것으로 조금도 흠난 데가 없다 한다.

4월 15일 날씨
늦게 입관하다. 친한 벗 오종수가 진심으로 호상해 주니 백골난

망이요, 관에 대해서는 다른 유감이 없으니 이것만은 다행이다. 천안 군수가 들어와 치행해 주고, 전경복씨가 연일 진심으로 상복 만드는 일 등을 돌보아주니 감사한 말을 어찌 다 하랴.

4월 16일 날씨 궂은비.

배를 끌어 중방포로 옮겨 대고, 영구를 상여에 올려 싣고 집으로 돌아오며 마을을 바라보니 찢어지는 듯 아픈 마음이야 어떻게 다 표현하랴. 집에 이르러 빈소를 차리다. 비는 퍼붓고 남쪽으로 가기는 해야 하니, 호곡하며 다만 어서 죽었으면 할 따름이다. 천안 군수가 돌아가다.

4월 17일 날씨 맑음.

금오랑 이사빈의 서리 이수영이 공주로부터 와서 가기를 재촉하다.

4월 18일 날씨 하루 종일 비.

몸이 몹시 불편하여 다만 빈소 앞에서 곡만 하다가 종 금수의 집으로 물러 나오다. 늦게 계(어떤 목적 아래 조직된 단체)원들이 내가 있는 곳으로 모여 와서 곗일을 의논하고 헤어지다.

4월 19일   날씨 맑음.

일찍 길을 떠나며 어머님 영전에 울며 하직하다. 어찌하오, 어찌하오. 천지에 나 같은 운명이 어디 또 있으랴! 일찍 죽으니만 같지 못하다. 장조카 뇌의 집에 이르러 조상의 사당에 하직을 아뢰고 그 길로 금곡 강선전 집 앞에 이르러 강정과 강영수 씨를 만나 말에서 내려 곡하고, 그 길로 보산원에 이르니 천안 군수가 먼저 냇가에 와서 말에서 내려 쉬고 있다. 임천 군수 한술이 중시(한 번 과거에 합격한 사람들이 다시 보는 과거)를 보러 상경하는 도중 앞길을 지나다가 내가 간다는 말을 듣고 들어와 조문하고 가다. 아들 회·면·위·조카 해·완과 주부 변존서가 함께 천안까지 따라오다. 원인남도 와서 인사하고 작별한 뒤 말에 오르다. 일신역에 이르러 자다. 저녁에 비가 뿌리다.

4월 20일   날씨 맑음.

공주 정천동에서 아침에 먹고 저녁에 이성에 이르니 이성 현감이 반가이 접대한다. 김덕장이 우연히 왔다가 서로 만나고 도사도 와서 보다.

4월 21일   날씨 맑음.

일찍 떠나 은원에 이르니 김익이 우연히 왔다고 한다. 임달영이 곡식을 사러 은진포로 왔다고 하는데 그 행적이 매우 궤휼하다. 저녁에 여산 관노의 집에서 자는데 한밤에 홀로 앉았으니 비통한 생각에 견딜 수가 없다.

4월 22일 날씨 맑음.
오정에 삼례역 역리의 집에 도착하고 저녁에는 전주 남문 밖 이의신의 집에서 자다. 판관 박근이 와서 보다. 부윤도 또한 후대하다. 판관이 기름 먹인 두꺼운 종이와 생강들을 보내주다.

4월 23일 날씨 맑음.
일찍 떠나 오원역에 이르러 아침을 먹다. 잠시 후 도사가 오다. 저물어 임실현에 투숙하다. 임실 현감이 예에 따라 대접한다. 현감은 홍언순이다.

4월 24일 날씨 맑음.
일찍 떠나 남원에 이르르다. 읍에서 15리쯤에서 정철 등을 만났는데, 그들과 남원부 5리 안에까지 이르러 작별하고 10리 밖의 이희경의 종의 집에 이르다. 슬픈 회포를 어찌 말하겠는가?

4월 25일 날씨 비가 올 듯하다.

아침 후에 길을 떠나 운봉 박산취의 집에 들어가니 비가 퍼부어 출두할 수가 없다. 여기서 들으니 원수 권율은 벌써 순천으로 떠났다 한다. 곧 사람을 금오랑이 있는 곳으로 보내어 머물게 하다. 운봉 현감 남간은 병으로 나오지 아니하다.

4월 26일 날씨 흐림.

일찍 아침을 먹고 길을 떠나 구례현 손인필의 집에 이르니 금부도사가 먼저 와 있다. 손인필의 집에 사처를 잡았는데 구례 현감 이원춘이 급히 나와 반가이 대접하다. 금오랑 이사빈도 와서 보다. 금부도사에게 술을 권하라고 원에게 청하니, 원이 대접을 잘 했다 한다. 밤에 앉았으니 비통함을 어찌 다 말하겠는가?

4월 27일 날씨 맑음.

일찍 떠나 송치(순천군 서면) 아래 이르니 구례 원이 점심을 지어 보내다. 순천 송원에 이르니 이득종·정선이 와서 문안하다. 저녁에 정원명의 집에 이르니, 원수 권율이 내가 온 것을 알고 군관 권승경을 보내어 조문하고, 또 안부도 묻는데 그 위로하는 말이 자못 간곡하다. 저녁에 순천 부사가 와서 보다. 정사준도 와서 원균의 망녕되고 전도된 상황을 많이 말하다.

4월 28일   날씨 맑음.

아침 원수 권율이 또 군관 권승경을 보내어 문안하고, 상중에 몸이 피곤할 것이니 기운이 회복되는 대로 나오라고 전하다. 또 말하기를, 듣자니 통제사와 친한 군관이 있다 하니, 편지와 공문을 보내어 나오게 하여 데리고 가서 돌보자고 하며 편지와 공문을 만들어 오다. 부사(순천 부사)의 소실이 세상을 떠났다고 한다.

4월 29일   날씨 맑음.

신사과와 방응원이 와서 보다. 병마사 이복남도 원수와 의논할 일이 있다고 하여 순천부로 들어왔다고 한다. 신사과와 이야기하다.

4월 30일   날씨 아침엔 흐리다가 저물 무렵 비.

아침 식사 후 신사과와 이야기하다. 그는 병사에게 붙들려서 술 마셨다고 한다. 병마사 이복남이 식전에 와서 보며 원균에 대하여 많이 이야기하다. 감사도 원수에게 왔다고 군관을 보내어 안부를 묻다.

5월 1일   날씨 비.

신사과가 머물러 이야기하다. 순찰사와 병사는 원수가 머무는 정사준의 집에 같이 모여 술을 마시며 즐겁게 논다고 한다.

5월 2일 날씨 늦게 개다.

원수 권율은 보성으로 가고, 병마사 이복남은 본영으로 가고, 순찰사 박홍로는 담양으로 가는 길에 와 보고 가다. 순천 부사 우치적도 와서 보다. 진흥국이 좌영으로부터 와서 눈물을 뿌리면서 원균의 이야기를 하다. 이형복·신흥수도 오다. 남원 종 말석이가 아산에서 와서 어머님 영연이 편안하시다 한다. 또 유헌이가 식구들을 데리고 무사히 금곡에 도착하였다고 한다. 홀로 빈 동헌에 앉아 있으니 비감함을 어찌 참으랴!

5월 3일 날씨 맑음.

신사과, 응원, 진흥국들이 돌아가다. 이기남이 와서 인사하다. 차남 위의 이름을 열로 고치다. 「열」자는 「움이 돋아나다. 초목이 무성하게 자란다」는 뜻으로 매우 좋은 글자다. 늦게 강소작이 와서 뵈며 곡하다. 오후 4시경에 비가 뿌리다. 저녁에 부사가 와서 보다.

5월 4일 날씨 비.

오늘은 어머님 생신이다. 슬프고 애통함을 어찌 참으리. 닭이 울어 일어나 앉아 눈물만 흘릴 뿐. 오후에 비가 몹시 퍼붓다. 정사준이 돌아오고 이수원도 오다.

5월 5일 날씨 맑음.

아침에 부사가 와서 보다. 늦게 충청 우후 원유남이 한산도로부터 와서 원균의 못된 짓을 많이 말하고, 또 진중의 장병들이 배반하여 장차 어떻게 될지 모르겠다 한다. 오늘은 단오절인데 천애에서 종군하느라고 어머님 영연을 멀리 떠나 장례도 못 지내니 이 죄를 무슨 말로 보답을 받는고? 나와 같은 사정은 고금을 통하여 짝이 없을 것이니 가슴이 찢어질 뿐이다. 다만 때를 못 만난 것을 한탄할 따름이다.

5월 6일 날씨 맑음.

꿈에 돌아가신 두 분 형님을 만났는데, 서로 붙들고 우시면서 하시는 말씀이, 「장사를 지내기 전에 천리 밖으로 떠나와 군무에 종사하고 있으니, 대체 모든 일을 누가 주장해야 한단 말이냐. 통곡한들 어찌하리」 하셨다. 이는 두 형님의 혼령이 천 리 밖까지 따라오셔서 근심하고 애달파함을 이렇게까지 하신 것이니 비통함을 금치 못하겠다. 또 남원의 추수 감독일을 염려하시는데 그것은 무슨 뜻인지 모르겠다. 연일 꿈자리가 어지러운 것도 아마

형님들의 혼령이 그윽히 걱정하여 주는 탓이라 슬픔이 한결 더하다. 아침 저녁으로 그립고 서러운 마음에 눈물이 엉기어 피가 되건마는 아득한 저 하늘은 어째서 내 사정을 살펴주지 못하는고. 왜 어서 죽지 않는지. 늦게 능성 현령 이계명이 기복출사한 몸으로서 와서 보고 돌아가다. 흥양에 있는 종 우노음금·박수매·조택과 순화의 처가 와서 인사하다. 이기윤과 몽생이 오다. 송정립·송득운도 왔다가 곧 돌아가다. 정원명이 한산도에서 돌아와 부찰사 한효순이 좌영으로 나와서 병으로 조리한다고 한다. 우수사 이억기가 편지를 보내어 조문하다.

5월 7일 날씨 맑음.

아침에 정혜사 중 덕수가 와서 미투리 한 켤레를 바치다. 거절하고 받지 않으나 재삼 간절히 받으라고 하므로 값을 주어 보내다. 짚신은 원명에게 주다. 늦게 송대기·유몽길이 와서 보다. 서산군수 안괄이 한산도로부터 오다. 음흉한 자(원균)의 일을 많이 말하다. 저녁에 이기남이 오다. 이원룡은 수영에서 오다. 안괄이 구례에 갔을 때 조사겸의 수절녀를 사통하려 하였으나 뜻을 이루지 못하였다고 한다. 놀랄 일이다.

5월 8일 날씨 맑음.

아침에 종 수인이 밥 지을 종 두우를 데리고 오다. 종 한경은 일이 있어서 보성으로 보내다. 흥양 종 세충이 녹도에서 망아지를 끌고 오다. 활장이 이지가 돌아가다. 이날 새벽꿈에 사나운 범을 때려 잡아서 껍질을 벗겨 휘둘렀는데 이 무슨 징조인지 알 수 없다. 조종이 이름을 연으로 고치고 나서 인사하다. 조덕수도 오다. 낮에 망아지에 안장을 얹어 정상명이 타고 가다. 원균이 편지를 보내어 조상하니 이는 원수의 명령에 의함이다. 이경신이 한산에서 와서 음흉한 원균의 말을 많이 하였는데 원균이 데리고 온 서리를 곡식 사라는 구실로 육지로 보내놓고, 그 처를 사통하려 하니 그 계집이 말을 듣지 않고 밖으로 나와서 악을 쓴 일이 있었다고 한다. 원균이 온갖 계략으로 나를 모함하려 덤비니 이 역시 운수이다. 뇌물로 실어 보내는 짐이 서울길에 잇닿았으며, 그렇게 해서 날이 갈수록 심히 나를 헐뜯으니, 그저 때를 못만난 것만 한탄할 뿐이다.

5월 9일 날씨 흐림.

아침에 이형립이 와서 인사하고 곧 돌아가다. 이수원이 광양에서 돌아오다. 순천 급제 강승훈이 응모해 오다. 부사가 좌수영에서 돌아오다. 종 경이 보성서 말을 끌고 오다.

5월 10일   날씨 궂은비.

이날은 태종의 제삿날이다. 예부터 비가 온다고 하는데 늦게 큰 비가 오다. 박줄생이 보러 오다. 주인이 보리밥을 지어 들여오다. 장님 임춘경이 운수를 봐 가지고 오다. 부찰사도 조문하는 글을 보내오다. 녹도 만호 송여종도 위문품을 보내다. 전라도 순찰사가 백미와 중품쌀 각 1곡(20말)씩을 군관을 시켜 보내면서 콩과 소금도 구해 보낸다 하다.

5월 11일   날씨 맑음.

김효성이 낙안에서 왔다가 곧 돌아가다. 전 광양 현감 김성이 체찰사의 군관으로 화살대 구하러 순천에 와서 근래의 소문을 많이 전하는데, 그 소문이란 모두 원균의 일이다. 부찰사가 순천부에 온다는 통지가 오다. 장위가 편지를 보내다. 정원명이 보리밥을 지어서 내다. 장님 임춘경이 와서 운수에 대한 이야기를 하다. 정사립과 양정언이 와서 전하기를, 부찰사가 와서 만나겠다고 하나 내 몸이 불편하여 만나지 못하다.

5월 12일   날씨 맑음.

이원룡을 보내어 부찰사에게 문안했더니 부찰사도 김덕린을 보내어 문안하다. 늦게 이기남·기윤이 와서 보고 도양장으로 돌아간다고 말하다. 아침에 아들 열을 부찰사에게 보내다. 신홍수가 보러 와서 원균의 점을 쳤는데, 처음 괘가 수뇌 둔인데, 천풍구로 변했으니 본체를 이기는 것이라 크게 흉하다고 한다. 남해 원(박대남)이 조문 편지를 보내고 또 여러 가지 물품을 보내다. 쌀 2섬, 참기름 2되, 꿀 5되, 조 1섬, 미역 2동 등. 저녁에 향사당으로 가서 부찰사와 함께 밤에 이야기하고 자정에야 숙소로 돌아오다. 정사립과 양정언이 와서 닭이 운 뒤 돌아가다.

5월 13일 날씨 맑음.

엊저녁 부찰사의 말이 상사가 보낸 편지에 나에 대한 일을 많이 탄식했더라고 한다. 늦게 정사준이 떡을 만들어오다. 순천 부사 우치적이 노자를 보내와 매우 미안하다.

5월 14일 날씨 맑음.

아침에 순천 부사가 와서 보고 돌아가고 부찰사는 부유로 향하다. 정사준·정사립·양정언이 와서 모시고 가겠다고 하므로 아침을 일찍 먹은 뒤 길을 떠나 송치 밑에 이르러 말을 쉬다. 홀로 바위 위에 앉아 한 시간이 넘도록 곤하게 자다. 운봉 박산취가 오다. 저물어 찬수강에 이르러 말에서 내려 걸어서 건너가 구례현 손인필의 집에 이르니, 구례 현감 이원춘이 와서 보다.

5 월 15 일   날씨 비가 오락가락하다.

주인집이 아주 낮고 험하여 파리가 벌떼같이 꾀니 사람이 밥을 먹을 수가 없다. 동헌의 모정으로 옮겼더니 남풍이 불어 들어오다. 구례 현감과 함께 종일 이야기하다가 거기서 그대로 자다.

5 월 16 일   날씨 맑음.

저녁에 남원의 탐후인이 돌아와 고하되 체찰사가 내일 곡성을 경유하여 이 구례현에 들어와 며칠 묵은 후 진주로 갈 것이라 한다. 원이 점심을 내는데 너무 융숭하다. 상당히 미안하다. 저녁에 정상명이 오다.

5 월 17 일   날씨 맑음.

남원 탐후인이 와 고하되, 원수 권율이 운봉 길로 가지 않고 명나라 총병 양원을 영접하는 일로 완산으로 달려갔다 한다. 내 여기 온 것이 헛걸음이라 민망스럽다.

5 월 18 일   날씨 맑음. 동풍이 세게 불다.

김종려 영감이 남원으로부터 와서 보다. 충청 수영 영리 이엽이 한산도로부터 왔기로 집에 편지를 부치다. 아침 술에 취해 날뛰니 가증스럽다.

5월 19일 날씨 맑음.

체찰사가 이 구례현 내로 들어올 것이다. 성 안에 머물고 있기가 미안해서 동문 바깥 장세호의 집으로 옮겨 나가다. 명협정에 앉았는데 구례 현감 이원춘이 와서 보다. 저녁에 체찰사가 현내로 들어오다. 오후 4시쯤에 소나기가 크게 쏟아지다가 오후 6시쯤에 개다.

5월 20일 날씨 맑음.

늦게 첨지 김경로가 와서 보다. 무주 장박지리의 농토가 아주 좋다고 말하였다. 옥천에 사는 권치중은 김 첨지의 서처남인데, 장박지리란 곳이 바로 옥천 양산창 근처라고 하였다. 체찰사 이원익이 내가 머물고 있다는 소식을 듣고 먼저 공생을 보내고 또 군관 이지각을 보내더니 조금 있다가 또 군관을 보내어 조문하기를, 상을 당했다는 소식을 일찍 듣지 못하였다가 이제야 비로소 듣고 놀라 애도한다 하고, 저녁에 만날 수 있는가를 물으매 나는 대답하기를, 저녁에 마땅히 가서 뵙겠다 하였다. 어둘 무렵 가서 뵈오니 체찰사는 평복을 입고 접대한다. 조용히 일을 의논하는 중에 체찰사는 개탄하기를 마지 않다. 밤 되도록 이야기하는 중에 「일찍이 임금의 분부가 있었는데, 거기에도 미안스런 말이 많았는바, 그 뜻을 알지 못하겠다」고 하며, 또 말하길 「원균의 무고

하는 행동이 심했건마는 임금이 굽어살피지 못하니 나라일을 장차 어찌하리」하는 것이다. 떠나올 때 남 종사가 사람을 보내어 문안하다. 나는 밤이 깊어서 나아가 인사하지 못하노라고 대답하다.

5월 21일 날씨 맑음.

박천 유해가 서울에서 내려와 한산도로 가서 공을 세우겠다 한다. 또 말하기를 「은진현(충남 논산군 은진면 연서리)에 이르니, 은진 원이 뱃길에 대한 것을 이야기하더라」고 하였다. 유가 또 말하기를 「중한 죄수 이덕룡을 고소한 사람이 옥에 갇혀 세 차례 형장을 맞고 다 죽어간다」고 하니 매우 놀랍다. 또 과천 좌수 안홍제들이 이 상궁에게 말과 20살짜리 계집종을 바치고 풀려 나갔다고 한다. 안은 본디 죽을 죄도 아닌데, 많이 맞아 죽게 되었다가 물건을 바치고 석방되었다는 것이다. 안팎이 모두 바치는 물건의 다소로 죄의 경중을 결정한다니, 이러다가는 결말이 어찌될지 모르겠다. 이야말로 돈만 있으면 죽은 사람의 넋도 찾아온다는 것인가.

5월 22일 날씨 남풍이 크게 불고 맑음.

아침에 손인필 부자가 보러 왔었다. 박천 유해가 승평으로 가서 그 길로 한산도로 간다 하므로 전라·경상 두 수에게와 가리포 첨사 등에게 문안 편지를 써 보내다. 늦게 체찰사의 종사관 김광엽이 진주로부터 이 구례현으로 들어오고, 배흥립 영감도 왔다고 하니 그간의 정회를 풀겠다. 다행이다. 혼자 앉았노라니 비통하다. 저녁에 동지 배흥립과 본 구례 현감이 와서 보다.

5월 23일 날씨

아침에 정사룡·이사순이 와서 보다. 원균의 말을 많이 전하다. 늦게 동지 배흥립이 한산도로 돌아가다. 체찰사가 사람을 보내어 부르므로 가서 뵙고 조용히 의논하는데 시국의 그릇된 일에 대하여 심히 분개하고 다만 죽을 날만 기다린다 한다. 내일 나는 초계로 가겠다고 하니 체찰사가 모은 쌀 2석을 보내주기에 성 밖 주인집으로 보내다.

5월 24일 날씨 맑음.

아침에 광양의 고언선이 와서 보고, 한산도 사정을 많이 전해 준다. 체찰사가 군관 이지각을 보내어 안부를 묻고, 경상 우도 연해안 지도를 그리고 싶으나 도리가 없으니 본 대로 그려 보내 주었으면 고맙겠다 하므로, 내 거절할 수 없어 지도를 초 잡아 보내다. 저녁에 비가 굉장히 쏟아지다.

5월 25일 날씨 비.

아침에 떠나려 하다가 비에 막혀 그만두다. 혼자 촌집에 기대어 앉았으니 회포가 그지 없다. 슬프고 그리운 생각을 어찌 하랴.

5월 26일 날씨 종일 큰 비가 내리다.

비를 무릅쓰고 길을 막 떠나려는데 사량 만호 변익성이 무슨 문초받을 일로 이종호에게 잡혀 체찰사에게로 오므로 잠깐 서로 바라보고, 그 길로 석주관에 이르니 비가 퍼붓듯이 쏟아진다. 엎어지며, 자빠지며 간신히 악양 이정란의 집에 이르렀으나 문을 닫고 거절한다. 그 집에는 뒤에 기와집채도 있었다. 종들이 사방으로 흩어져 물색해 보았으나 합당한 곳이 없으므로 조금 뒤에 돌아오다. 이정란의 집은 김덕령의 아우 김덕린이 빌려 든 집이다. 나는 차남 열로 하여금 간청하게 하여 들어가 자다. 행장은 흠뻑 젖었다.

5월 27일 날씨 흐렸다 갰다 하다.

아침에 젖은 옷을 바람에 걸어 말리다. 늦게 떠나 두치 최준룡의 집에 이르니 유기룡이 와서 보다. 사량 만호 이종호가 와 있다. 변익성은 곤장 20대를 맞고 꼼짝도 못한다고 한다.

5월 28일 날씨 흐림.

늦게 떠나 하동에 이르니 하동 현감 신진이 서로 만나는 것을 기뻐하며 성 안 별채로 맞아들여 매우 간곡한 정을 베푼다. 그리고 원균의 미친 짓을 많이 이야기하다. 날이 저물도록 이야기한다. 변익성도 오다.

5월 29일 날씨 흐림.

몸이 매우 불편하여 그대로 머물러 조리하다. 하동 현감 신진이 정다운 이야기를 많이 하다. 황 생원이라는 70이나 되는 노인이 하동에 왔다고 하는데, 원래는 서울 사람으로 지금 떠돌아다니는데 나는 만나지 않다.

6월 1일 날씨 비.

일찍 떠나 청수역에서 말을 쉬고 저물어 단성 땅 박호원이라는 농사 짓는 종의 집에 투숙하다. 주인이 반가이 접대하기는 하나 잠자리가 좋지 못하여 간신히 밤을 지내다. 밤새도록 비가 내리다. 기름종이 하나, 장지 2축, 백미 1섬, 참깨 5말, 들깨 3말, 꿀 5되, 소금 5말, 미지(밀먹인 종이, 배구멍을 때워 막을 때 씀) 5를 하동 원이 보내 주다.

6월 2일 날씨 비가 오락가락하다.

일찍 떠나 단계에서 아침을 먹고 늦게 삼가에 이르니 삼가 현감이 산성으로 가고 없어 빈 관사에서 자다. 고을에서 심부름하는 사람이 밥을 지어 먹으라고 하는 것을 종들에게 먹지 말라고 타이르다. 삼가현 5리 밖 홰나무 정자 아래 앉으니, 근처에 사는 노순일 형제가 보러 오다.

6월 3일 날씨 비.

비 때문에 길을 떠날 수 없어 그대로 묵다. 도원수 군관 유홍이 흥양으로부터 와서 길이 험하다고 일러주다. 아침에 종들이 고을 사람들의 밥을 얻어 먹었다는 말을 듣고 종을 매 때리고 밥쌀을 도로 갚다.

6월 4일 날씨 맑음.

일찍 떠나려는데 삼가 현감 신효업이 문안의 글을 올리고 노자까지 보내오다. 합천 땅에 이르러 고을에서 10리쯤 떨어진 괴목정이 있는 곳에서 아침밥을 먹고, 너무 덥기 때문에 한동안 말을 쉬고 5리쯤 가니 길이 쌍갈래라, 한 길은 바로 합천 고을로 가는 길이요, 또 한 길은 초계로 가는 길이다. 이 초계로 가는 길로 접어들어 강을 건너지 않고 가다가, 거의 10리나 가니 원수 권율의 진이 바라다보인다. 문보가 우거하는 집에 들어가다. 고개를 끼고 넘어오는데 기암절벽이 천 길이나 되고, 강물은 굽이돌며 깊고, 길은 험하고 다리는 위태롭다. 만일 이 험한 곳을 눌러 지킨다면 군사 만 명이라도 지나가지 못하겠다. 모여곡이다.

6월 5일   날씨 맑음.
아침에 초계 군수가 달려왔다. 그를 불러들여 이야기하다. 식후 중군 이덕필도 달려왔으므로 옛이야기를 하는데 조금 있다가 심준이 와서 인사하다. 거처할 방을 도배하다. 저녁에 이승서가 와서 파수병과 복병이 도망간 일을 말하다. 이날 아침 구례 사람과 하동 현감 신진이 보내 준 종과 말들을 모두 돌려보내다.

6월 6일   날씨 맑음.
자는 방을 새로 도배하고 군관 휴식소 두 칸을 만들다. 모여곡 주인집의 이웃에 사는 윤감과 문익신이 와서 인사하다. 종 경을 이대백에게 보냈더니 담당 아전이 나가고 없어서 그냥 왔다고 한다. 이대백도 나를 보러 온다고 하더라도 한다.

6월 7일   날씨 맑음.
원수 권율의 군관 박응사와 유홍 등이 와서 보다. 원수의 총사관 황여일이 사람을 보내어 문안하므로 곧 사례하는 답장을 보내다. 안방에 들어가 자다.

6월 8일 날씨 맑음.

아침에 정상명을 보내어 황 종사관에게 안부를 묻다. 늦게 이덕필과 심준이 보러 오고, 원이 그 아우와 같이 보러 왔으며, 원수를 마중 가는 사람들도 10여 명이나 보러 오다. 오후에 원수 권율이 진에 오므로 나는 나가 인사하고, 원수와 함께 이야기하기 한 시간, 원수가 박성이 올린 글의 초고를 보여 주다. 내용은 박성이 원수의 처사가 허술한 데가 많다고 강조했다. 그리하여 원수가 스스로 불안하여 체찰사 이원익 앞으로 글을 올렸다 한다. 저물어 돌아와 몸이 불편하므로 저녁밥을 먹지 아니하다.

6월 9일 날씨 궂은비.

늦게 정상명을 보내어 원수에게 문안하다. 다음으로 종사관 황여일에게도 문안하다. 처음으로 노마료(종과 말을 먹일 비용 즉 군대 복무에 대한 보수)를 받다. 숫돌을 캐 왔는데, 품질이 연일석보다 낫다고 한다. 윤감·문익신·문보들이 보러 오다. 이날은 여필의 생일인데 혼자 진중에 앉아 있으니 마음이 어떠하랴?

6월 10일 날씨 맑음.

아침에 가라말(털빛이 검은 말), 워라말(털빛이 얼룩 얼룩한 말), 간자말(이마와 뺨이 흰 말), 유마(갈기는 검고 배가 흰 말)들의 편자가 떨어진 것을 갈아 박다. 원수의 종사관 황여일이 삼척 사람 홍연해를 보내어 문안하여 자기는 좀 늦게 와서 보겠다 한다. 홍연해는 홍견의 삼촌 조카다. 나의 죽마고우로 합천 땅에 사는 서철이 내가 왔다는 소식을 듣고 와서 보다. 어릴 때 이름은 서가을박지인데 음식을 대접해 보내다. 저녁에 원수의 종사관 황여일이 와서 보고, 임진년에 왜적을 무찌른 일에 대해 칭찬하며 감탄하지 않는 일이 없고, 또 산성에 험고한 요새를 쌓지 않는데 대한 한탄과, 당면한 토벌 방비의 대책이 허술한 것 등을 말한다. 밤이 깊은 줄을 모르고 돌아갈 것을 잊고 이야기하다. 또 그는 원수가 산성을 직접 살피러 간다고 말하다.

6월 11일 날씨 맑음.

중복날이라 쇠라도 녹일 것 같고, 땅은 찌는 듯하다. 명나라 차관 경략군문 이문경이 와서 보므로 부채를 선물로 보내다. 초저녁에 종사관과 이야기할 때 변흥백의 종이 집에서 편지를 가지고 와 전하므로 어머님 영연이 평안하신 줄을 알겠으나, 쓰라린 회포를 어찌 다 말하랴! 다만 변흥백이 나를 만날 일로 여기까지 왔다가 그냥 청도로 돌아갔다 하니 참으로 한스럽다. 변흥백에게 편지를 써 보내다. 아들 열이 토사로 밤새도록 신음하니 말할 수 없이 답답하다. 닭이 울어서야 조금 덜해 잠이 들다. 이날 아침, 한산도 여러 곳에 가는 편지 14장을 쓰다. 경의 모친이 편지를 보냈는데 지내기가 매우 어렵다고 한다. 도둑이 또 일어났다고 한다. 작은 워라말이 먹지를 않으니 더위를 먹은 것이다.

6월 12일　날씨 맑음.

종 경과 종 인을 한산도 진으로 보내다. 전라 우수사 이억기·충청 수사 최호·경상 수사 배설·가리포 첨사 이응표·녹도 만호 송여종·여도 만호 김인영·사도 첨사 황세득·동지 배흥립·조방장 김완·거제 현령 안위·영등포 만호 조계종·남해 현감 박대남·하동 현감 신진·순천 부사 우치적에게 편지하다. 늦게 승장 처영이 와서 인사하고 부채와 미투리를 바치므로 물건으로 갚아 보내다. 그는 적의 정세도 이야기하고, 원균의 일도 이야기하다. 낮에 중군장 이덕필이 군사를 거느리고 적에게 갔다 하므로, 무슨 일인가 하였다가 원수 권율에게 가 본 즉, 우병사 김응서의 보고에, 부산의 적은 창원 등지로 떠나려 하고, 서생포 적은 경주로 진을 옮긴다고 하므로, 복병을 보내어 길을 막고 적에게 위세를 보이기 위해서인 것이라 한다. 병사의 우후 김자헌이 일이 있어서 원수를 뵈러 오다. 나도 보다. 달빛을 이고 돌아오다.

6월 13일   날씨 맑음. 늦게 부슬비가 뿌리다가 그치다.
병마사 우후 김자헌이 와서 한 시간이 넘도록 서로 이야기하다. 이날 낮에 왕골을 쪄서 말리다. 어두워 청주 이희남의 종이 들어와서, 「주인이 우병사 부대에 입대하였기 때문에 지금 원수의 진 부근까지 왔는데, 날이 저물어서 묵고 있다」고 말하다.

6월 14일   날씨 흐림. 비는 안오다.
이른 아침에 이희남이 들어와서 아산의 어머님 영연과 상하 집안이 두루 무고하다고 한다. 비감하며 한편 그리는 마음 어이 다 말하랴. 아침 식사 후에 이희남이 편지를 가지고 우병마사 김응서에게로 가다.

6월 15일   날씨 맑음.
오늘이 보름인데 몸이 군중에 있어 어머님 영전에 잔을 올리고 곡하지 못하니 그리운 마음 어이 다 표현하리. 초계 원이 떡을 갖추어 보내다. 원수 종사관 황여일이 군관을 보내어 원수가 산성으로 가려고 한다고 전하다. 나도 뒤를 따라 큰 냇가에 이르러 혹시 다른 이의가 있을까 염려되어 냇가에 앉은 채로 정상명을 보내어 병이라 아뢰게 하고 그대로 돌아오다.

6월 16일 날씨 맑음.
종일 혼자 앉아 있었는데 들여다보는 사람 하나 없다. 아들 열과 이원룡을 불러 책을 만들어 변씨네 족보를 베끼게 하다. 이희남이 편지를 보냈는데 병마사는 보내지 않았다 한다. 아들 열과 정상명이 큰 냇가에 가서 전마를 씻겨 가지고 오다. 변광조가 와서 인사하다.

6월 17일 날씨 흐림. 비는 안 오다.
서늘한 기운이 들기 시작해서 밤이 쓸쓸하다. 새벽에 일어나 앉으니 아프고 그리움을 어찌 다 말하랴. 아침 후에 원수 권율에게로 가니 원수가 원균의 정직하지 못한 것을 많이 말하고, 또 비변사에서 내려온 공문을 보이는데, 원균의 장계에 해군과 육군이 함께 나가서 먼저, 안골포의 적을 무찌른 연후에 해군이 부산 등지로 진군하겠다 하니, 안골포의 적을 먼저 칠 수 없겠는가 하였다. 또 원수의 장계에는 통제사 원균이 전진하려고는 아니하고 오직 안골포만 먼저 쳐야 한다고만 하여, 해군 제장들이 대개 이심을 품고 있을 뿐더러 원균은 안으로 들어가 나오지 아니하니, 절대로 제장과 합의하지 못할 것이라 일을 망쳐 버릴 것이 뻔하다 하였다. 원수에게 이희남과 변존서·윤선각 등에게 공문을 띄워 독촉해 오도록 고하다. 올 때 종사관 황여일을 만나 한 시간 남짓 이야기하다가 우거하는 집으로 돌아와 이희남의 종을 의령 산성으로 보내고, 청도에는 파발로 공문을 보내다. 초계 원에게 보여 주니 정말로 양심이 없는 사람이다.

6월 18일 날씨 흐림.

종사관 황여일이 종을 보내어 문안하다. 늦게 윤감이 떡을 해 가지고 오다. 명나라 사람 엽위가 초계로부터 와서 말하기를, 명나라 사람 주언룡이 일찍이 일본에 포로가 되었다가 이번에 나왔는데, 적병 10만이 벌써 쓰시마에 도착했을 것이며, 고니시 유키나가는 의령을 거쳐 곧장 전라도를 침범할 것이요, 가토 기요마사는 경주·대구 등지로 옮겨 안동으로 갈 것이라 한다. 저물 무렵 원수가 사천에 갈 일이 있다고 통보했으므로 곧 사복 정상명을 보내어 물어보게 하였더니, 해군에 관한 일 때문에 간다고 하다.

6월 19일 날씨

새벽에 원수의 진으로 가니 원수와 종사관 황여일이 나와 앉았다. 원수가 내게 원균의 일을 말하는데 통제사 원균의 하는 일이 말이 아니다. 안골포와 가덕도의 적을 모조리 무찌른 뒤에 해군이 나아가 토벌해야 한다고 하니, 그건 무슨 마음씨인가? 다만 질질 끌고 진격하지 않으려는 뜻이다. 그러므로 내가 사천으로 가서 독촉하겠다고 했다. 내 또한 위에서 내려온 유지를 보니, 안골포의 적을 경솔히 들어가 칠 것이 못된다고 하였다. 원수가 나간 후, 종사관과 함께 이야기하고 있는데, 얼마 후 초계 원이 오다. 작별하고 나오려 할 때 종사관이 초계 원에게 진찬순을 심부름시키지 말라고 당부하니 원수부의 병방 군관과 원이 모두 그리하겠다고 대답하다. 내가 돌아올 때, 사로잡혔다가 도망해 온 사람이 나를 따라오다. 이날 대지가 온통 찌는 듯 덥다. 저녁에 작은 워라말이 풀을 조금 먹다. 낮에 우영리 변덕기·변덕장과, 늙어 제대한 관리 변경완과 18세의 변경남이 와 인사하다. 진사 이신길의 아들인 진사 이일장도 오다.

6월 20일 날씨 종일 비가 내리다. 밤에는 큰 비가 오다.
늦은 아침에 서철·윤감·문익신·문보·변유 등이 와서 보다. 오후에 종과 말의 급료를 받아오다. 병든 말이 차차 나아가다.

6월 21일 날씨 비가 오락가락하다.
새벽꿈에 덕, 율온, 대 등이 보이는데 나를 보고 퍽 좋아들 하다.

영덕 현령 배진경이 와서 보며 좌도의 일을 많이 전하다. 좌병사의 군관이 편지를 가지고 왔기에 곧 답장을 써서 주다. 종사관 황여일이 문안을 보내다. 저녁에 변존서·윤선각이 와서 밤에 이야기하다.

6월 22일 날씨 비가 오락가락하다.

아침에 초계 군수가 연포국을 끓여가지고 와서 권하기는 하나 다분히 오만한 빛이다. 그의 처사가 체모 없음을 말하여 무엇하랴. 늦게 이희남이 들어와 우병사의 편지를 전하다. 낮에 정순신·정사겸·윤감·문익신·문보들이 보러 오고, 이선손도 와서 보다.

6월 23일 날씨 비.

아침에 화전을 다시 다듬다. 늦게 우병마사가 편지를 보내고 겸하여 크고 작은 환도를 보내다. 그런데, 가지고 오는 사람이 물에 떨어뜨려 칼집과 장식을 결단내 놨으니 아깝다. 나굉의 아들 나재흥이 그 아버지의 편지를 가지고 와서 인사하다. 또 군색한 노자까지 보내 주어 미안하다. 이방이 와서 인사하는 데 이방은 아산 이몽서의 차남이다.

6월 24일 날씨

이 날은 입추이다. 새벽에 안개가 사방에 자욱하여 온 골짜기를 분간하기 어렵다. 아침에 수사 권언경의 종 세공과 감손이 와서 무밭에 대한 일을 아뢰다. 또 생원 안극가가 보러 와서 세상 사정을 이야기하다. 무밭을 갈고 무씨 뿌리는 일의 감독관으로 이원룡·이희남·정상명·문임수 등을 정해 보내다. 생원 안극가가 와서 보고 시국 이야기를 하다. 합천 군수가 조언형을 보내어 문안하다.

6월 25일 날씨 맑음.

다시 무씨를 뿌리도록 명령하다. 아침을 들기 전에 종사관 황여일이 와서 보고 수전에 대한 일을 많이 이야기하다. 또 원수가 오늘 내일 진중으로 돌아올 것이라 한다. 군사 문제를 의논하다가 늦게야 돌아가다. 저녁에 종 경이 한산도에서 돌아왔는데 보성 군수 안홍국이 적탄에 맞아 죽었다 한다. 놀랍고 슬프다. 적을 한 놈도 잡지 못하고 먼저 두 장수를 잃었으니 통탄할 일이다. 거제 현령이 사람을 시켜 미역을 실어 보내다.

6월 26일 날씨 맑음.

새벽에 순천의 종 윤복이 현신하기에 곧 곤장 50대를 때리다. 거제에서 온 사람이 돌아가다. 중군장 이덕필과 변홍달·심준 등이 와서 보다. 종사관 황여일이 개벼루 강가의 정자에 나왔다가 돌아가다. 아산 종 평세가 들어와 어머님 영연이 편안하시고 여러 집안의 모든 친척들이 무고하다고 하며, 장삿날은 7월 27일이나 8월 초 4일 중에서 택일한다고 한다. 그리운 생각과 슬픈 정회를 어찌 다 말하랴. 우병마사 김응서가 체찰사 이원익에게 보고하되, 아산의 이방과 청주의 이희남이 복병하기 싫어서 원수 권율의 진영 곁에 피해 있다 하여 체찰사가 원수에게 공문을 보내니, 원수는 대노하여 공문을 다시 작성하여 보내다. 병마사 김응서의 뜻을 알지 못하겠다. 이날 작은 워라말이 죽어 내다버리다.

6월 27일   날씨 맑음.
어응린·박진삼이 와서 보다. 이희남과 이방이 체찰사의 행차가 도착하는 곳으로 가다. 늦게 종사관 황여일이 보러 와서 한참 동안 같이 이야기하다. 오후 3시에 소나기가 많이 쏟아져 잠깐 사이에 물이 불다.

6월 28일   날씨 맑음.
황해도 배천 사는 별장 조신옥·홍대방이 와서 보다. 초계 아전의 고목(편지)에 원수가 내일 남원으로 간다고 하였다. 새벽에 꿈자리가 매우 뒤숭숭하다. 종 경이 물건을 사러 가서 돌아오지 않다.

6월 29일 날씨 맑음.

변주부가 마흘방으로 가다. 종 경이 돌아오다. 이희남·이방 등이 돌아오다. 중군장 이덕필이 와서 유격 심유경을 잡아가는데 총병 양원이 삼가로 와서 결박해 보내더라고 전하다. 문임수가 의령으로부터 와서 전하기를, 체찰사가 벌써 초계역에 당도했다고 한다. 새로 과거에 급제한 양간이 황천상의 편지를 가지고 오다. 변주부가 마흘방에서 돌아오다.

6월 30일 날씨 맑음.

새벽에 정상명으로 하여금 체찰사께 문안드리게 하다. 이날 몹시 더워서 대지가 찌는 듯하다. 흥양의 신여량·신제운 등이 와서 인사하다. 해안 지방 일대에는 비가 알맞게 왔다고 전하다.

7월 1일 날씨 새벽에 비가 오다가 늦게 개다.

명나라 사람 세 명이 왔는데, 부산 가는 길이라 한다. 송대립이 송득운과 함께 오다. 안각도 보러 오다. 저녁에 서철 및 방덕수와 그의 아들이 와서 자다. 이날 밤 가을 기운이 몹시 서늘하여 슬프고 그리움을 어찌하랴. 이날이 인종의 제삿날인데 종사관 황여일이 큰 냇가에서 피리를 불다니 가히 놀라운 일이다.

7월 2일 날씨 맑음.
아침에 변덕수가 돌아오다. 늦게 신제운과 평해 사는 정인서가 종사관 심부름으로 문안하러 오다. 오늘이 돌아가신 아버님 생신인데, 멀리 천리 밖에 와서 군복을 입고 있으니 이런 일이 어디 있을 것인가?

7월 3일 날씨 맑음.
새벽에 앉아 있으니 싸늘한 기운이 뼈에 스민다. 비통한 마음이 한결 더해진다. 제사에 쓸 유밀과 밀가루를 장만하다. 늦게 정읍 군사 이량·최언환·건손 등 3인을 심부름시킬 일로 데려오다. 늦게 장준완이 남해로부터 보러 와서 전하기를 남해 원의 병이 중하다고 한다. 민망스럽다. 이윽고 합천 군수 오운이 와서 보고 산성 일을 많이 이야기하다. 오후에 원수의 진영으로 가서 종사관 황여일과 이야기하다. 종사관은 전적 박안의와 활을 쏘다. 이때 좌병마사의 군관이 항복한 왜놈 2명을 잡아가지고 왔는데 가토 기요마사의 부하라고 한다. 해가 저물어 돌아오다. 또 듣는 말에 고령원이 성주에 갇혔다고 한다.

7월 4일 날씨 맑음.

종사관 황여일이 정인서를 보내어 문안하다. 이방과 유황이 스스로 모군하러 오다. 자원 입대하는 군인 흥양의 양첨 찬과 기 들이 오다. 변여량·변회보·황언기들이 모두 벼슬하고서 보러 오다. 변사증도 변대성들과 보러 오다. 점심 후 비가 뿌리다. 아침 먹을 때 안극가가 보러 오다. 어두워져서 큰 비가 오기 시작하여 그치지 않다.

7월 5일 날씨 비.

이른 아침에 초계 원이 체찰사 종사관 남이공이 경내를 지나간다고 하면서 산성으로부터 문 앞을 지나가다. 늦게 변덕수가 오다. 변존서가 마흘방으로 가다.

7월 6일 날씨 맑음.

꿈에 윤삼빙을 만났는데, 나주로 귀양간다고 한다. 늦게 이방이 보러 오다. 빈 방에 홀로 앉으니 그리움과 비통함을 어찌 말로 다 하랴. 저녁에 바깥채에 나가 앉았으니 변존서가 마흘방으로부터 돌아오다. 안각 형제가 변흥백을 따라 오다. 이날 제사에 쓸 중배끼 5말을 꿀에다 만들어 봉해서 시렁 위에 얹다.

7월 7일 날씨 맑음.

오늘은 칠석, 슬픔과 그리움을 어찌하랴. 꿈에 원공과 한자리에 서 만났는데, 내가 원공 위에 앉아 음식상을 받자 원공이 즐거운 기색을 보이는 듯하다. 무슨 징조인지 알 수 없다. 박영남이 한산 도로부터 와서 말하기를, 그 주장의 잘못으로 대신 죄책 받기 위 해 원수에게 붙들려 왔다고 한다. 초계가 햇물건들을 갖추어 보 내 오다. 아침에 안각 형제가 보러 오고 저녁에는 흥양 박응사가 보러 오고 심준들도 보러 오다. 의령 현감 김전이 고령에서 와서 병마사의 잘못된 처사를 많이 말하다.

7월 8일 날씨 맑음.

아침에 이방이 왔기에 밥을 대접해 보내다. 그에게서 들으니 원 수가 구례에서 벌써 곤양에 이르렀다는 것이다. 늦게 집주인 이 어해와 최태보가 와서 보다. 변덕수도 오다. 저녁에 송대립·유 홍·박영남이 왔다가 송대립과 유홍 두 사람은 돌아가다.

7월 9일 날씨 맑음.

내일 아들 열을 아산으로 내려 보내려고 제사에 쓸 과일을 싸다. 늦게 윤감·문보 들이 술을 가지고 와서 열과 변존서에게 작별 술을 권하고 돌아가다. 이날 밤 달빛이 대낮 같아 부모님을 생각하니 슬퍼져 울면서 밤새우다.

7월 10일   날씨 맑음.

아들 열과 변존서를 보내려고 앉아서 날새기를 기다리다가 정회를 누르지 못하여 통곡하며 보내다. 내가 무슨 죄를 지었기에 이 지경에 이르렀는가. 구례에서 온 말을 타고 가니 더욱 염려된다. 열 등이 막 떠나자, 종사관 황여일이 와서 한 시간쯤 이야기하다. 늦게 서철이 보러 오다. 정상명이 종이로서 마혁 만들기를 끝내다. 저녁에 홀로 빈 방에 앉았으니 심사가 끓어올라 밤이 깊도록 잠을 못 하다.

7월 11일   날씨 맑음.

열이 어떻게 갔는지 걱정스럽다. 더위가 아주 심하여 걱정을 금치 못하다. 변홍달과 임중형이 와서 보다. 홀로 빈 방에 앉아 있으니 그리운 마음이 어떠하랴. 비통하다, 비통하다. 종 태문이 종 종이와 함께 순천으로 가다.

7월 12일   날씨 맑음.

아침에 합천 군수가 햅쌀과 수박을 보내오다. 점심을 지을 때 방응원·현응진·홍우공·임영립 등이 박명현이 있는 곳으로부터 오다. 종 평세가 열을 따라갔다가 돌아오다. 잘 갔다는 소식을 들으니 다행스런 일이다. 그러나 슬프고 한탄스러움이야 어찌 말하랴. 이희남이 사철쑥 백 묶음을 베어 오다.

7월 13일   날씨 맑음.
남해 현령이 편지와 음식물을 많이 보내오다. 또 전마를 가져가라고 하였다. 이에 답장을 쓰다. 늦게 이태수·조신옥·홍대방이 와서 적을 토벌하는 데 대한 일을 말하다. 송대립·장득홍도 오다. 장득홍은 자비로 복무한다기에 양식 두말을 내주다. 이날 칡을 캐어 오다. 이방도 보러 오다. 남해 아전이 심부름꾼 두 명을 데리고 오다.

7월 14일   날씨 맑음.
이른 아침에 정상명에게 종 평세, 귀인과 짐말 두 필을 주어 남해로 보내다. 전마 끌어오는 일로 보낸 것이다. 새벽에 꿈을 꾸었는데, 내가 체찰사와 함께 한곳에 이르니 시체들이 널렸는데 혹은 밟고, 혹은 목을 베기도 한다. 아침 식사 때 문인수가 와가채(모시조개로 만든 음식)와 동아선(술안주)을 가져오다. 방응원·윤선각·현응진·홍우공 등과 함께 이야기하다. 홍우공은 종군하고 싶지 않아 팔이 아프다고 핑계하니 참 놀랍다. 종사관 황여일이 정인서를 보내어 문안하고, 또 김해 사람으로 왜놈에게 부역했던 김억의 고목을 보인다. 그 속에는 초 7일 왜선 500여 척이 부산을 나오고, 초 9일에는 왜선 1,000척이 합세하여 우리 해군과 절영도 앞 바다에서 싸웠는데 우리 전선이 표류하여 두모포에 닿고, 또 7척은 간곳이 없다 한다. 분하다. 곧 종사관 황여일에게 달려가서 상의하다. 그대로 앉아 활쏘는 것을 구경하다. 이윽고 내가 타고 간 말을 홍대방더러 달려보라고 했더니 잘 달리는 것이다. 날씨가 비 올 기세였으므로 곧 돌아왔는데, 집에 도착하자 비가 마구 쏟아진다. 오후 8시쯤 갰는데 달빛이 훨씬 더 밝다.

7월 15일 날씨 비가 오락가락하다.
늦게 조신옥·황대방들과 여기 있는 윤선각까지 9명을 불러 떡을 차려 먹다. 중군 이덕필이 와서 우리 해군선 20여 척이 적에게 패했다는 소식을 듣다. 분통하다. 막을 방책 없음이 한스럽다. 어두워서 비가 많이 내리다.

7월 16일 날씨 비가 오락가락하며 종일 흐리고 맑지 않다.
아침 식사 후 손응남을 종군 이덕필에게 보내어 수군 소식을 알아보게 했더니 그가 돌아와 종근의 말을 전하는데 경상 좌병사의 긴급 보고로 보아 불리한 일이 많다고 하며 갖추어 말하지 않더라는 것이다. 한탄스런 일이다. 늦게 변의정이란 사람이 수박 두 덩이를 가지고 오다. 그 꼴이 같지 않아 어리석고 용렬하다. 두메에 박혀 사는 사람이 배우지 못하고 가난해서 저절로 그렇게 되는 것이리라. 이 역시 소박한 태도이다. 이날 낮에 이희남을 시켜 칼을 갈게 했는데 아주 잘 들어 적장의 맨 머리를 벨 만하다. 소나기가 쏟아지다. 아들 열이 길 가기에 고생될 것을 생각하니 마음이 놓이지 않는다. 저녁에 영암군 송진면에 사는 사삿집의 종 세남이 서생포로부터 알몸으로 왔다. 그 까닭을 물으니, 7월 5일 우후가 탄 배의 격군이 되어 칠천량에 이르러 자고, 초 6일 옥포에 들어갔다가 초 7일 새벽에 말곶을 거쳐 다대포에 이르니 왜선 8척이 정박하고 있어, 우리의 여러 배들이 곧장 돌격하니 왜놈들은 몽땅 육지로 올라가고 빈 배만 걸려 있어, 우리 해군이 그것들을 끌어내어 불질러 버리고, 그 길로 부산 절영도 바깥바다로 향하다가 마침 적선 1,000여 척이 쓰시마로부터 건너오는 것과 부딪치다. 이들을 맞아 싸우려는데 왜선이 흩어져 달아나 마침내 섬멸할 수가 없었고, 세남이 탔던 배와 다른 배 6척이 배를 제어할 수 없어 표류되어, 서생포 앞바다에 이르러 상륙하려다가 거의 전부가 살육을 당하였다. 요행히 세남만은 혼자 숲속을 기어들어가 간신히 목숨을 보존하여 여기까지 왔다 한다. 참 놀라운 일이다. 우리 나라에서 미더운 것은 오직 해군뿐인데 해군마저 이와 같이 희망이 없게 되었고, 더욱이 선장 이엽이 왜적에게 포박되어 갔다니 더욱 원통하다. 손응남이 집에 돌아가다.

7월 17일 날씨 비.
이희남을 종사관 황여일에게 보내어 세남의 말을 전하다. 늦게 초계 현감이 벽견산성으로부터 보러 왔다가 돌아가다. 송대립·유황·유홍·장득홍 등이 보러 왔다가 해가 저물어 돌아가다. 변대헌·정운룡·득룡·구종 들은 모두 초계 아전들인데, 어머니 족성의 같은 파 사람으로서 보러 오다. 큰비가 종일 내리다. 이름 적지 아니한 사령장을 신여길이 바다 가운데서 잃어버렸으므로 경상 순변사가 신문하여 그 기록을 가져가다.

7월 18일 날씨 맑음.
새벽에 이덕필과 변홍달이 와서 전하기를, 16일 새벽에 해군이 대패했는데 통제사 원균과 전라 우수사 이억기·충청 수사 최호 및 여러 장수 등, 다수인이 해를 입었다고 한다. 원통하여 통곡하다. 얼마 있다가 원수 권율이 와서 말하되, 일이 이렇게 된 이상 어쩔 수가 없다 하고, 오전 10시가 되도록 대책을 세우지 못하다. 내가 직접 연해안 지방으로 가서 보고 듣고 한 뒤에 결정하는 것이 어떻겠는가 하니, 원수가 기뻐하며 승낙하다. 나는 송대립·유황·윤선각·방응원·현응진·임영립·이원룡·이희남·홍우공 등과 더불어 길을 떠나 삼가현에 이르니 삼가 현감이 새로 부임하여 나를 기다리다. 한치겸도 오다.

7월 19일 날씨 비.
단성 동산산성에 올라 형세를 살펴보니 매우 험고하여 적이 엿볼 수가 없을 것 같다. 그대로 단성에서 자다.

7월 20일 날씨 종일 비가 내리다.
아침에 권문임의 조카 권이청이 보러 오고 단성 현감도 와서 보다. 정오에 진주 정개산성 아래 강정에 이르니 진주 목사가 와서 보다. 굴동 이희만의 집에서 자다.

7월 21일 날씨 맑음.
일찍 출발하여 곤양군에 이르니 곤양 군수 이천추도 군에 있고 백성들도 대개 본업에 힘써, 혹 이른 곡식을 거두어들이고, 혹 보리밭을 매만지기도 한다. 오후에 노량에 이르니 거제 현령 안위·영등포 만호 조계종 등 10여 인이 와서 통곡하고 피해 나온 군사와 백성들이 호곡하지 않는 자가 없다. 경상 수사 배설은 도망가 보이지 않고 우후 이의득이 와서 인사하므로 패하던 정황을 물었더니, 사람들이 모두 울면서 말하되, 대장 원균이 적을 보고 먼저 도망간 때문이라 한다. 대장의 잘못을 말하는 것은 입으로 옮길 수가 없고 그 살점이라도 얻어먹고 싶다고들 한다. 거제 배 위에서 자면서 거제 현령 안위와 함께 이야기하다가 새벽 두 시가 될 때까지 조금도 눈을 붙이지 못하여 안질이 생기다.

7월 22일 날씨 맑음.

아침에 경상 수사 배설이 와서 보고 원균의 패망하던 일을 많이 이야기하다. 날이 늦어서 남해 현감 박대남 있는 곳에 이르니 박대남의 병세가 거의 구할 수 없게 되었다. 전마 바꿀 일을 다시 이야기하다. 종 평세와 군사 한 명을 데려오겠다고 한다. 오후에 곤양에 이르러 몸이 불편하므로 자다.

7월 23일 날씨 비가 오락가락하다.

공문을 작성하여 송대립으로 먼저 원수부에 갖다 주게 하고, 곧 뒤따라 시오리원에 이르니 배백기 부인이 먼저 도착해 있다. 말을 내려 잠깐 쉬고, 진주 굴동, 전에 묵던 곳에 이르러 자다. 어두워지면서 비가 내리기 시작하여 밤새도록 그치지 않고 오다. 배흥립도 오다.

7월 24일 날씨 흐림.

한치겸·이안인이 부찰사에게로 돌아가다. 정의 종 예손이 손의 종과 함께 돌아가다. 식후에 이홍훈의 집으로 옮기다. 방응원이 정개산성에서 와서, 종사관 황여일이 정개산성에 왔다고 전한다. 군량 2섬, 말먹이 콩 2섬과 말편자 7벌을 가져오다. 조방장 배경남이 와서 보다.

7월 25일 날씨 맑음.

종사관 황여일이 편지를 보내어 문안하다. 조방장 김언공이 보러 왔다가 원수부로 가다. 배수립과 이곳 주인 이홍훈이 와서 보다. 남해 현령 박대남이 사람을 보내어 내일 들어온다 한다. 저녁에 배흥립의 병을 가 보니 고통이 극도로 심하여 걱정이다. 송득운을 종사관 황여일에게 보내어 안부를 묻다.

7월 26일 날씨 비가 오락가락하다.

정개산성 밑 송정으로 가서 종사관 황여일 및 진주 목사와 이야기하다가 날이 늦어서야 숙소로 돌아오다.

7월 27일 날씨 종일 비.

정개산성 건너편 손경례의 집으로 옮겨가 머물다. 늦게 동지 이천과 판관 정제가 체찰사로부터 와서 전령을 전달하다. 함께 저녁을 먹다. 이천은 배백기에게 가서 자다.

7월 28일 날씨 비.

이희량이 와서 인사하다. 초저녁에 동지 이천과 진주 목사와 소촌찰방 이시경이 와서 싸울 대책을 의논하다.

7월 29일 날씨 비가 오락가락하다.

아침에 이군거(동지 이천의 아들) 영공은 나와 함께 밥을 먹고 체찰사에게로 보내다. 늦게 냇가로 나가 군사를 점검하고 말을 달리는데, 원수가 보낸 자들은 모두 말도 활도 없으니 무용지인이다. 한탄스럽다. 저녁때 들어 오다가 배백기와 남해 현령 박대남에게 들리다. 밤새 큰비가 오다. 찰방 이시경에게 사람을 보내어 안부를 묻다.

8월 1일 날씨 큰비가 쏟아져 물이 넘치다.

소촌찰방 이시경이 와서 보다. 조신옥·홍대방들도 보러 오다.

8월 2일 날씨 잠시 낮이 들다.

홀로 수루의 마루에 앉으니 그리운 회포가 어떠하랴. 비통함을 이기지 못하겠다. 이날 밤 꿈에 임금님의 명령을 받들 징조가 있다.

8 월 3 일   날씨 **맑음**.

이른 아침에 선전관 양호가 교유서를 가져오니 그것이 곧 겸삼도통제사의 임명이다. 엄숙하게 절한 후 다만 받들어 받았다는 서장을 써서 봉하고, 곧 출발하여 두치로 가는 길로 직행하다. 초저녁에 행보역에 이르러 말을 쉬고 자정에 출발하여 두치에 도착하니 날이 새려 한다. 남해 현령 박대남은 길을 잃고 강정으로 잘못 들어갔으므로 말에서 내려 기다리며 불러오게 하다. 쌍계동에 이르니 길에 돌이 어지러이 솟아 있고 비가 와서 물이 불었다. 간신히 건너 석주관에 이르니 이원춘과 유해수가 엎드려 인사하고 적을 토벌할 일에 대해 말을 많이 한다. 저물어 구례현에 이르니 근처가 온통 적막하다. 성 북문 밖, 전에 주인했던 집에 가서 자는데 주인은 벌써 산골로 피난갔다고 한다. 손인필·손응남이 와서 인사하고 조홍감을 바치다.

8 월 4 일   날씨 **맑음**.

압록강원에 이르러 점심을 짓고 말의 병도 고치다. 고산 현감이 군인 교대하는 일로 와서 해군에 대한 말을 많이 한다. 정오에 곡성에 이르니 관청과 여염집이 모두 비었다. 그곳 곡성 현청에서 자다. 남해 현령 박대남은 남원으로 직행하다.

8월 5일   날씨 맑음.
옥과 땅에 이르니 피난민이 길을 메웠다. 말에서 내려 위로하며 타이르고, 옥과 현청으로 들어갈 때 이기남 부자를 만나다. 현청에 이르니 정사준과 정사립이 와서 환영한다. 옥과 현감 홍요좌는 병이라 칭탁하고 나오지 아니하다가, 잡아다가 처벌하려 하니 나와서 인사한다.

8월 6일   날씨 맑음.
이날은 옥과에 머무르다. 오후 8시경 송대립들이 적정을 탐지해 가지고 오다.

8월 7일   날씨 맑음.
일찍 출발하여 곧장 순천으로 가다 길에서 선전관 원집을 만나 임금의 분부를 받다. 병마사의 군사들이 모두 패하여 돌아오며 연락 부절이므로 말 세필과 활 약간을 빼앗아 오다. 곡성 강정에서 자다.

*8*월 *8*일   날씨

새벽에 떠나 부유창에서 아침을 먹는데, 이 곳은 이미 병마사 이복남이 불을 지르라고 명령하여, 다만 타다 남은 재만 남은 것이 보기에도 처참하다. 광양 현감 구덕령·나주 판관 원종의가 창고 밑에 있다가 내가 왔다는 말을 듣고 급히 구치로 도주한다. 내 곧 전령을 내리니 일시에 와서 인사하다. 나는 도피한 것을 꾸짖다. 모두 그 죄를 병마사 이복남에게로 돌리는 것이다. 순천에 도착하니 성 내외에 인적은 적막하고 중 혜희만이 와서 보다. 그러므로 그에게 의장첩을 주다. 관사와 곳간의 곡식 및 군기 등이 여전하다. 병마사가 처치하지 않고 달아난 것이 한탄스럽다. 총통 같은 것은 옮겨 묻고, 장편전은 군관들이 나누어 가지고 거기에서 유숙하다.

*8*월 *9*일   날씨 맑음.

일찍 출발하여 낙안에 이르니 사람들이 많이 5리 밖에까지 나와 환영한다. 백성들이 도망가고 흩어진 까닭을 물으니 모두 하는 말이, 병마사가 적이 쳐들어온다고 겁을 먹고 창고에 불을 지르고 물러갔기 때문에 이와 같이 백성들도 흩어져서 도망갔다 한다. 고을에 이르니 관청과 창고가 모두 다 타 버리고 관리와 백성들이 눈물을 흘리면서 와서 인사한다. 오후에 길을 떠나 10리쯤

오니 늙은이들이 길가에 늘어서서 다투어 술병을 바치는데, 받지 않으면 울면서 강권한다. 저녁에 보성 조양창에 이르니 사람은 하나도 없고, 창고에는 곡식이 봉한 채 여전하므로 군관 4명을 시켜 지키게 하고, 김안도의 집에서 자다. 그 집 주인은 벌써 피난갔다.

8월 10일 날씨 맑음.
몸이 매우 불편하여 김안도의 집에서 그대로 묵다. 동지 배흥립도 같이 머물다.

8월 11일 날씨 맑음.
아침에 양산원의 집으로 옮기다. 송희립과 최대성이 와서 보다.

8월 12일 날씨 맑음.
장계를 초잡으며 그대로 묵다. 거제 현령 안위와 발포 만호 소계남이 들어와 명령을 듣다. 그들 편에 경상 수사 배설의 겁내던 모양을 듣고 더욱 한탄스러움을 이길 길 없다.

8월 13일 날씨 맑음.
거제 현령 안위와 발포 만호 소계남은 돌아가고, 수사 배설과 그

여러 장수 및 피해 나온 사람들이 묵고 있는 곳을 알았다. 우후 이몽구가 전령을 받고 들어왔는데, 본영의 군기를 하나도 옮겨 실어오지 않은 죄로 곤장 10대를 때려 보내다. 하동 현감 신진이 와서 전하되, 초 3일 내가 떠난 뒤에 진주 정개산성과 벽견산성에 군대가 스스로 해산하여 자연적으로 궤멸했다 한다. 통탄할 일이다.

8월 14일   날씨 맑음.

아침에 이몽구에게 곤장 80대를 때리다. 밥을 먹은 뒤 각 항 서장 7통을 봉하여 윤선각을 시켜 모시고 가게 하다. 오후에 어사와 서로 만나는 일로 보성에 도착하여 열선루에서 자다. 밤에 큰비가 쏟아지듯 내리다.

8월 15일   날씨 비. 늦게 개다.

열선루 위에 나와 앉다. 선전관 박천봉이 임금님의 분부를 가지고 오다. 8월 초 7일에 만들어진 서류인데 영의정 유성룡은 경기 지방을 순행 중이라 한다. 받들어 받았다는 문서를 작성하다. 보성의 군기를 검열하여 네 말에 나누어 싣다. 저녁 하얀 달이 다락 위를 비추니 심회가 편안하지 못하다.

8월 16일 날씨 맑음.

아침에 보성 군수와 군관 등을 굴암으로 보내어 도피한 관리들을 찾아오게 하다. 선전관 박천봉이 돌아가는 편에 나주 목사 배응경 및 어사 임몽정에게 편지 답장을 부치다. 박사명의 집에 사람을 보냈더니 박사명의 집이 벌써 비었다고 한다. 오후에 활장이 지이 및 태귀생, 선의, 대남들이 들어오다. 김희방·김붕만이 오다.

8월 17일 날씨 맑음.

아침 식사 후에 장흥 땅 백사정에 이르러 말을 먹이고 군영 구미에 이르니 일대가 모두 무인지경이 되었다. 수사 배설은 탈 배도 보내지 않았다. 장흥의 군량 감관과 색리는 군량을 모조리 도둑질하여 나눠 가져가던 참인데, 마침 그때 이르러 잡아다 호되게 곤장을 때리다. 눌러 거기서 자다.

8월 18일 날씨 맑음.

회령포를 갔더니 경상 수사 배설이 배멀미가 났다고 와 보지 아니한다. 관사에서 자다.

8월 19일 날씨 맑음.

여러 장수들이 교서에 숙배하되 경상 수사 배설은 고개 숙여 환영하지 아니하니, 그 모멸하는 태도를 말로 이루다 표현할 수 없다. 그 영리를 매 때리다. 회령포 만호 민정붕이 그 전선에서 받은 물건을 사사로이 피란민 위덕의들에게 준 죄로 곤장 20대를 치다.

8월 20일 날씨 맑음.

앞 포구가 협착하여 이진으로 진을 옮기다.

8월 21일 날씨 맑음.

새벽에 토사곽란이 일어나 몹시 아파 차게 해서 그런가 싶어 소주를 마셨더니 이윽고 인사불성이 되어 밤새도록 앉아 새우다.

8월 22일 날씨 맑음.

토사곽란이 점점 심해서 몸을 움직일 수가 없다.

8월 23일 날씨 맑음.

병세가 매우 중해져 배에서 자기가 불편하므로 배를 버리고 바다로부터 나와 육지에서 자다.

8월 24일 날씨 맑음.

일찍 도괘 땅에 이르러 아침을 먹고, 어란 앞바다에 이르니 모든 곳이 다 비었다. 바다에서 자다.

8월 25일 날씨 맑음.

당포 보자기가 피란민의 소 두 마리를 훔쳐 끌고 가면서 적이 쳐들어왔다고 헛소문을 내었으나, 내 그것이 거짓말인 줄 알고 그 거짓말 한 자 두 명을 잡아 목을 베게 하니 군대 안이 안정되다.

8월 26일 날씨 맑음.

임준영이 말을 타고 와서 급히 고하되 적병이 이진에 도착했다고 한다. 전라 우수사가 오다.

8월 27일 날씨 맑음.

경상 수사 배설이 와서 인사하다. 많이 두려워하는 눈치다. 나는 그에게 「수사는 그리 피하려고만 하오」 하였다.

8월 28일 날씨 맑음.

적선 8척이 뜻밖에 들어와, 여러 배들은 겁을 먹고 경상 수사 배설은 도망가고자 한다. 나는 요동하지 아니하고 깃발을 휘두르며 추격하도록 명령하니 적선이 물러간다. 뒤쫓아 갈두까지 갔다가 돌아오다. 저녁에 장도로 진을 옮기다.

8월 29일 날씨 맑음.
벽파진에 이르다.

8월 30일 날씨 맑음.
벽파진에 진을 치다.

9월 1일 날씨 맑음.
점세가 탐라(제주)로부터 나왔는데 소 다섯 마리를 특별히 싣고 와 바치다.

9월 2일 날씨 맑음.
새벽에 정자에 내려가 앉았는데 보자기 점세가 제주로부터 보러 오다. 새벽에 경상 수사 배설이 도망가다.

9월 3일 날씨 비가 뿌리다.
뜸 아래 머리를 웅크리고 있으니 그 심회가 어떠하랴.

9월 4일   날씨 북풍이 세게 불다.

각 배들을 겨우 보전하다.

9월 5일   날씨 북풍이 세게 불다.

각 배가 부지할 수 없다.

9월 6일   날씨 바람은 자는 듯하나 물결은 가라앉지 않다.

9월 7일   날씨 맑음.

바람이 비로소 자다. 척후대의 군관 임중형이 와서 보고하되, 적선 55척 가운데 13척이 이내 어란 앞바다에 도착했는데, 그 뜻이 우리 해군을 노리는 것 같다 하므로 각 배들에게 엄중히 경계하게 하다. 오후 4시경에 적선 13척이 곧장 우리 배를 향해 온다. 우리 배들도 닻을 걷어 올리고 바다로 나와 적을 맞아 공격하니, 적들이 배를 돌려 달아난다. 뒤쫓아 먼 바다에까지 추격했으나, 바람과 물이 모두 역류라 배를 전진시킬 수 없어 벽파진으로 돌아오다. 오늘 밤 아마도 적의 야습이 있을 것 같아 각 배에 경계 태세를 취하게 하였던 바, 밤 10시경에 적선이 총을 놓으며 야습한다. 우리의 모든 배들이 겁을 먹는 것 같아 다시 엄명을 내리고 내가 또 배를 곧장 적선 앞으로 내어 포를 쏘니, 적이 침범하기

불가능한 줄 알고 자정에 퇴각하다. 이들은 전에 한산도에서 승리를 얻은 자들이다.

9 월 8 일   날씨 맑음.
적선이 오지 아니하다.

9 월 9 일   날씨 맑음.
이날은 9 월 9일 중양절인데 마침 부찰사 군량 중 제주 소 5마리가 오다. 녹도 송여종과 안골포를 시켜 그것을 잡아 장병들을 먹일 때에 적선 두 척이 곧장 감보도로 들어와 우리 배의 다소를 정탐한다. 영등포 만호 조계종이 뒤를 쫓았으나 잡지 못하다.

9 월 10 일   날씨 맑음.
적도들이 멀리 달아나다.

9 월 11 일   날씨 맑음.

9 월 12 일   날씨 비, 비.

9 월 13 일   날씨 맑으나 북풍이 세게 불다.

9월 14일 날씨 맑음.

임준영이 육지를 정탐하고 달려와 보고하되, 적선 200여 척 중에 55척이 이미 어란 앞바다에 들어왔다 하고, 또 적에게 포로가 되었다가 도망 온 김중걸의 말을 전하는데, 김중걸이 이달 초 6일 달마산으로 도망갔다가 왜놈에게 붙잡혀 결박당해 왜선에 실렸더니, 김해 사람으로 이름 모를 어떤 이가 왜장에게 빌어, 묶인 것을 풀어 주었다. 그날 밤 김해 사람이 김중걸의 귀에다 대고 일러주는 말이, 조선 해군 10여 척이 왜선을 추격하여 사살하고 불태웠으므로 불가불 보복을 해야겠다. 그리하여 여러 배들을 모아 조선 해군들을 전부 몰살한 후에 바로 경강으로 올라가겠다고 왜놈들이 말하더라는 것이다. 이 말이 모두 믿기는 어려우나 그럴 수도 없지 않아, 전령선을 우수영으로 보내어 피난민들에게 곧 육지로 올라가라고 타이르게 하다.

9월 15일 날씨 맑음.

적은 수의 해군으로 명량을 등지고 진을 치는 것이 불가하므로 진을 우수영 앞바다로 옮겨 여러 장수들을 모으고 약속하여 가로되,「병법에 반드시 죽고자 하면 살고 살려고 하면 죽는다 하였고, 또한 사람이 길목을 지키면 천 사람을 두렵게 한다 했음은 우리를 두고 하는 말이다. 여러 장병들은 살 생각을 하지 말라.

조금이라도 명령을 어길 때는 군법에 의하여 처벌할 것이다.」재삼 엄중히 약속하게 하다. 이날 밤 신인이 꿈에 나타나 이렇게 하면 크게 이기고 이렇게 하면 진다고 일러주다.

9월 16일   날씨 맑음.

이른 아침에 별망군이 나와 보고하되, 적선이 부지기수인데 곧장 우리 배로 향해 들어온다 한다. 곧 여러 배에 전령하여 닻을 걷고 바다로 나가게 하니 적선 330여 척이 우리의 여러 배를 에워싼다. 여러 장수들이 중과부적임을 알고 도망갈 궁리만 한다. 우수사 김억추는 벌써 아득한 곳으로 물러가 있다. 나는 노를 재촉하여 앞으로 돌진하여 지자포·현자포 등 각종 총들을 바람과 우레같이 마구 쏘아대며, 군관들도 배 위에 가득 서서 빗발같이 어지러히 쏘아대니, 적도들은 당적지 못하고 나왔다 물러갔다 한다. 그러나 적에게 몇 겹으로 둘러싸여 형세가 어찌 될지 알 수 없으매, 온 배에 있는 장병들이 서로 돌아보며 얼굴빛을 잃는다. 나는 조용히 타이르되, 적이 비록 1,000척이라도 우리 배를 당적지 못할 것이다. 동심하지 말고 진격하여 적을 쏘아라 하고, 여러 장수의 배들을 돌아보니 먼 바다에 물러나 있으면서 관망하고 진격하지 않는다. 내 배를 돌려 바로 중군장 김응함의 배로 가서 먼저 그 목을 베어 효시하고 싶으나, 내 배가 머리를 돌리면 여러 배들이 차차로 멀리 물러날 것이요, 따라서 적선이 점점 육박해 오면 일은 아주 낭패라, 곧 호각을 불어 중군령하기를 세우고 또 초요기를 세우니, 중군장 미조항 첨사 김응함의 배가 차츰 내 배에 가까이 오고, 거제 현령 안위의 배가 먼저 온다. 내가 배 위에 서서 친히 안위를 불러 가로되, 「안위야, 군법에 죽고 싶으냐? 네가 군법에 죽고 싶으냐? 도망간다고 어디 가서 살 것이냐?」 하니, 안위가 황급히 적선 속으로 돌입한다. 다시 김응함을 불러 가로되, 「너는 중군장으로서 멀리 피하고 대장을 구원하지 않으니 그 죄를 어찌 면하랴? 당장 처형할 것이로되 전세가 급하므로 우선 공을 세우게 한다」 하니, 두 배가 곧장 쳐들어가 접전하는 데, 적장이 그 휘하선 세 척을 지휘하여 한꺼번에 개미 붙듯 안위의 배로 매달려 서로 먼저 올라가려 다툰다. 안위와 그 배에 탄 사람들이 죽기로써 맹세하고 싸우다가 힘이 거의 다하게 되었다. 내 배를 돌려 곧장 쳐들어가 빗발치듯 쏘아대어 적선 3척이 남김없이 전멸되는데, 녹도 만호 송여종과 평산포 대장 정응두의 배가 계속하여 이르러 합력하여 적을 쏘다. 항복한 왜인 준사란 자는 안골포 적진으로부터 투항해 온 것인데, 내 배 위에서 굽어보며, 저 무늬 있는 비단옷을 입은 놈이 안골포 적진의 적장 마다시라 한다. 내 김석손으로 하여금 갈구리를 던져 뱃머리로 끌어올리게 하니, 준사가 날뛰며 마다시라고 한다. 곧 명령하여 토막토막

자르게 하니 적의 기운이 크게 꺾여 버린다. 이때 우리 여러 배들이 일제히 북을 울리며 가지런히 나아가면서 지자포·현자포 등을 쏘고, 또 활을 빗발같이 쏘니 그 소리 산악을 진동시킨다. 적선 30척이 부서지자 적선들이 퇴각하고 다시는 우리 해군에 접근하지 못하니 이는 실로 천행이다. 수세가 심히 험하고 형세도 또한 외롭고 위태로워 당사도로 진을 옮기다.

9월 17일 날씨 맑음.
어외도에 이르니 피난선이 무려 300여 척이 와 있다. 우리 해군이 대승한 것을 알고 서로 다투어 치하하며 많은 양식들을 가져와 군사들에게 준다. 나주 진사 임선·임업 등이 와서 인사하다.

9월 18일 날씨 맑음.
어외도에서 머물다. 임치 첨사가 오다. 내 배에서는 순천 감목관 김탁과 본영의 종 계생이 탄환에 맞아 죽고, 박영남과 봉학 및 강진 현감 이극신도 탄환에 맞았으나 중상은 아니다.

9월 19일 날씨
일찍 출발하여 행선하다. 바람도 순하고 물결도 잔잔하여 무사히 칠산 바다를 건너 저녁에 법성포에 이르니, 흉한 왜적들이 육지로 와서 인가의 곳곳에 불을 질렀다. 해질 무렵 홍농 앞바다에 이르러 배를 정박시키고 자다.

9월 20일 날씨 맑음.
새벽에 발선하여 곧장 위도에 이르니 피난선이 많이 정박해 있다. 이광축·이지화 부자가 와서 인사하다.

9월 21일 날씨 맑음.
일찍 떠나 고군산도에 이르니 호남 순찰사가 내가 왔다는 말을 듣고 배를 타고 급히 옥구로 갔다고 한다.

9월 22일 날씨 맑음. 북풍이 세게 불다.
그대로 머물다. 나주 목사 배응경·무장 현감 이남이 와서 인사하다.

9월 23일 날씨 맑음.
승첩 장계 초본을 수정하다. 정희열이 와서 인사하다.

9월 24일 날씨 맑음.
몸이 불편하여 신음하다. 김홍원이 와서 인사하다.

9월 25일 날씨 맑음.

몸이 매우 불편하다. 허한이 온몸을 적시다.

9월 26일 날씨 맑음.

몸이 불편하여 종일 나가지 아니하다.

9월 27일 날씨 맑음.

송한·김국·배세춘 등이 승첩 장계를 가지고 뱃길로 올라가다. 정제도 충청 수사에게 군령을 전하기 위해 떠나다. 몸이 몹시 불편해 밤새 고통하다.

9월 28일 날씨 맑음.

송한 등이 바람에 막혀서 도로 오다.

9월 29일 날씨 맑음.

장계와 정제가 도로 올라가다.

10월 1일 날씨 맑음.

아들 회를 보내어 저의 모친도 보고 집안 여러 사람의 생사도 알아 오게 하다. 심회가 극히 산란하여 편지를 쓸 수가 없다. 병조의 역노가 공문을 가지고 내려왔는데, 아산 고향이 적에게 분탕되었다 한다.

10월 2일 날씨 맑음.
아들 회가 배를 타고 올라갔으나 잘 갔는지 궁금하다. 매우 걱정이 된다. 내 심정 어찌 다 말하랴.

10월 3일 날씨 맑음.
새벽에 발선하여 법성포로 돌아오다. 바람이 부드러워 따뜻하기가 봄날 같다. 저물어서 법성포 선창 앞에 이르다.

10월 4일 날씨 맑음.
그대로 유숙하다. 임선·임업 들이 사로잡혀 갔다가 적에게 빌어 임치로 돌아와서 편지를 보내다.

10월 5일 날씨 맑음.
그대로 유숙하다. 마을 집으로 내려가 자다.

10월 6일   날씨 흐림. 눈비가 흩날리다.

10월 7일   날씨 비가 오락가락하다. 바람이 순조롭지 못하다.
들으니 호남 안팎에 모두 적선이 없다고 한다.

10월 8일   날씨 맑음.
발선하여 어외도에 도착하다.

10월 9일   날씨 맑음.
일찍 출발하여 우수영에 이르니 성 안팎에 인가와 인적이 하나도 없어 보기에 참혹하다. 그러나 들으니 흉적들이 해남에 진을 치고 머물러 있다 한다. 초저녁에 김응려·정조·백진남 등이 와서 인사하다.

10월 10일   날씨 비. 북풍이 세게 불다.
배를 띄울 수 없어 그대로 머무르다. 밤 10시경에 중군장 김응함이 와서 전하되, 해남에 있는 적들이 많이 물러간 모양이라고 한다. 이희급의 부친이 적에게 사로잡혔다가 빌어서 놓여 왔다고 한다. 몸이 불편하여 앉았다 누웠다 밤을 새우다. 우우후 이정충이 배에 왔다는데 보이지 않음은 바깥 섬에 도망하여 있기 때문이다.

10월 11일 날씨 맑음.

새벽 두 시경에 바람이 자는 것 같으므로 닻을 걷고 바다 가운데 이르러, 정탐인 이순·박담동·박수환·태귀생을 해남으로 보내다. 해남에는 연기가 하늘을 찌른다고 한다. 필시 적도들이 달아나면서 불을 지른 것이리라. 오정에 발음도에 이르니 바람도 좋고 날씨가 화창하다. 땅에 내려 상봉으로 올라가 배 감출 곳을 찾아보니, 동쪽에는 앞에 섬이 있어 멀리 바라볼 수 없고, 북으로는 나주와 영암 월출산으로 뚫렸으며, 서로는 비금도로 통하여 일망무제다. 이윽고 중군장 김응함과 우치적이 올라오고 조효남·안위·우수가 잇따라 오다. 날이 저물어 산에서 내려와 언덕에 앉았으니, 조계종이 와서 왜적의 정형을 말하고, 또 왜놈들이 우리 해군을 매우 꺼려한다고 한다. 이희급의 부친이 보러 와서 포로되었던 경위를 이야기하는데 마음 아픔을 견딜 수 없다. 저녁엔 따뜻한 날씨가 마치 봄과 같아 아지랑이가 하늘에 아른거리고, 비가 내릴 징조가 많다. 초 저녁에 달빛이 비단결 같아 홀로 뜸집에 앉았으니 회포가 만 갈래이다. 밤 10시께 허한이 몸을 적시다. 자정에 비가 내리다. 이날 우수사가 군량선에 있는 사람을 붙들어다가 무릎을 몹시 때렸다고 한다. 놀랄 일이다.

10월 12일 날씨 비.

가리포 첨사와 장흥 부사 등 여러 장수가 와서 종일 이야기하다. 탐후선이 4일째나 되어도 오지 않으니 걱정이 된다. 아마도 생각컨대 흉적들이 멀리 도망가 그것을 쫓아가 돌아오지 않음이리라.

10월 13일 날씨 맑음.

조방장 배흥립과 경상 우후 이의득이 와서 인사하다. 이윽고 탐후선이 임준영을 싣고 왔는데 적의 정황을 들으니, 해남에 들어와 웅거해 있던 적들은 7일 우리 해군이 내려오는 것을 보고 11일 몽땅 도망갔는데 해남 향리 송언봉과 신용 등이 적 속에 들어가 왜놈들을 유인해다가 지방 사람들을 많이 죽였다 한다. 통분함을 이길 길 없다. 곧 순천 부사 우치적·금갑도 만호 이정표·제포 만호 주의수·당포 만호 안이명·조라포 만호 정공청 및 군관 임계형·정상명·봉좌·태귀생·박수환 등을 해남으로 보내다. 늦게 조방장 배흥립·장흥 부사 전봉 등과 함께 이야기하다. 이날 우우후 이정충의 뒤떨어진 죄를 처벌하다. 저녁에 중군장 김응함에게서 섬 안에 알지 못하는 어떤 이가 산골짜기에 숨어 있으면서 마소를 잡는다는 말을 듣고, 황득중과 오수 등을 보내어 염탐하게 하다. 이날 밤 달빛은 비단결 같고 바람 한점 없는데 혼자 뱃전에 앉아 심회를 달래지 못하다. 이리 뒤척 저리 뒤척 앉았다 밤새 잠을 이루지 못한 채 하늘을 우러러 탄식할 따름이다.

10월 14일   날씨 맑음.

새벽 두 시경에 꿈을 꾸니 내가 말을 타고 언덕 위로 가는데 말이 실족하여 냇물 속으로 떨어졌으나 쓰러지지는 않고, 막내아들 면이 끌어안고 있는 것 같은 형상을 꿈꾸다가 깨었으니 무슨 징조인가 모르겠다. 늦게 조방장과 우후 이의득이 보러 오다. 배의 종이 경상도에서 와서 적의 정세를 전하다. 황득중들이 와서 보고하기를 「내수사의 종 강막지라는 자가 소를 많이 치기 때문에 12마리를 끌어간 것이라 한다. 저녁에 사람이 천안으로부터 와서 집안의 편지를 전하는데 봉한 것을 뜯기도 전에 뼈와 살이 먼저 떨리고 정신이 혼란하다. 겨우 겉봉을 뜯고 차남 열의 편지를 보니 겉에 「통곡」 두 자가 씌어 있어 면이 전사한 줄 알았다. 낙담상혼하여 실성통곡함을 깨닫지 못하다. 하늘이 어찌 이다지도 인자하지 못한고! 내가 죽고 네가 사는 것은 이치의 마땅함인데 네가 죽고 내가 사니 이런 어그러진 이치가 어디 있느뇨! 천지가 깜깜하고 햇빛이 안 보이네. 슬프다, 내 아들아! 날 버리고 어디 갔니? 남달리 영특하여 하늘이 시기함인가? 내 지은 죄가 네 몸에 미침인가? 이제 내 세상에 살아 있으나 누구에게 의지할고?

너를 따라 같이 죽어, 지하에서 같이 지내고 같이 울고 싶건마는 네 형, 네 누이, 네 어머니가 의지할 곳이 없으므로 아직은 참고 연명이야 한다마는 마음은 죽고 형상만 남아 울부짖는다. 통곡 통곡하노라. 하룻밤 지내기가 1년 같구나. 밤 9시경에 비가 오다.

10월 15일 날씨 종일 비바람이 치다.
누웠다 앉았다 하며 종일 뒹굴다. 여러 장수들이 위문 오니, 어찌 얼굴을 들고 대하랴. 임홍·임중형·박신 등이 적정을 탐정하기 위하여 작은 배를 타고 흥양·순천 등지의 바다로 나가다.

10월 16일 날씨 맑음.
우수사와 미조항 첨사를 해남으로 보내다. 해남 현감 유형도 보내다. 나는 내일이 막내아들의 죽음을 들은 지 나흘째 되는 날인데, 마음놓고 통곡하지 못하므로 본영 안에 있는 강막지의 집으로 가다. 밤 열 시경에 순천 부사·우후 이정충·금갑도 만호·제포 만호 등이 해남으로부터 돌아왔는데, 왜적 13명과 적에게 투항한 자 송언봉 등의 머리를 베어 오다.

10월 17일 날씨 맑음. 종일 센바람이 불다.
새벽에 흰 띠를 띠고 향을 피우고 통곡하다. 새벽에 아들의 복을 입으니 비통함을 어찌 참으랴? 우수사가 와서 인사하다.

10월 18일 날씨 맑음. 바람도 자는 것 같다.
우수사는 배를 부릴 수 없어 바깥 바다에서 자다. 강막지가 보러 왔다. 임계형과 임준영이 들어오다. 자정에 꿈을 꾸다.

10월 19일 날씨 맑음.
새벽에 고향집의 종 진이 내려왔기에 죽은 아들을 생각하여 통곡하는 꿈을 꾸다. 늦게 조방장과 경상 우후가 보러 오다. 백 진사(백진남)가 보러 왔다. 임계형이 보러 오다. 김신웅의 아내, 이인세, 정억부를 붙잡아오다. 거제, 안골포, 녹도, 웅천 현감 김충민 제포, 조라포, 당포와 우우후가 보러오다. 적을 잡은 공문을 가져와 바치다. 윤건 등이 적에게 부역한 자 2명을 잡아오다. 어둘 무렵에 코피를 되 남짓이나 흘리다. 밤에 앉아 생각하고 눈물 지었다. 어찌 다 말하랴. 이제는 영령이라 불효가 여기까지 이를 줄 어찌 알았으랴. 비통한 마음이 가슴 찢어지는 듯하여 누를 길 없다.

10월 20일 날씨 맑음. 바람도 자다.
이른 아침에 미조항 첨사·해남 현감·강진 현감 등이 해군의 군량 운반차 돌아가고, 안골포 만호 우수도 돌아가다. 늦게 김종려·정수·백진남 등이 와서 인사하고, 또 윤지눌의 못된 짓을 말하다. 김종려를 소음도 등 13도의 염전 감독관으로 정해 보내다. 영속 사화의 모친이 배 속에서 죽었다 하기에 곧 매장토록 군관에게 이르다. 남도포 강응표, 여도 김인영 두 만호가 와 보고 돌아가다.

10월 21일 날씨 새벽 2시께 비와 눈이 오락가락하다.

바람이 매우 차 뱃사공들이 추워서 마음이 안정 안 될까 걱정된다. 오전 8시부터 바람과 눈이 크게 불어쳤다. 정상명이 와서 보고하기를 무안 현감 남언상이 들어왔다고 한다. 남언상은 원래 해군에 소속된 관리인데 사사로이 목숨을 보존하고자 해군으로 오지 않고, 산골짜기에 몸을 숨겨 달포를 관망하다가 적이 물러가자 중형을 받을까 염려되어 이제야 비로소 나타나니 그 꼬락서니가 가이 해괴하다. 늦게 가리포 및 배 조방장, 우후 등이 와서 절하다. 종일 바람과 눈이 내리다. 장흥이 와서 자다.

10월 22일 날씨 아침엔 눈이 오다가 늦게 개다.

장흥과 아침을 먹다. 군기시 직장 선기룡이 임금의 분부와 의정부의 방문을 가지고 오다. 해남 현감 유형이 부역자 윤해·김언경 등을 결박하여 보냈으므로 단단히 가두게 하고, 무안 현감 남언상은 가리포 전선에 가두다. 우수사가 황원으로부터 와서 김득남을 처형했다고 했다. 진사 백진남이 와서 보고 돌아가다.

10월 23일 날씨 맑음.
늦게 김종려, 정수가 보러 오다. 조방장 배흥립 및 우후 이의득, 우우후 이정충도 왔다. 적량, 영등포 만호 조계종도 뒤미처 왔다가 저녁에 돌아가다. 윤해·김언경을 처형하다. 대장장이 허막동을 나주로 보내려고 밤 9시경에 종을 시켜 부른 즉, 배가 아프다 하다. 전마의 편자가 떨어진 것을 고쳐 박았다. 진사 백진남이 와서 인사하다.

10월 24일 날씨 맑음.
해남에 있던 왜군 군량 322석을 실어 오다. 초저녁에 선전관 하응서가 유지를 가지고 왔는데, 그것은 우후 이몽구를 처형하라는 것이다. 그 편에 들으니 명나라 해군이 강화도에 도착했다고 한다. 밤 10시께 땀을 내어 등을 적시고 자정에야 그치다. 새벽 두 시에 또 선전관과 금오랑이 왔다고 한다. 날이 밝자 들어오는데 선전관은 권길이요, 금오랑은 홍지수다. 무안 현감 남언상과 목포 만호 방수경과 다경포 만호 윤승남을 잡아갈 일 때문에 온 것이다.

10월 25일 날씨 맑음.

몸이 매우 불편하다. 윤연이 부안으로부터 오다. 종 순화가 배를 타고 아산으로부터 온 편에 집안 편지를 받아 보다. 심회가 편치 못해 이리저리 뒤척이며 혼자 앉아 있었다. 초저녁에 선전관 박희무가 유지를 가지고 왔는데 명나라 해군의 배가 정박하기에 알맞은 곳을 골라 장계하라는 것이다. 양희우가 장계를 가지고 서울로 갔다가 돌아왔다. 충청 우후 원유남이 편지와 홍시를 한 접 보내다.

10월 26일 날씨 새벽에 비가 내리다.

조방장들이 와서 보다. 김종려, 백진남, 정수들도 보러 왔다. 이 날 밤 10시에 온몸에 도한이 흐르다. 온돌에 불을 많이 땐 때문이다.

10월 27일 날씨 맑음.

영광 군수 전양의 아들 전득우가 군관이 되어 와서 인사하다. 그러나 곧 그의 부친이 있는 곳으로 돌려 보냈다. 홍시 백 개를 가지고 왔다. 밤에 비가 뿌리다.

10월 28일 날씨 맑음.

아침에 여러 가지 장계를 봉하여 피은세에게 주어 보내다. 늦게 강막지의 집으로부터 지휘선으로 옮겨 탔다. 저녁에 염장의 도서원 걸산이 큰 사슴을 잡아 바치기에 군관들이 나누어 먹게 하다. 이날 밤 바람 한점 없다.

10월 29일 날씨 맑음.

새벽 두시경에 발선하여 목포로 향했다가 비와 우박이 섞여 내리고 동풍이 약간 불었다. 보화도에 정박하니, 서북풍을 막을 만하고 배를 감추기에 안성맞춤이다. 그러므로 땅에 내려 섬 안을 둘러보니 지형이 매우 좋아, 진을 치고 집을 세울 계획을 하다.

10월 30일 날씨 맑음.

아침에 집 지을 곳으로 내려가 앉으니 여러 장수들이 와서 인사하다. 해남 현감 유형도 와서 부역자들의 소행을 말하다. 황득중으로 하여금 섬 북쪽 봉우리로 가서 집 지을 재목을 베어 오게 하다. 늦게 해남 적에게 부역했던 정은부와 김신웅 등과 왜놈을 지시하여 우리 나라 사람을 죽인 자 2명과, 선비집 처녀를 강간한 김애남을 아울러 목 베다. 저녁에 양밀이 도양장의 벌레 먹은 곡식을 제멋대로 나눠준 일로 곤장 60대를 때리다.

11월 1일   날씨 비.

아침에 사슴 털가죽 두 장이 물에 떠내려 왔으므로 명나라 장수에게 보내기로 했다. 이상한 일이었다. 오후 2시께 비는 갰으나 북풍이 세게 불어 뱃사람들은 추위를 견디기 어려웠다. 나도 웅크리고 배 밑창 방에 앉아 있노라니 심회가 편치 못해 하루를 지냄이 1년 같다. 비통함을 어찌 다 말하랴. 저녁부터 북풍이 세게 불어 밤새도록 배가 흔들리어 사람이 안정할 수가 없다. 땀이 온몸을 적시다.

11월 2일   날씨 흐림.

일찍 들으니 우수사의 전선이 바람에 떠내려가다가 바위에 걸려 깨졌다니 참 통분할 일이다. 병선 군관 당언량을 곤장 80대 치다. 선창가로 내려가 앉아 다리 놓는 것을 감독하다. 그 길로 새로 집 짓는 곳으로 올라갔다가 어두워서야 배 있는 데로 내려오다.

11월 3일   날씨 맑음.

일찍 새 집 짓는 곳을 올라가다. 선전관 이길원이 배설을 처단하는 일로 들어오다. 배설은 벌써 성주 본집으로 갔는데, 그리로 가지 않고 이리로 오니 그 사정 보아 주는 죄가 지극하다. 녹도의 배로 보내다.

11월 4일 날씨 맑음.

일찍 새 집 세우는 곳으로 올라가다. 이길원이 머물렀다. 진도 군수 선의경이 오다.

11월 5일 날씨 맑음. 따뜻하기가 봄날 같다.

일찍 새집 짓는 곳으로 올라가다. 해가 저물어 배로 내려오다. 영암 군수 이종성이 와서 밥 30말을 하여 일꾼들을 먹이며 또 말하기를 군량미 200석과 벼 700석을 준비했다 한다. 이날 보성 군수와 흥양 현감을 시켜 군량 창고 짓는 것을 감독하게 하다.

11월 6일 날씨 맑음.

일찍 새 집 짓는 곳으로 올라가 종일 배회하며 해가 저무는 것을 모르다. 새 집 지붕을 이고 군량 곳간도 세우다. 전라 우우후가 나무 베어 오는 일로 황원장으로 가다.

11월 7일 날씨 맑음. 따뜻하다.

해남 의병이 왜놈의 머리 하나와 환도 한 자루를 가지고 와서 바치다. 이종호와 당언국을 잡아왔기로 거제 배에 가두었다. 전 홍산 현감 윤영현과 생원 최집이 와서 인사하고, 또 군량으로 벼 40석과 쌀 8석을 바치다. 며칠 동안의 양식으로 도움될 만했다. 본영 박주생이 왜놈의 머리 두 개를 베어 오다. 전 현감 김응인이 와서 인사하다. 이대진의 아들 순생이 윤영현을 따라왔다. 저녁에 새집의 마루를 다 놓았다. 여러 수사들이 보러 왔다. 이날 밤 자정께 면이 죽는 꿈을 꾸고 슬퍼 울다. 진도 군수가 돌아가다.

11월 8일 날씨 맑음.
새벽 2시께 꿈에 물에 들어가 고기를 잡다. 따뜻하고 바람도 없다. 새 방 벽에 흙을 바르다. 이중화 부자가 와서 인사하다. 마루를 만들다.

11월 9일 날씨 맑음. 따뜻하기가 봄날 같다.
우수사가 와서 보다. 강진 현감이 돌아가다.

11월 10일 날씨 눈 비가 섞여 오다.
서북풍이 세게 불어 간신히 배들을 보호하다. 이정충이 와서 장흥의 적들이 달아났다고 한다.

11월 11일 날씨 맑음. 바람도 풀이 죽었다.

새 집 짓는 데로 올라가다. 평산포 새 만호가 도임장을 바치다. 그는 하동 현감 신진의 형 신훤이다. 전하는 말이 숭정(종일품 벼슬. 그러나 실상은 올려지지 않았다)으로 가자하는 것이 이미 발행되었다고 한다. 장흥과 조방장 배흥립이 보러 오다. 저녁에 우후 이정충이 왔다가 오후 8시께 돌아갔다.

11월 12일 날씨 맑음.

영암·나주 사람들이 타작을 못하게 한다 하여 결박해 왔으므로, 그 중에서 주모자를 뽑아내어 처형하고 그 나머지 4명은 각 배에 가두다.

11월 13일 날씨 맑음.

11월 14일 날씨 맑음.

해남 현감 유형이 와서 윤서중의 무리한 일을 많이 전한다. 또 말하기를 「해남의 아전이 법성포로 피란갔다가 돌아올 때 바람을 만나 배가 전복되는데, 바다 가운데서 만나 구조하기는커녕 도리어 배 안의 물건을 빼앗아 간다」는 것이었다. 그래서 중군선에 가두다. 김인수는 경상도 수영 배에 가두었다. 내일은 큰 제삿날

(이순신 아버지의 제삿날)이라 나가지 않겠다.

11 월 15 일 날씨 맑음. 따뜻하기 봄날 같다.

새 집으로 올라가다. 권환과 윤영현이 와서 인사하다. 이 날밤 송한이 서울서 들어오다.

11 월 16 일 날씨 맑음.

아침에 조방장, 장흥 부사 전봉 및 진중의 여러 장수가 모두 보러 왔다. 군공마련기를 보니 거제 현령 안위가 통정대부가 되고, 그 나머지도 차례차례 벼슬을 받고 은 20냥은 천신(이 충무공 자신)에게 상으로 하사되었다. 명나라 장수 경리 양호는 붉은 비단 한 필을 보내며, 배에 이 홍단을 걸어주고 싶으나 멀어서 할 수 없다 했다. 영의정 유성룡의 편지도 오다.

11 월 17 일 날씨 비.

경리 양호의 차관이 초유문(적이나 또는 적에게 붙었던 자들을 너그러운 조건으로 포용하는데 관한 포고문)과 면사첩(사형을 적용하지 않을 것을 보증하는 증명서)을 가지고 오다.

11월 18일   날씨 맑음. 따뜻하기 봄날 같다.

윤영현이 와서 인사하고 정한기도 오다. 땀이 났다.

11월 19일   날씨 맑음.

조방장 배흥립과 장흥 부사가 와서 인사하다.

11월 20일   날씨 비바람이 불다.

임준영이 와서 완도를 정탐하니 적선이 없다고 전하다.

11월 21일   날씨 맑음.

송응기가 산역군을 거느리고 해남 소나무 있는 데로 가다. 이날 밤 순생이 와서 잤다.

11월 22일   날씨 흐리다 개다 하였다.

저녁에 김애가 아산으로부터 돌아왔다. 그는 임금 분부를 가져온 사람으로 이달 초 10일 아산 집에 들러 편지를 가져온 것이다. 밤에 비와 눈이 내리고 바람도 크게 불었다. 장흥에 있던 적들이 20일 도망갔다는 보고가 오다.

11월 23일 날씨 대풍. 대설.

이날 승첩한 장계를 썼다. 저녁에 얼음이 얼었다고 한다. 아산 집에 편지를 쓰며 눈물을 거두지 못 하다. 자식을 생각하는 정은 참기 어렵다.

11월 24일 날씨 비. 눈. 서북풍이 계속 불었다.

11월 25일 날씨 눈이 오다.

11월 26일 날씨 비. 눈. 추위가 배나 혹독하다.

11월 27일 날씨 맑음.

장흥에서 승첩한 장계를 수정하다.

11월 28일 날씨 맑음.

무안 사는 진사 김덕수가 군량으로 벼 15석을 가져와 바치다.

11월 29일 날씨 맑음.

명나라 유격 마귀의 차관 왕재가 와서 명나라 군사가 물길로 내려온다고 한다. 전희원·정봉수가 오다. 무안 현감도 오다.

12월 1일   날씨 맑음. 따뜻하다.

경상 수사 이순신이 진에 왔으나 나는 배가 아파서 늦게야 수사를 보고 함께 이야기하며 종일 같이 대책을 의논하다.

12월 2일   날씨 맑음. 따뜻하기가 봄날 같다.

영암 향병장 유장춘이 적을 토벌한 사유를 보고하지 않으므로 곤장 50대를 때리다. 통산 현감 윤영현·김종려·백진남·정수 등이 와서 보다. 오후 10시쯤 땀이 배었다. 북풍이 크게 불었다.

12월 3일   날씨 맑음. 바람이 세다.

몸이 몹시 불편하다. 경상 수사가 와서 보다.

12월 4일   날씨 맑으나 춥다.

늦게 김윤명을 곤장 40대를 쳤다. 장흥 교생 기업이 군량을 훔쳐 실은 죄로 곤장(곤장 횟수가 초고에는 「三」자만 나오고 다음은 찢어져 안 보이는데 「30」인 듯)을 치다. 거제 및 금갑도 천성이 타작에서 돌아오다. 무안 및 전희광 들도 돌아오다.

12월 5일   날씨 맑음.

공로 세운 여러 장수들에게 상품과 직첩을 나누어 주다. 김돌손이 봉학을 거느리고 함평 지경으로 가다. 보자기 수색을 책임진 정응남이 새로 만드는 배를 검열한 일로 점세를 데리고 함께 진도로 떠나다. 해남의 독동을 처형하였다. 전 익산 군수 고종후가 왔으며, 김억창이 오고 광주 박자도 왔으며, 무안 나덕명도 왔다. 도원수 권율의 군관이 유지를 가지고 왔는데 내용은 이러하다. 「이번 선전관 편에 들으니, 통제사 이순신이 아직도 상제라 하여 예법대로만 행하고, 방편을 쫓아 고기도 먹지 않아 여러 장수들이 건강이 나빠질까 민망히 여긴다고 한다. 사정이야 간절하지마는, 나라 일이 한창 중대한 고비에 처해 있음을 자각하라. 옛사람의 말에도 전쟁에 나아가 용맹이 없으면 효가 아니라 하였다. 전쟁시의 용감이란 엉성한 반찬으로 건강이 나빠져서 기운이 없는 자는 엄두도 못내는 것이다. 예기에도 원칙을 지키는 도리인 경이 있고, 임시 방편을 취하는 길인 권이 있어, 꼭 원칙대로만 지킬 수는 없는 것이다. 그대는 내 뜻을 잘 짐작하여 소찬 먹는 것을 중지하고, 육식을 하는 임시 방편의 방법을 좇도록 하라.」 이런 유지와 함께 고기 반찬을 하사하시었으니 더욱 더 감격하다. 해남의 강간 약탈한 죄인들을 함평이 자세히 심문했다.

12월 6일 날씨

나덕준과 정응청이 와서 인사하다.

12 월 *7* 일   날씨 맑음.

12 월 *8* 일   날씨 맑음.

12 월 *9* 일   날씨 맑음.
종 목년이 들어오다.

12 월 *10* 일   날씨 맑음.
조카 해·아들 열이 진원·윤간·이언량과 함께 들어오다. 배 만드는 곳으로 나가 앉다.

12 월 *11* 일   날씨 맑음.
경상 수사 이순신과 우수사 이시언이 와서 보다.

12 월 *12* 일   날씨 맑음.

12 월 *13* 일   날씨 간혹 눈이 내리다.

12 월 *14* 일   날씨 맑음.

12월 15일   날씨 맑음.

12월 16일   날씨 맑다가 늦게 눈이 내림.

12월 17일   날씨 눈바람이 차게 섞어 치다.
조카 해와 작별하다.

12월 18일   날씨 눈이 내리다.
새벽에 해는 어제 술이 채 깨기도 전에 배를 띄워 떠나다. 심회가 편치 못하다.

12월 19일   날씨 종일 눈이 내리다.

12월 20일   날씨
진원의 어머님과 윤간이 올라가다. 우후가 교서에 숙배했다.

12월 21일   날씨 눈.
아침에 홍산 현감 윤영현이 목포로부터 와서 보다. 늦게 조방장 배흥립 및 경상 수사가 보러 왔다가 크게 취하여 돌아가다.

12 월 22 일   날씨 눈 비가 섞어 치다.

함평 현감 손경지가 들어 오다.

12 월 23 일   날씨 눈이 세 치나 내리다.

순찰사 황신이 진에 온다고 하다.

12 월 24 일   날씨 눈이 오락가락하다.

아침에 이종호를 순찰사에게 보내어 문안하다. 이날 밤에 나덕명이 와서 이야기하는데, 머무르고 있음을 싫어한다는 것을 들으니 한심하다. 오후 10시께 집에 편지를 쓰다.

12 월 25 일   날씨 눈.

아침에 아들 열이 돌아가다. 그 어머니 병 때문이다. 늦게 경상 수사와 배 조방장이 보러 오다. 순찰사가 진에 왔으므로 같이 군사에 관한 일을 의논하고 연해안 19읍을 해군에 전속하게 하다. 저녁에 방으로 들어가 조용히 이야기하다.

12 월 26 일   날씨 눈.

감사와 함께 군사 대책을 조용히 이야기하다. 늦게 경상 수사 이순신과 조방장 배흥립이 와서 보다.

12월 27일   날씨 눈.

아침 식후에 순찰사 황신이 돌아가다.

12월 28일   날씨 맑음.

경상 수사와 조방장 배흥립이 와서 보다. 비로소 들으니 경상 수사가 가지고 온 물이(이 아래로 「부물래」까지만 보이고 다음은 알 수 없음.).

12월 29일   날씨 맑음.

김인수를 놓아 보내다. 영암 좌수는 문초받고 놓아주다. 윤(이름은 미상)은 곤장 30대를 쳐 보내다. 저녁에 두우지, 백지, 상지 아울러 50(이 아래도 지워져 알 수 없음) 왔다. 오후 8시께 다섯 사람이 선두에 왔다 하기에 시골 종을 보냈는데(이 아래로 지워짐) 그것이 무슨 뜻인지는 모르겠다. 거제 현령의 망령됨을 가히 알겠다(이 아래도 지워짐).

12월 30일   날씨 눈바람이 불며 몹시 춥고 얼음이 얼다.

배 조방장이 보러 오다. 여러 장수들이 모두 와 보다. 평산 만호와 영등포 만호 정응두는 오지 않았다. 부찰사 홍이상의 군관이 편지를 가지고 오다. 이날 밤 제석이라 슬픈 생각이 한결 더하다.

무술년(54세)

1598년 1월 1일   날씨 맑음. 늦게 눈이 잠깐 오다.

경상 수사, 조방장 및 여러 장수들이 모이다.

1월 2일   날씨 맑음.

나라의 기일이라 공무를 보지 않다. 새 배의 진수식을 행하다. 해남 현감 유형과 진도 군수 선의경이 와서 보다. 송대립, 송득운, 김붕만이 각 고을로 나아갔다. 진도 군수(선의문)가 와서 보고 돌아가다.

1월 3일   날씨 맑음.

이언량, 송응기들이 (이하 글자가 떨어져 빠짐)……

1월 4일   날씨 맑음.

무안 현감 남언조를 곤장 때리다.

□ 아래는 글자가 빠짐.

9월 15일   날씨 맑음.

명나라 도독 진린과 함께 일제히 행군하여 나로도에 도착하다.

9 월 16 일   날씨 맑음.

나로도에 머물다. 도독과 술을 마시다.

9 월 17 일   날씨 맑음.

나로도에 머물면서 진과 함께 술 마시다.

9 월 18 일   날씨 맑음.

오후 두시경에 행군하여 방답에 도착하다. 잤다.

9 월 19 일   날씨 맑음.

아침에 좌수영 앞바다에 이르니 눈앞의 전경이 참담하다. 자정에 달을 타고 하개도에 옮겨 대었다가 날새기 전에 행군했다.

9 월 20 일   날씨 맑음.

오전 8시경에 유도에 도착하니 명장 제독 유정이 벌써 진군하다. 수륙으로 협공하니 적의 기세가 크게 꺾여 다분히 겁내는 모양이다. 해군이 들락날락 대포를 쏘아대다.

9 월 21 일   날씨 맑음.

아침에 진군하여 종일 싸웠으나 물이 매우 얕아 육박해 들어갈

수가 없다. 남해의 적이 가벼운 배를 타고서 들어와 정탐하려 할 즈음. 허사인 등이 추격하니 적도들은 땅으로 올라가 산으로 도망가다. 그리하여 왜놈들의 배와 여러 가지 잡된 물건을 빼앗아 제독 유정에게 바치다.

9월 22일 날씨 맑음.

아침에 진군하여 싸웠는데 유격 마귀가 적탄에 어깨를 맞았으나 중상은 아니다. 명나라 군사 11명이 적탄에 맞아 죽고, 지세포 만호·옥포 만호가 적탄에 맞다.

9월 23일 날씨 맑음.

도독이 화를 내고 서천 만호 및 홍주 대장과 한산 대장을 각각 곤장 7대를 때리다. 금갑도 만호, 제포 만호, 회령포 만호에게도 함께 15대씩 때리다.

9월 24일 날씨 맑음.

남해 사람 김덕유 등 5명이 와서 그 고을의 적정을 전하다. 진대강이 돌아가다. 원수의 군관이 서류를 가지고 오다. 충청 병사 이시언의 군관 김정현이 왔다.

9월 25일 날씨 맑음.

진대강이 들어와서 유 제독의 편지를 전하다. 이날은, 육군은 비록 공격하려 하나 기구가 완전치 못하다. 김정현이 보러 오다.

9월 26일 날씨 맑음.

육군의 기구가 아직 갖추어지지 못하였다. 정응룡이 와서 북도의 일을 말하다.

9월 27일 날씨 비. 서풍이 세게 불다.

명나라 군문 형계가 글을 보내어 해군이 신속히 진군한 것을 가상히 여기다. 식후에 도독 진린을 보고 조용히 의논하다. 종일 센 바람이 불다. 저녁에 신호의가 와서 보고 가다.

9월 28일 날씨 맑음.

서풍이 세게 불어 작은 배들이 출입할 수 없다.

9월 29일 날씨 맑음.

9월 30일 날씨 맑음.

이날 저녁 명나라 유격 왕원주·유격 복승·파총 이천상이 100여 척을 거느리고 진에 오다. 불빛이 휘황찬란하여 적도들의 간담이 서늘했을 것이다.

10월 1일 날씨 맑음.
도독 진린이 새벽에 제독 유정에게로 가서 잠깐 서로 이야기하다.

10월 2일 날씨 맑음.
오전 6시경에 진군했는데 우리 해군이 먼저 나가 오정까지 싸워 적을 많이 죽이다. 사도 첨사 황세득이 적탄에 맞아 전사하고 이청일도 죽었다. 제포 만호 주의수·사량 만호 김성옥·해남 현감 유형·진도 군수 선의경·강진 현감 송상보가 적탄에 맞았으나 죽지는 않았다.

10월 3일 날씨 맑음.
도독 진린이 제독 유정의 말에 의거하여 초저녁에 진군하여 자정에 이르기까지, 사선 19척, 호선 20여 척에 불을 지르니 도독의 애썼음을 형언하기 어렵다. 안골포 만호 우수가 적탄에 맞았다.

10월 4일 날씨 맑음.

아침에 발선하여 적을 공격하는데 종일 싸우니 적들은 허둥지둥 달아나다.

10월 5일 날씨 맑음.

서풍이 세게 불어 배들이 간신히 정박하고 해를 보내다.

10월 6일 날씨 맑음. 서풍이 세게 불다.

도원수 권율이 군관을 보내어 편지를 전하되, 제독 유정이 달아나려 했다 하니 통분할 일이다. 나라 일이 장차 어찌될 것인고.

10월 7일 날씨 맑음.

아침에 송한련이 군량 4섬, 조 1섬, 기름 4되, 꿀 3되를 바치고, 김태정은 쌀 2섬 1말을 바치다. 제독 유정이 도독부로 차관을 보내어 말하되, 육군은 잠시 순천으로 물러가서 다시 정비해 가지고 전진하려 한다고 하다.

10월 8일 날씨 맑음.

10 월 9 일 날씨 **맑음.**

육군이 이미 철수하였으므로 도독 진린과 함께 배를 거느리고 해변의 정자에 이르다.

10 월 10 일 날씨

좌수영에 이르다.

10 월 11 일 날씨 **맑음.**

10 월 12 일 날씨

나로도에 이르다.

☐ 13일부터 그믐까지 빠짐.

11 월 8 일 날씨

도독부를 방문하여 위로연을 베풀고 어두워서 돌아오다. 조금 있다가 도독이 만나자고 청하므로 나갔더니, 순천 왜교의 적들이 10일까지 철퇴한다는 기별이 육지로부터 통문으로 왔으니, 급히 진군하여 돌아가는 적의 길을 끊어 막으라 하다.

11월 9일 날씨

도독과 함께 일시에 행군하여 백서량에 진을 치다.

11월 10일 날씨

좌수영 앞바다에 이르러 진을 치다.

11월 11일 날씨

유도에 이르러 진을 치다.

11월 13일 날씨

왜선 10여 척이 장도에 나타나므로 곧 도독과 약속하고 해군을 거느리고 추격하니, 적선이 물러가 움츠리고 종일 나오지 아니하다. 도독과 더불어 장도에 돌아와 진을 치다.

11월 14일 날씨

왜선 2척이 강화할 목적으로 중간에까지 오니, 도독이 왜말 통역관을 시켜 왜선을 맞이하여 오게 하다. 붉은 기와 환도 등 물건을 받다. 오후 8시경에 왜장이 작은 배를 타고 도독부로 들어와서 돼지 두 마리와 술 두 통을 도독에게 바쳤다 하다.

11월 15일 날씨

이른 아침에 도독을 가 보고 잠깐 이야기하고 돌아오다. 왜선 2척이 강화하는 일로 두번 세번 도독의 진중으로 드나들다,

11월 16일 날씨

도독이 진문동을 왜영으로 들여보내더니, 조금 있다가 왜선 3척이 말과 창·칼 등을 도독에게 갖다 바치다.

11월 17일

어제 복병장 발포 만호 소계남과, 당진포 만호 조효열 등이, 왜놈의 중선 1척이 군량을 가득 싣고 남해로부터 바다를 건너는 것을, 한산도 앞바다에까지 쫓아가니 왜적들은 언덕을 의지하고 육지로 도망갔고, 잡은 왜선과 군량은 명나라 군사에게 빼앗기고 빈손으로 돌아와 보고하다.

☐ 18일부터 12월 그믐까지는 빠짐.

역자 소개

이석호 1932년 경기도 용인 출생
　　　　　서울대학교 문리대 중국문학과 졸업
　　　　　서울대학교 대학원 졸업, 문학박사
　　　　　서울대, 이화여대, 서강대, 한양대 강사 역임
　　　　　전 연세대학교 문과대 교수

난중일기: 순신이의 사생활
Korean Translation Copyright ⓒ 1973 Jipmoondang, Seoul, Korea.
All rights reserved.
This Korean edition was published by Jipmoondang in 2023 Seoul, Korea.
이 책의 한국어판 저작권은 **(주)집문당**에 있습니다.
이 책의 한국어판 출판권은 **(주)집문당**에 있습니다.
저작권법에 의하여 보호를 받는 저작물이므로 무단 전재와 복제를 금합니다.

난중일기
순신이의 사생활

1973년　8월 15일　1판 1쇄
1984년　3월 10일　2판 1쇄
1993년　8월 10일　3판 1쇄
2023년 11월 10일　4판 1쇄
2023년 11월 20일　4판 2쇄

지은이　｜ 이순신
옮긴이　｜ 이석호
발행인　｜ 임동규
발행처　｜ **(주)집문당**
등록　｜ 1971. 3. 23. 제2012-000069호
주소　｜ 03134 서울시 종로구 돈화문로 82, 5층
전화　｜ +82-1811-7567
이메일　｜ sale@jipmoon.com
홈페이지 ｜ www.jipmoon.com

ISBN 978-89-303-1956-0 03900

가격 16,000원

(주)집문당 이순신돋움체B (저작권자 아산시. 무료글꼴)